via reise tour

Reiner Elwers • L

Ab ins Grüne

Ausflüge rund um Hamburg

via reise verlag

Inhalt

NORDEN

OSTEN

SÜDEN

WESTEN

CITY & HAFEN

HIGHLIGHTS RUND

FRIEDHOF OHLSDORF ▸ Seite 26

Hamburgs größte Grünanlage: Ein Tag auf dem Ohlsdorfer Friedhof macht nicht traurig, sondern nachdenklich. Besonders beeindruckend: die Rhododendronblüte im Mai/Juni.

VIER- UND MARSCHLANDE ▸ Seite 68

Eine schöne abwechslungsreiche Radtour durch das Blumen- und Gemüseanbaugebiet mit gepflegten – oft reetgedeckten – Bauernhäusern am Wegesrand.

MÖLLN & MÖLLNER SEEN ▸ Seite 82

Eine romantische Radtour durch die Möllner Seenlandschaft nach einem Stadtrundgang durch die mittelalterliche Eulenspiegel-Stadt.

SCHWARZE BERGE & KIEKEBERG ▸ Seite 104

Zwei wunderschöne und lehrreiche Klassiker: Ein sehr gepflegter Wildpark und ein Freilichtmuseum über das Leben unserer Vorfahren.

LÜNEBURG ▸ Seite 110

Die mittelalterliche Hansestadt, die durch Salz einst reich wurde. Den besten Blick auf die rote Backsteinstadt mit ihrem Rokokorathaus gibt's vom Wasserturm!

UM HAMBURG

ALTES LAND & STADE ▸ Seite 134

Ob im Frühjahr zur weiß-rosa Kirsch- und Apfelblüte oder im Herbst zur Apfelernte, das Alte Land ist fast zu schön, um wahr zu sein.

LOKI-SCHMIDT-GARTEN ▸ Seite 158

Lektionen in Botanik und Erholung inmitten exotischer Gewächse und einheimischer Nutzpflanzen können Besucher im botanischen Garten erleben – kostenlos.

WEDEL & FÄHRMANNSSAND ▸ Seite 172

Auch bei der letzten Landratte kommt Fernweh auf, wenn die großen Passagier- und Containerschiffe am Schulauer Fährhaus in Wedel begrüßt und verabschiedet werden

GLÜCKSTADT ▸ Seite 180

Eine Radtour auf dem Elbdeich nach Glückstadt ist eine tolle Sache. Dort kann man dann auch die Spezialität der Stadt, den Glückstädter Matjes, probieren.

WILHELMSBURG INSELPARK ▸ Seite 198

Die Wilhelmsburger Insel ist mit der Internationalen Gartenschau aufgeblüht. Und in ganz Wilhelmsburg kann man durch die Internationale Bauausstellung viel Neues entdecken.

HVV-Informationen

Ab ins Grüne – der HVV bringt sie bequem hin

Einfach mal raus in die Natur: mit Bus, Bahn oder Fähre geht das ganz einfach.

Ein abgestimmter Fahrplan, eine Fahrkarte: Nicht nur in Hamburg, sondern auch in den sieben Kreisen bzw. Landkreisen rings um Hamburg herum (Pinneberg, Segeberg, Stormarn, Herzogtum Lauenburg, Lüneburg, Harburg oder Stade) können Sie alle HVV-Verkehrsmittel nutzen.

Dazu gehören neben unseren Schnellbahnen (U-, S- und A-Bahn) auch die Züge im Regionalverkehr (R-Bahn) und Busse. Und wie es sich in einer Hafenstadt gehört, dürfen Sie im HVV auch die fünf Hafenfähren auf der Elbe nutzen, um die Stadt auf dem Wasserweg zu erkunden.

Große Auswahl, faire Preise

Ganz gleich, ob Familienausflug, Stadtbesichtigung oder Wochenendfahrt ins Hamburger Umland – mit unseren Tageskarten fahren Sie immer gut.

9-Uhr-Tageskarte: Mit dieser Karte ist eine Person einen Tag zum Pauschalpreis unterwegs – sie lohnt sich oft schon ab 2 Fahrten. Ein weiterer Pluspunkt: bis zu 3 Kinder (6–14 Jahren) können kostenlos mitfahren.

9-Uhr-Gruppenkarte: Mit der 9-Uhr-Gruppenkarte fahren bis zu 5 Personen beliebigen Alters zum Sparpreis. Dies lohnt sich oft schon zu zweit.

Natürlich gibt es im HVV auch Einzelkarten, diese sind gültig für eine Fahrt und 1 Person. Einzel- und Tageskarten erhalten Sie im Bus, am Automaten, über Ihr Smartphone als mobilTicket (siehe Seite 8) oder zum Ausdrucken auf HVV.de

Hamburg CARD: Mit diesem Entdeckerticket hat man freie Fahrt im HVV und bis zu 50 % Rabatt bei über 130 touristischen Angeboten. Die Hamburg CARD gibt's als Einzel- oder Gruppenkarte für 1, 2 oder 5 Tage im HVV-Groß- oder

Infos – Fahrpläne – Service

Über unsere Infoline

Tel. (0 40) 19 449

erhalten Sie Auskünfte über Fahrzeiten, Fahrtrouten und Fahrkarten – täglich, auch am Wochenende.

Übrigens:
Kinder unter 6 Jahren fahren im HVV kostenlos.

Wir beraten Sie auch gern persönlich in einer unserer vielen Servicestellen. Hier eine Auswahl:

HVV-Kundenzentrum
Johanniswall 2

Hauptbahnhof
Wandelhalle, Eingang Kirchenallee oder gegenüber des Elektromarktes SATURN (betrieben vom *metronom*)

U-Hauptbahnhof Süd
Eingang Kirchenallee

U/S-Jungfernstieg
Eingang Neuer Wall

Bahnhof Dammtor
Bahnhofsgebäude, Konzertkasse Funke

Bahnhof Altona
Fußgänger-Zwischengeschoss

Alle Servicestellen und Öffnungszeiten finden Sie unter hvv.de oder Tel. (0 40) 19 449

Gesamtbereich. Sie ist unter anderem an den Fahrkartenautomaten, im HVV-Onlineshop oder auch als mobilTicket erhältlich.

Ihr Smartphone wird zur Fahrkarte: mit dem HVV-mobilTicket

Wählen Sie beim HVV-mobilTicket zwischen Einzel-, Tages- und Wochenkarten sowie Ergänzungskarten und der Hamburg CARD. Nutzen Sie ganz einfach die HVV-App für iOS und Android oder m.hvv.de. Für das mobilTicket benötigen Sie einen *MeinHVV*-Zugang, für den Sie sich mobil während des Kaufprozesses oder an Ihrem heimischen Computer anmelden können.

Ihr HVV-mobilTicket zahlen Sie bequem per Lastschrift oder Kreditkarte. Präsentieren Sie bei der Fahrkartenkontrolle Ihre Fahrkarte auf Ihrem Mobilgerät.

Richtig abfahren und gut ankommen

Unsere Fahrplanauskunft informiert Sie über die beste Verbindung und lässt Sie pünktlich abfahren – egal, wo Sie sind:

hvv.de: Einen persönlichen Fahrplan können Sie sich im Internet erstellen. Als weiteren Service bieten wir Ihnen dort auch Umgebungspläne und Fahrpläne zum Ausdrucken an. Natürlich können Sie hvv.de auch mobil über Ihr Smartphone erreichen.

HVV-App: Die HVV-Fahrplanauskunft gibt es auch als kostenlose App für iPhones und Android-Geräte. Die HVV-App biete Auskünfte sowie Karten und Pläne für das gesamte Bedienungsgebiet des HVV – und steht im iOS App Store und in Google Play zum Download zur Verfügung.

Per SMS: Sie schicken uns eine SMS mit Ihrem Fahrtwunsch, wir senden Ihnen Ihren persönlichen Fahrplan aufs Handy. Für alle Anfragen gelten die regulären Preise Ihres Mobilfunkanbieters (für die 55 3 55 gilt der reguläre SMS-Preis, die Nummer ist nicht durch Flatrates abgedeckt), unsere Antwort ist natürlich kostenlos.

Geben Sie ohne Leerzeichen *Start!Ziel* ein und senden Sie Ihre SMS an die 55 3 55. Start und Ziel können Haltestellen oder Straßen mit

Hausnummern sein. Außerhalb Hamburgs gilt: Straße mit Hausnummern und Ort durch Komma getrennt eingeben, zum Beispiel *Buchenstraße 1, Pinneberg!Alter Markt 7,Elmshorn*

Ohne Eingabe einer Uhrzeit erhalten Sie den Fahrplan für die nächste Verbindung.

Losradeln, abstellen, umsteigen oder einfach das Fahrrad mitnehmen

Natürlich können Sie Ihren Ausflug auch mit dem Fahrrad unternehmen.

Fahrradmitnahme: An vielen Haltestellen gibt es Stellplätze fürs Fahrrad. Aber wenn Sie wollen, können Sie Ihr Fahrrad auch in den Schnellbahnen (U, S, A), den Hafenfähren und auf über 100 Buslinien kostenlos mitnehmen. Am Wochenende und feiertags rund um die Uhr. Nur Mo-Fr von 6–9 Uhr und von 16–18 Uhr ist die Fahrradmitnahme in den Bahnen und Bussen nicht gestattet.

HVV-Fahrradkarte: Für sämtliche Züge im Regionalverkehr (R-Bahnen) benötigen Sie eine HVV-Fahrradkarte. Hier gibt es keine zeitliche Einschränkung. Diese Fahrkarte ist für beliebig viele Fahrten an einem Tag gültig und an allen Fahrkartenautomaten auf den Bahnhöfen des Regionalverkehrs erhältlich.

Übrigens:

Zu den Touren in diesem Ausflugsführer nach und in Blankenese sowie Lüneburg bieten wir Ihnen noch einen Extra-Service: Audiotouren zum kostenlosen Download auf hvv.de. Einfach über die HVV-Webseite unter hvv.de/audiotouren die gewünschte Tour anklicken und auf Ihr mobiles Endgerät herunterladen. Alle weiteren Infos sowie Touren-Pläne finden Sie ebenfalls unter hvv.de.

Wir wünschen Ihnen viel Spaß bei Ihrem Ausflug ins Grüne!

Ihr HVV

Wussten Sie schon,
... dass viele Eintrittskarten fürs Theater, Konzerte und Sportveranstaltungen gleichzeitig Hin- und Rückfahrkarte im HVV sind? Achten Sie auf das HVV-Symbol!

Gratis Audiotouren auf hvv.de/audiotouren herunterladen

Audiotouren gibt es zu Lüneburg (► Seite 113) und Blankenese (► Seite 166)

Vorwort

Wohin am Wochenende?

Ins Grüne – da ist man sich schnell einig. Aber was und wohin denn nun genau? Wandern oder Rad fahren? Oder nur raus und spazieren gehen? Natur pur oder darf auch etwas Kultur dabei sein? Und natürlich: Wie kommt man wo hin, wenn man das Auto endlich mal zu Hause lässt?

So viele Fragen. Hier finden Sie die Antworten dazu. Zunächst einmal: In Hamburg und dem Umland bietet der Hamburger Verkehrsverbund (HVV) ein dichtes Netz von Bussen und Bahnen und sogar Fähren, so dass sich ein Ausflug ins Grüne problemlos mit den öffentlichen Verkehrsmitteln unternehmen lässt. Seit der Ausdehnung des Verkehrsverbundes nach Süden reicht das Gebiet sogar bis Buxtehude, Stade und Lüneburg. Fahren Sie also so weit der Fahrschein reicht.

Zur genauen Orientierung vor Ort empfehlen wir Wander- oder Radwanderkarten. Für die nähere Umgebung eignet sich die Karte des Hamburger Wandervereins e. V. Für Radtouren empfehlen wir ADFC-Karten im Maßstab 1:75 000. Erhältlich im Buchhandel.

In diesem aktuellen Tourenplaner haben wir für Sie 70 Tipps für Ausflüge rund um Hamburg zusammengestellt, geordnet nach Himmelsrichtungen. Urwüchsige Natur und gepflegte Parks, malerische Städte und Dörfer, Schlösser und Museen inmitten ländlicher Idylle – wählen Sie einfach Ihr Lieblingsziel. Neben Ausflugsklassikern wie dem Alten Land und dem Elbuferweg, die es neu zu entdecken gilt, finden sich auch echte Geheimtipps wie die Fahrt nach Barmstedt oder der Besuch des Naturschutzgebietes Höltigbaum.

Was der Tourenplaner als besonderen Service bietet: Als Ausgangspunkt ist für jede Tour eine Haltestelle des HVV angegeben. Und alle Ausflüge enden wieder an einer Station des öffentlichen Nahverkehrs. Außerdem Hinweise zu den jeweiligen Sehenswürdigkeiten, Tipps zu Restaurants und Ausflugslokalen sowie die Taktzeiten der Busse, Bahnen und Fähren. Aber nun wollen wir Sie gar nicht länger aufhalten. Suchen Sie sich den schönsten Ausflug raus und ab geht's – ab ins Grüne!

Die Autoren
Reiner Elwers, geboren 1954 in Hamburg, studierte Publizistik. Er lebt als Reisebuchautor in Hamburg und Berlin. Dagmar Krappe wohnt in Schenefeld bei Hamburg. Für die Neuauflage hat die Reisejournalistin alle Touren neu recherchiert, neue lohnenswerte Ausflugsziele erkundet und viele neue Tipps entdeckt.

Norden

Wasserwald im Arboretum Ellerhoop-Thiensen
▸ Seite 16

agenbecks Tierpark P+R ♿
Lutterothstraße ♿
Osterstraße

Start
Hagenbecks Tierpark
U2 alle 5–10 Min.
MetroBus 22
alle 7–20 Min.

Stadtausflug

Hagenbecks Tierpark

Tiere ohne Gitter

Seit fast hundert Jahren gibt es in Stellingen eine Attraktion, die schon Generationen von Ausflüglern angezogen hat: Hagenbecks Tierpark, wo man wilde Tiere nicht in Käfigen, sondern durch unsichtbare Gräben von den Besuchern getrennt in Freigehegen erleben kann.

Angefangen hatte alles im Jahre 1848 mit sechs Seehunden, die der Fischhändler Gottfried Claes Carl Hagenbeck auf dem Spielbudenplatz in St. Pauli ausstellte. Die Tiere waren Finkenwerder Fischern als Beifang ins Netz gegangen. Beflügelt durch den Zuspruch der Besucher gründete Hagenbeck neben seinem Fischgeschäft eine Handelsmenagerie, heimkehrenden Seeleuten kaufte er exotische Tiere ab. Das Geschäft entwickelte sich so gut, dass sein Sohn und Nachfolger Carl Hagenbeck eigene Tierfänger engagierte, die bald die ganze Welt auf der Suche nach wilden Tieren durchstreiften.

Als es am Spielbudenplatz zu eng wurde, zog Hagenbeck auf ein größeres Gelände am Neuen Pferdemarkt um und eröffnete hier 1874 „Carl Hagenbecks Tierpark". Neben Tieren wurden auch fremde Völker, zum Beispiel Nubier, Eskimos und Ceylonesen, den staunenden Besuchern präsentiert. Die Vorstellungen waren ein enormer Erfolg, so dass in den folgenden Jahren die Tier- und Völkerschauen zu Zirkussen ausgebaut wurden. Hagenbeck führte die sogenannte „zahme Dressur" ein, bei der auf die damals üblichen Gewaltmethoden der Dompteure verzichtet wurde. Sorgfältig studierte Hagenbeck dabei auch die Sprunghöhen und Sprungweiten der Raubtiere. Sein Traum war ein Tierpark ganz neuer Art: Nur durch Gräben vom Publikum getrennt sollten die Tiere in einer ihrer Heimat ähnlichen Landschaft mit Seen und Bergen leben. Für diese Idee beantragte und erhielt Hagenbeck sogar ein Patent.

Im damals preußischen Dorf **Stellingen** vor den Toren Hamburgs wurde ab 1897 die Idee

Hagenbecks Tierpark
Lokstedter Grenzstraße 2
(direkt an der U-Bahnstation)
Tel. (0 40) 53 00 33-0

Tierpark
Tgl. von 9 Uhr bis zum Einbruch der Dämmerung (mind. bis 16.30 Uhr, max. bis 19 Uhr)

Hagenbecks umgesetzt. Auf einem 27 ha großen Gelände entstand ein moderner Zoo mit Außenanlagen und Volieren, eingebettet in eine Parklandschaft mit Teichen, Brücken, Hügeln und einer artenreichen Bepflanzung. Am 7. Mai 1907 strömten die Besucher erstmals durch das im Jugendstil erbaute Eingangstor mit Tierbronzen und zwei Elefantenköpfen. Seit 2003 befindet sich der Haupteingang an der **Lokstedter Grenzstraße** und man betritt den Park durch einen handgeschnitzten nepalesischen Pagoden-Tempel.

Im Juli 2012 eröffnete der Tierpark eine alte Attraktion: das neue **Eismeer.** Mehr als 100 Tiere aus 15 Arten leben hier auf mehr als 8.000 qm. Ein 750 m langer Besucherweg führt durch diese beeindruckende Polarlandschaft. Panoramascheiben im Innern der begehbaren Anlage erlauben unterschiedlichste, zum Teil ganz ungewohnte, aber immer äußerst spannende Unterwasser-Einblicke. Faszinierende Beobachtungen von tauchenden Eisbären, Seebären, Walrossen und Pinguinen gehören dazu.

Über einen separaten Eingang ist das einzigartige **Tropen-Aquarium** erreichbar. Entlang eines verschlungenen Dschungelpfads über vier Ebenen können auf der Expedition 14.300 Tiere aus rund 300 Arten bestaunt werden. Sie leben in verfallenen Hütten, alten Schränken und Veranden. Aber auch die Tiere unter Wasser rund um den Äquator lassen sich durch dicke Glasscheiben nicht nur im großen Hai-Atoll betrachten.

Tropen-Aquarium
Tgl. 9–18 Uhr
Tageskarten:
Erw. Tierpark 20 €,
Tropen-Aquarium 14 €,
Kombikarte 30 €,
erm. Tierpark 15 €,
Tropen-Aquarium 10 €,
Kombikarte 21 €
www.hagenbeck.de

Dschungel und Romantik
Besonders beliebt sind die „Dschungelnächte“ und „Romantiknächte“, die von Mai bis August an verschiedenen Samstagen stattfinden. Dabei werden Musik und Shows im nächtlichen Zoo-Ambiente geboten.

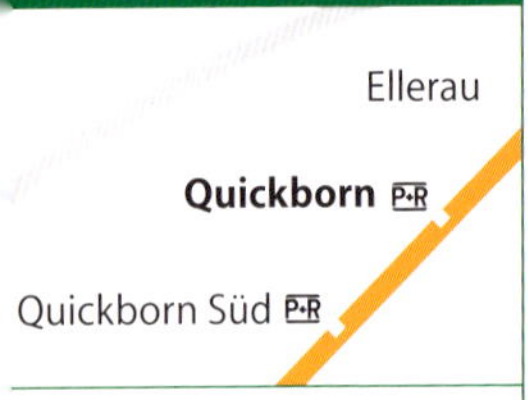

Start
Quickborn
A1 ab Eidelstedt
alle 10–40 Min.
Bus 594 alle 20–60 Min.
ab Pinneberg
oder
U A Norderstedt Mitte
(Fahrradmitnahme
möglich)

Radtour
Quickborn – Ellernhoop
– Barmstedt

Länge
ca. 25 km

Rückfahrt
Ab Barmstedt A3 nach
Ulzburg Süd
alle 60–120 Min.,
nach Elmshorn
alle 30–60 Min.
Bus 294 ab Barmstedt
bis A Quickborn
Mo–Fr 12 Fahrten
Sa 5 Fahrten
So kein Betrieb
Fahrradmitnahme
möglich

Gasthof Zur Linde
Landgasthaus mit traditioneller Küche und Biergarten.
Barmstedter Straße 23
25373 Ellerhoop
Tel. (0 41 20) 2 00
Mi–So 11.30–21 Uhr
www.zur-ellerhooper-linde.de

Himmelmoor

Gehölze sammeln

Von Quickborn aus gelangt man auf einem besonders schönen Weg nach Barmstedt: Natur pur im Himmelmoor und Natur künstlich im Arboretum Ellerhoop-Thiensen.

Wir verlassen Quickborn – eine typische Schlafstadt für Hamburg-Pendler – in Richtung Himmelmoor. Durchs Moor hindurch zu fahren, ist nicht möglich. Auf der Himmelmoorchaussee erreichen wir ein Torfwerk. Von hier führt der asphaltierte Schulweg bis Renzel. Am Torfwerk kann man von weitem noch die Schienen und Loren der Feldbahn betrachten, die nach wie vor Torf befördert. In **Renzel** folgen wir der Dorfstraße nach rechts und biegen danach links ab. Durch ein Waldgebiet führt der Weg zu einem Park der besonderen Art: dem **Arboretum Ellerhoop-Thiensen.**

Arboretum Ellerhop-Thiensen

Das Arboretum dient sowohl der Naherholung als auch der Informationsvermittlung. Der Begriff Arboretum leitet sich von dem lateinischen Wort arbor – der Baum oder Baumbestand – ab. Man versteht darunter eine Sammlung von lebenden Bäumen und Sträuchern, die zumeist in parkähnlicher Anordnung stehen und botanischen, forstlichen oder gartenbaulichen Zwecken dienen können. Die Gehölzsammlung des Arboretums Ellerhoop-Thiensen enthält mehr als 2.200 verschiedene Baum- und Straucharten. Daneben sind auf der 7 ha großen Parkanlage ein ökologischer Lehrpfad, ein Hochmoorbiotop und ein Heidegarten angelegt worden. Besonders sehenswert ist in den Sommermonaten der nach historischem Vorbild entstandene Bauerngarten mit alten Nutz- und Heilpflanzen. Inmitten des üppig blühenden Gartens liegt der Münsterhof, ein 1664 errichteter reetgedeckter Bau.

Unser Weg geht durch die Ortschaft **Ellerhoop** und weiter in östlicher Richtung. Man stößt auf den **Ochsenweg,** einen ausgeschilderten Radwanderweg, der von Wedel bis Flensburg und weiter bis nach Viborg in Dänemark verläuft. Der Name erinnert an die großen Ochsentriften, die vom 14. bis in das 19. Jahrhundert stattfanden. In jedem Frühjahr wurden die Ochsen von Jütland aus in großen und kleinen Herden auf die Märkte nach Bramstedt, Itzehoe und Wedel getrieben. Von hier verkaufte man sie in die großen Städte bis in die Rheinlande und nach Holland.

Wir befahren den Ochsenweg in nördlicher Richtung und biegen nach etwa 6 km vor Hemdingen nach links ab. Nach weiteren 4 km erreichen wir **Barmstedt,** wo wir von der Hamburger Straße kommend am Ortseingang in den Mühlenweg einbiegen. Später geht er in die Straße Spitzerfurth über, die zur Schlossinsel Rantzau (Seite ▸ 18) führt. Wer jetzt noch nicht zu müde ist, kann die Tour in den Staatsforst Rantzau fortsetzen.

via Tipp

Arboretum Ellerhoop-Thiensen

Bezaubernde Blütenpracht und eindrucksvolle Farbspiele. 2013 Außenstelle der IGS (▸ Seite 198).

Mai–Sept. tgl. 10–19 Uhr
Okt.–Apr. 10 Uhr bis Eintritt der Dunkelheit
Von Dez.–Mitte Jan. ist das Arboretum geschlossen
März–Okt.: 7 €, erm. 6 €, 8–16 Jahre 2 €
Nov./Jan.–Feb.: 5 €, erm. 4 €, 8–16 Jahre 2 €
Sa/So 13–18 Uhr Café-Betrieb in der Diele des Münsterhofes
www.arboretum-ellerhoop-thiensen.de

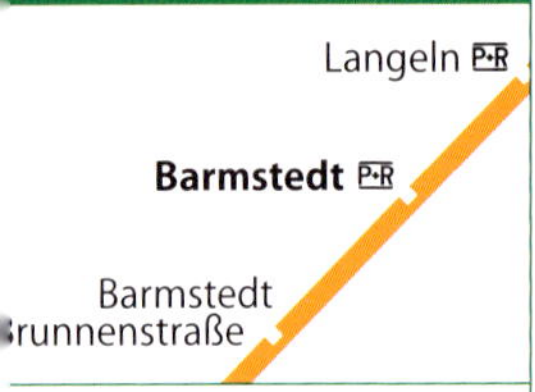

Start
Barmstedt
A3 von Ulzburg Süd alle 60–120 Min., von Elmshorn alle 30–60 Min.

Stadtspaziergang
Schlossinsel Rantzau

Karte ▸ Seite 17

Museum der Grafschaft Rantzau
Rantzau 13
25355 Barmstedt
Tel. (0 41 23) 42 96
So 14–18 Uhr und nach Vereinbarung
(Sa 14–18 Uhr nur für Gruppen nach Vereinbarung)

Galerie-Café im Schlossgefängnis
Rantzau 9
25355 Barmstedt
Tel. (0 41 23) 61 39
Apr.–Okt. Mo–Fr 12–19, Sa/So 10–19 Uhr
Nov.–März Di–Fr 12–18, Sa/So 10–18 Uhr, Mo Ruhetag
www.schlossgefaengnis.de

Strandbad Rantzauer See
Seestraße 12
25355 Barmstedt
Tel. (0 41 23) 6 81 56
Juni–Sept. Mo 13–19, Di–So 10–19 Uhr
1,50 €, erm. 1 €
www.stadtwerke-barmstedt.de

Barmstedt

Stadt, Wald, See

„Waldstadt am Rantzauer See" – so nennt sich Barmstedt selbst. Das Pfund, mit dem das Städtchen im Norden des Kreises Pinneberg wuchert, ist die herrliche, waldreiche Umgebung.

Barmstedt liegt am Flüsschen Krückau, das zwischen Wedel und Glückstadt in die Elbe mündet. Die Krückau ist es auch, die zum landschaftlichen Reiz der über 850 Jahre alten Stadt beiträgt. Sowohl die ausgedehnten Laubwälder als auch der im April prächtig blühende **Rhododendronpark** rund um den Rantzauer See haben das Städtchen zu einem immer beliebter werdenden Ziel für Erholungssuchende gemacht. Sportlich Ambitionierte besuchen Barmstedt am besten von Quickborn aus mit dem Fahrrad (▸ Seite 16). Oder man nimmt die AKN-Bahn, die Tagesausflügler, die lieber im Zug als auf dem Sattel sitzen, bis nach Barmstedt bringt.

Treffpunkt für alle ist der **Rantzauer See.** Ein Spaziergang an der Seepromenade oder eine Bootsfahrt auf dem Rantzauer See lassen Kuratmosphäre aufkommen. Die **Schlossinsel Rantzau** gehört wegen ihrer wechselvollen Geschichte und der eindrucksvollen Gebäude zu den herausragenden Kulturdenkmälern Schleswig-Holsteins. Auf dem ehemaligen Schlossareal des deutschen Reichsgrafen Christian Rantzau steht noch das Herrenhaus aus dem Jahre 1806. Sehenswert sind auch das Gerichtsschreiberhaus von 1826, die alte Wassermühle und mehrere Bürgerhäuser.

Im **Schlossgefängnis Rantzau** erwartet den Besucher ein kleines Café. Im Gebäude des „Königlichen Amtsgerichtes" befindet sich das Museum der Grafschaft Rantzau. Die umfangreichen Bestände des Museums sind vorwiegend volkskundlich-kulturgeschichtlicher Art. Neben einer kleinen Sammlung vorgeschichtlicher Funde hat die stadtgeschichtliche Abteilung mit Bodenfunden, Dokumenten zur Entwicklung des Orts- und Siedlungsbildes, zur Geschichte der Kirche und

Schlossinsel Rantzau

des einst in Barmstedt blühenden Schuhmacherhandwerks besonderes Gewicht.

Am Rantzauer See liegt auch das **Strandbad,** das von Juni bis Anfang September geöffnet hat. Falls das Wetter beim Ausflug nicht mitspielt, bietet am Wochenende die **Barmstedter „Badewonne“** Spaß und Erholung. Also sicherheitshalber Badebekleidung einstecken. Eine solche Ausrüstung ist bekanntlich die beste Gewähr dafür, dass es nicht regnet ...

Barmstedter „Badewonne“
Seestraße 12
25355 Barmstedt
Tel. (0 41 23) 6 81 70
Sommer Sa/So 8–13 Uhr
Winter Sa/So 8–19 Uhr
4 € (unbegrenzt), erm. 2,60 €
www.stadtwerke-barmstedt.de

HolstenTherme Kaltenkirchen

Ein noch aufwendiger gestaltetes Freizeitbad gibt es in Kaltenkirchen: die HolstenTherme. Hier werden Wasserfälle und Geysire, tropischer Regen, Felsenquellen und Unterwassermassagen geboten. Für Mutige gibt es einen Wildwasserkanal und eine 92 m lange Riesenrutsche. Der Entspannung dient die umfangreiche Saunawelt, die als Besonderheit über eine Kalahari Afrika-Sauna und eine altfinnische Erdsauna im Außenbereich verfügt. Die AKN-Linie A1 bringt die Besucher direkt vor die Tür (Haltestelle Holstentherme).

HolstenTherme
Norderstraße 8
24568 Kaltenkirchen
Tel. (0 41 91) 9 12 20
Okt.–März tgl. 10–22 Uhr
www.holstentherme.de
2-Std.-Karte 8 €, 5–16 Jahre 4 €, unter 5 Jahren 2 €, Tageskarten 13 €/6,50/2 €, SaunenWelt (mit Badeintritt) 2 Std. 13 €, Tageskarte 18 €,
Okt.–März Hochsaisonzuschlag 2 € an Sa/So/Fei
A1 ab Eidelstedt bis Holstentherme
alle 60–120 Min.

Start
Bad Bramstedt
A1 ab Eidelstedt Mo–Sa alle 20–60 Min.

Stadtspaziergang
durch Altstadt und Kurviertel

Länge
ca. 8 km

Rückfahrt
Bad Bramstedt Kurhaus, A1 Mo–Sa alle 20–60 Min.

Tourismusbüro Bad Bramstedt
Bleek 17–19 (Rathaus)
24576 Bad Bramstedt
Tel. (0 41 92) 5 06 27
www.bad-bramstedt.de
Mo–Fr 9–12, Mo, Di + Fr 14–17, Do 14–18 Uhr
Juli–Aug. Sa 10–13 Uhr

Stadtführung
Mai–Sept. Sa 14.30 Uhr, Okt.–Apr. jeden 1. + 3. Sa im Monat 14.30 Uhr,
Stadtführung im historischen Gewand
Mai–Sept. jeden So 14.30 Uhr, Okt.–Apr. jeden 2. + 4. So im Monat 14.30 Uhr,
Dauer 1,5 Stunden, 2 €
Treffpunkt: vor dem Roland (am Schloss)

Bad Bramstedt

Bad, Land, Fluss

Der typische Bad-Bramstedt-Tourist hat entweder ein Paddelboot oder Rheuma. Ein Tagesausflug lohnt sich aber auch, wenn man weder das eine noch das andere mitbringt.

Von Hamburg aus kommend ist die erste Station Bad Bramstedt Kurhaus, der Bahnhof der Klinik-Stadt. Wir fahren aber weiter bis Bad Bramstedt.

Um zum alten Stadtkern zu gelangen, geht man den gegenüber dem historischen Bahnhofsgebäude liegenden Schlüskamp hinein – und stößt schon nach kurzem Weg auf den grünen Lauf der Osterau, die hier eine kleine Insel im Fluss, die Osterauinsel, ausbildet.

Gleich mehrere Flussläufe laden zum Paddeln ein. In Bad Bramstedt vereinigt sich die **Osterau,** einer der wenigen Wildflüsse in Norddeutschland, mit der Hudau zur Bramau. Die Bramau, der die Stadt ihren Namen verdankt, gilt als idealer Anfängerfluss. Es treffen sich in Bad Bramstedt daher Paddler aller Ligen. Aber natürlich bieten die Flüsse nicht nur den Wasser-, sondern auch uns Fußwanderern naturnahe Erholung, sind doch an ihren Ufern meist gute Wege angelegt.

Vor einer Wanderung lohnt eine Besichtigung des **alten Stadtkerns,** in den man hinter der Osterauinsel gelangt. Zentrum des Stadtkerns ist der Bleeck, ein zentraler Platz. **Bleeck** heißt im Niederdeutschen so viel wie „Flecken“ und bedeutete unbefestigte Stadt, die Bramstedt bis 1910 war. Das historische – und heutige – Rathaus steht hier am Bleeck, gegenüber dem Torhaus am Markt, das als letztes noch stehendes Gebäude des ehemligen Guts Bramstedt auch als **„Schloss“** bezeichnet wird. Davor steht der Roland, das Wahrzeichen der Stadt. Der Roland war ein Symbol der Marktgerechtigkeit im Ochsenhandel. Zu seinen Füßen wurden Kontrakte geschlossen und bei Streitigkeiten rechtliche Entscheidungen gefällt. Bis zum Jahre 1693 standen an dem Platz hölzerne Roland-Standbilder. Dann wurde der heutige Roland aus Oberkirchener Sandstein aufgestellt. Die

Die Schlossbrücke führt über die Hudau

Originalfigur musste sich im Laufe der Jahrhunderte mehrmals von Steinmetzen durchgeführten Schönheitsoperationen unterziehen.

Der Bau, der heute als Schloss bezeichnet wird, ist eigentlich nur noch das Torhaus des ehemaligen **Bramstedter Gutes.** Das heute noch vorhandene Gebäude wurde zwischen 1631 und 1647 errichtet. Die Funktion als Torhaus für das dahinter liegende Schloss ist noch an den großen Toren erkennbar, durch die die Kutschen fahren konnten.

Nördlich des Bleecks, am Kirchenbleeck, steht die **Maria-Magdalenen-Kirche**. Vermutlich wurde der Bau in der ersten Hälfte des 13. Jahrhundert errichtet, aber immer wieder umgestaltet. Heute stellt der Bau ein Sammelsurium unterschiedlichster Stile und Materialien dar.

Nach der Besichtigung der Altstadt bietet sich ein Spaziergang entlang der Hudau ins **Kurviertel** an. Ein Weg führt vom Stadtzentrum entlang des Flüsschens an der Kneippanlage und am Garten der Sinne vorbei. Wer dann dem Lauf der Hudau folgt, der gelangt automatisch in die Kuranlagen der Rheumaklinik. Die in den Wald eingefügten Bauten der Anlage stellen eine perfekte Verbindung zwischen Architektur und Natur dar. Hier mitten im Wald liegt malerisch der Haltepunkt Bad Bramstedt Kurhaus, von dem man bequem die Heimreise antreten kann – jedenfalls wenn man kein Rheuma in den Knochen und kein Faltboot im Gepäck hat.

Kaisersaal
Traditionsrestaurant am Marktplatz.
Bleek 26
24576 Bad Bramstedt
Tel. (0 41 92) 15 94
www.kaisersaal-badbramstedt.de
Mi–Sa 11–14 und ab 17.30 Uhr,
So 9–14 und ab 17 Uhr,
Mo 11–14 Uhr
Di Ruhetag

Friesencafé
Auf dem Kurhausareal nahe dem Bahnhof Kurhaus gelegen, großer Kaffeegarten, deutsche und internationale Küche.
Birkenweg 23
24576 Bad Bramstedt
Tel. (0 41 92) 8 53 80
www.friesencafe.de
Tgl. 10–23 Uhr (Küche bis 20.30 Uhr)

Start
Bad Bramstedt
A1 ab Eidelstedt Mo–Sa alle 20–60 Min.

Radtour
Bad Bramstedt – Mönkloh – Bokel – Dauenhof

Länge
ca. 25 km (inklusive Naturfreibad Bokel)

Rückfahrt
Bhf. Dauenhof
R70 alle 60–120 Min.

Staatsforst Rantzau

Zum Butterberg

Keine Auswirkung einer verfehlten Agrarpolitik, sondern eiszeitlichen Ursprungs ist der Butterberg, den man bei diesem Ausflug besteigen kann. Der gerade mal 33 Meter hohe Berg erhebt sich im schönen Staatsforst Rantzau, der allein schon einen Besuch wert ist.

Der Staatsforst Rantzau liegt in dem Gebiet, das von den Städten Bad Bramstedt im Nordosten, Barmstedt im Süden und der Gemeinde Hörnerkirchen im Westen eingefasst wird. Das noch weitgehend zusammenhängende große Forstgebiet ist kaum zersiedelt – und ist damit schon eine Ausnahme.

In der Altstadt **Bad Bramstedts** startet ein Rad- und Wanderweg in westlicher Richtung nach **Hitzhusen.** Der Ort liegt nur knapp 3 km von der historischen Stadtmitte entfernt, gehört aber nicht mehr zu Bad Bramstedt. Anstatt uns an die Wanderwegmarkierung zu halten und geradewegs nach Hitzhusen hineinzuradeln, folgen wir weiter der Glückstädter Straße, auf der wir schon in der Altstadt gestartet sind, und gelangen nach **Wed-**

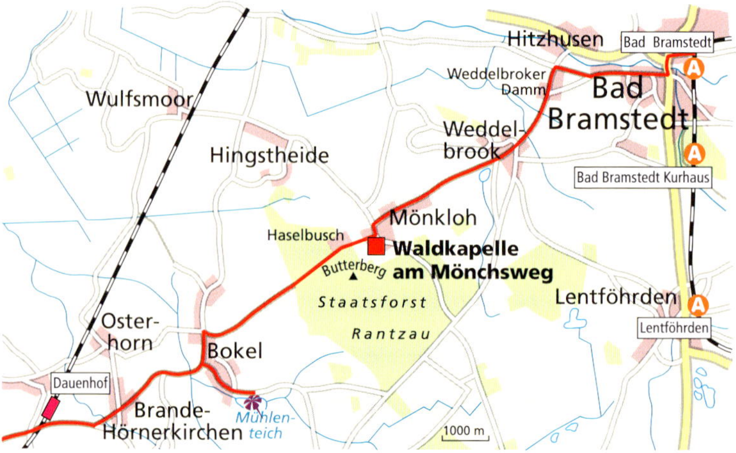

delbrook, an dessen Ortsausgang zur Linken ein kleiner See namens Mühlenteich liegt, und weiter in südwestlicher Richtung nach Mönkloh. Erst hier endet die Glückstädter Straße und der Staatsforst Rantzau beginnt.

Mönkloh ist der letzte Außenposten vor der Wanderung in die Wildnis. Hier steht die kleinste Kirche Schleswig-Holsteins, die Waldkapelle am Mönchsweg, die erst 2001 geweiht wurde. Wir stellen das Fahrrad ab und folgen dem Weg, der nach Bokel ausgeschildert ist und der uns durch einen dichten Wald führt. Das Waldgebiet zur Rechten nennt sich Haselbusch, ist aber auch nur ein Ausläufer des Staatsforstes Rantzau. Der Weg zum Butterberg zweigt nach links ab. Allerdings versperrt ein Schild „Wildschutzgebiet, betreten verboten" den Weg zum **Butterberg.** Aber das macht nichts, denn so etwas wie einen Ausblick bietet die sanfte Erhebung nicht. Egal, ob man nun einen Abstecher zum Butterberg unternommen hat, um sagen zu können, man habe den „Butterberg" bestiegen, oder nicht – man sollte auf jeden Fall wieder auf den Hauptweg nach Bokel zurückkehren und zu diesem Ort, der schon zu der Gemeinde Brande-Hörnerkirchen gehört, fahren.

Brande-Hörnerkirchen ist ein Zusammenschluss mehrerer kleiner Dörfer ohne rechte eigene Struktur. Soll heißen, weder die Gesamtgemeinde noch die einzelnen Ursprungsdörfer haben eine eigene Struktur entwickeln oder bewahren können. Am deutlichsten zeigt noch Bokel seinen dörflichen Charakter.

Wenn man **Bokel** in Nord-Süd-Richtung durchquert, gelangt man über die Mühlenstraße an einen anderen Mühlenteich, ursprünglich eine Aufstauung des Krummbaches. Das hier angelegte **Naturfreibad** kann vor allem mit seiner malerischen Lage punkten. Zudem ist es auch zur Hochsaison nicht überlaufen.

Der Rest des Weges zum **Bahnhof Dauenhof,** im Gemeindeteil Westerhorn gelegen, ist unspektakulär. Aber immerhin liegt der kleine Bahnhof noch innerhalb des Verkehrsverbundes, so dass wir mit dem HVV-Tarif nach Hause kommen.

Wolters Gasthof von 1787
Traditionsgasthaus mit regionaler Küche, im Sommer Biergarten.
Glückstädter Straße 3
25576 Weddelbrook
Tel. (0 41 92) 14 12
www.woltersgasthof.de
Mo–Sa ab 17 Uhr,
So ab 16.30 Uhr
Di Ruhetag

via Tipp

Naturfreibad Bokel
Wer eine Abkühlung benötigt, kann hier ganz malerisch untertauchen.

Mühlenstraße
25364 Bokel
Tel. (0 41 27) 15 14
Mai–Sept. 8–20 Uhr
2 €, erm. 1 €
Öffnungszeiten können je nach Wetterlage verkürzt oder verlängert werden

Start
Bad Bramstedt
A1 ab Eidelstedt
Mo–Sa alle 20–60 Min.

Radtour
Bad Bramstedt – Bimöhlen – Heidmühlen – Wahlstedt

Länge
ca. 30 km

Rückfahrt
Bhf. Wahlstedt
R11 alle 60 Min. nach Bad Oldesloe mit Anschluss nach Hamburg

Im Wildpark Eekholt gibt es auch ein Storchenhaus

Staatsforst Segeberg

Im Reich der Riesengräber

Im Staatsforst Segeberg findet sich die weltweit größte Ansammlung von Riesengräbern. Durch diesen gigantischen vorzeitlichen Friedhof führt die heutige Tour.

Ausgangspunkt der Tour ist der Bahnhof Bad Bramstedt. Vom historischen Bahnhofsgebäude geht es gleich weiter in östlicher Richtung. Man überquert die Gleise auf einem Fußgängerüberweg und gelangt über den Weg „Am Badesteig“ in das **Tal der Osterau.** Wir folgen hier dem ausgeschilderten Weg zum etwa 3 km entfernten „Gesundbrunnen“.

Seit seiner Entdeckung 1681 wechselten sich Perioden der Popularität und des Vergessens der Quelle ab. Im Jahre 1999 wurde der **Gesundbrunnen** dank des Engagements einzelner Bramstedter Bürger und Sponsoren wiederhergerichtet. Nur Trinkwasser bietet die Anlage heute nicht mehr.

Weiter geht es durch das Osterautal nach Bimöhlen. Zuvor wird die Autobahn A 7 auf einer Brücke überquert. Gleich nach der Brücke geht es rechts ins Dorf **Bimöhlen.** Im Ort haben wir zwei Möglichkeiten: Entweder wir biegen direkt vor der Osteraubrücke auf die Straße links ein und folgen am Ortsende dem Wanderweg NPW. Das ist die ruhigere, aber holprigere Strecke nördlich der Osterau. Oder wir überqueren in Bimöhlen die Osterau, fahren am Dorfplatz links und nehmen die Weider Straße, eine Landstraße mit mäßigem Verkehr. In beiden Fällen fahren wir parallel zur Osterau und in Richtung der Siedlung Weide.

Zwei Kilometer hinter **Weide** ist der **Wildpark Eekholt** erreicht. Danach geht der Weg nach **Klint** weiter, einige Kilometer östlich gelegen. Hier muss man sich entscheiden, ob man sich nach Norden über die nur mäßig befahrene Landstraße gen Heidmühlen oder über Waldwege durch den Staatsforst Segeberg nach Osten wendet. Auf jeden Fall treffen sich die Wege – denn von **Heidmühlen** aus halten wir uns wieder südostwärts – nahe der Kolonie **Glashütte,** die mitten im Wald

liegt. Auf dem restlichen Weg durch den Staatsforst nach Wahlstedt liegen nun rechts des Weges die **Hügelgräber** dicht an dicht.

In **Wahlstedt** kann man am nordwestlichen Ortsausgang in die Bahn steigen (Der Bahnhof liegt 2 km außerhalb des Ortskern). Wer noch nicht genug hat, der radelt weiter bis Bad Segeberg (▸ Seite 50).

Hügelgräber

Hügel-, Riesen- oder Hünengräber werden vom Archäologen „Steinkammergräber" genannt, denn sie bestehen aus einer Grabkammer aus großen Steinblöcken und einer Erdummantelung, die die Gebilde wie kleine Hügel aussehen lässt. Hochgestellte Persönlichkeiten wurden so beigesetzt, denen man diverse Grabbeigaben mit auf den letzten Weg gab. Die hiesigen Hügelgräber stammen aus der Älteren Bronzezeit, 1800 bis 1000 v. Chr. Im Laufe der Jahrhunderte wurden die Gräber entweder geplündert, weil die nachfolgenden Kulturen der Meinung waren, dass es einem im Jenseits schon an nichts mangeln würde, oder sie wurden abgetragen, weil sie dem sich ausbreitenden Ackerbau im Wege waren.

Café Okal
Kleine Gerichte,
im Sommer mit Terrasse.
Kronsheider Straße 41
23812 Wahlstedt
Tel. (0 45 54) 28 06
Mo–Fr 11.30–17 Uhr,
Sa/So 14–18 Uhr

Wildpark Eekholt
Der 67 ha große Park zeigt über 100 Arten einheimischer Wildtiere.
24623 Großenaspe
Tel. (0 43 27) 99 23-0
www.wildpark-eekholt.de
Ganzjährig ab 9 Uhr bis Einbruch der Dunkelheit
8,50 € / 7,50 €
Von Apr.–Okt. mit Anruf-Sammel-Taxis erreichbar:
Infos unter: (0 48 22) 15 73
Sa/So/Fei (0 41 92) 89 89 83

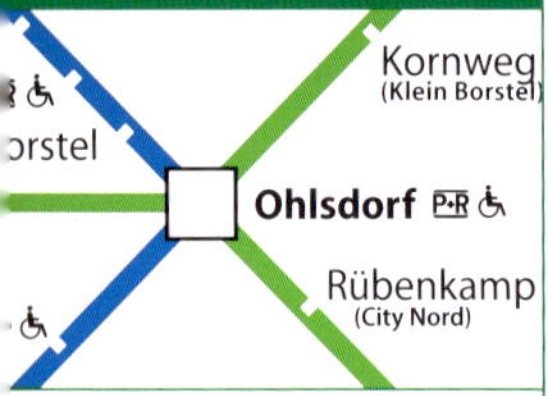

Start
Ohlsdorf
S1 S11
alle 5–10 Min.
U1 alle 5–10 Min.

Rundwanderung
durch den Ohlsdorfer Friedhof

Länge
ca. 8 km

Karte ▸ Seite 29

Friedhof Ohlsdorf
Fuhlsbüttler Straße 756
Tel. (040) 5 93 88-0
www.friedhof-hamburg.de
Apr.–Okt. tgl. 8–21 Uhr
Nov.–März tgl. 8–18 Uhr
Infohaus am Haupteingang
Mo, Di, Do, Fr 11–15 Uhr

Infos zu Führungen
www.friedhof-hamburg.de/service

Busverbindungen
durch den Friedhof:
Bus 170 Haupteingang – Maisredder (südliche Route)
Bus 270 Haupteingang – Bramfeld, See (nördliche Route)
alle 10–20 Min.

Friedhof Ohlsdorf

Grün über Gräbern

Hamburgs größte Grünanlage ist ein Friedhof: Mit einer Fläche von fast 400 ha ist der Ohlsdorfer Friedhof sogar der größte Parkfriedhof der Welt. Die Anlage mit 255.000 Grabstätten bietet den Toten eine letzte Ruhe in schöner Umgebung und den Lebenden einen lehrreichen Ausflug.

Der Rundgang beginnt praktischerweise am Haupteingang, der schon vom S-/U-Bahnhof Ohlsdorf zu sehen ist. Hier starten auch die beiden Buslinien der Hochbahn, die das weiträumige Areal erschließen. Auch mit dem Fahrrad lässt sich das 17 km lange Straßennetz des Friedhofs bequem befahren und die gärtnerischen Schönheiten entdecken. Wir erkunden den Friedhof jedoch zu Fuß. Dazu besorgen wir uns im Verwaltungsgebäude, das 1911 errichtet wurde, einen Übersichtsplan und Vorschläge zu Spaziergängen sowie eine Auflistung von Prominentengräbern. Wer Lust hat, kann sich auch einer der zahlreichen Führungen anschließen, die es zu unterschiedlichsten Themen gibt. Sogar Märchen von Leben und Tod kann man zwischen den Grabstellen lauschen.

Gegenüber dem Haupteingang erhebt sich die Terrassenanlage des **Althamburger Gedächtnisfriedhofs.** Hier ruhen die sterblichen Überreste von einstigen Persönlichkeiten der Stadt. Die Terrassen wurden schon um die vorletzte Jahrhundertwende als gärtnerische Schmuckanlage im neobarocken Stil gestaltet. Davon sind heute nur noch die Sandsteintreppen und, im Mittelpunkt und sich über allem erhebend, die Christusfigur aus strahlend weißem Marmor erhalten.

Hält man sich beim Rundgang in südlicher Richtung, gelangt man schon bald zum **Rosengarten,** einer gärtnerischen Zieranlage, die für einen Friedhof wohl einmalig ist. Der Garten wurde vor über 100 Jahren angelegt. Nach jahrzehntelanger Vernachlässigung zeigt er sich heute wieder annähernd in historischen Formen.

Der Bereich des Friedhofs, in dem wir uns gerade aufhalten, der westliche, ist der historische Teil des Ohlsdorfer Friedhofs. Im Jahre 1877 eröffnet und von Wilhelm Cordes gestaltet, diente die damalige Anlage als Beispiel für zahlreiche andere Parkfriedhöfe. Charakteristisch für diesen nunmehr auch Cordes-Teil genannten Bereich sind der sehr artenreiche, häufig waldartige Baumbestand und die großzügigen Grabflächen, die geschickt mit dichten Gehölzpflanzungen – heute meist Rhododendron – umgeben sind.

Engelsskulptur auf dem Grabmal Plesch/Ritz

Der östliche Friedhofsteil wurde ab 1920 nach den streng landschaftsarchitektonischen Plänen von Otto Linne angelegt. Hier befinden sich mehrere Ehrenfriedhöfe und Mahnmale. Etwa 52.000 Kriegsopfer aus 30 Nationen wurden mit ewigem Ruherecht in Ehrenanlagen bestattet. Besonders beeindruckend ist das **Mahnmal für die Bombenopfer** von Gerhard Marcks aus dem Jahre 1952. Es steht im Zentrum von vier Massengräbern, in denen im Sommer 1943 fast 39.000 Tote beigesetzt wurden.

Geschichtlich interessant sind die beiden **Grabmal-Freilichtmuseen** (am Heckengarten und an der Kapellenstraße). Die historischen Grabmäler stammen von den aufgelassenen Steintor- und Dammtorfriedhöfen bzw. von den Grabstätten der „Ämter", wie in Hamburg die Zunftvereinigungen der Handwerker hießen. Auf dem Rückweg Richtung Cordesallee passieren wir in der Nähe des 1898 erbauten **Wasserturms** den von Rhododendronbüschen umsäumten **Garten der Frauen.** Eine Gedenkstätte, auf der alte Grabsteine bedeutender Frauen aufgestellt werden. Es ist aber auch ein Ort, auf dem sich Frauen bestatten lassen können. Wieder am Haupteingang angekommen, lohnt noch der Besuch des kleinen **Friedhofsmuseums.**

Friedhofsmuseum
Interessante Ausstellung zur Vielfalt der hamburgischen Friedhofs- und Bestattungskultur.
Neben dem Haupteingang
Tel. (040) 50 05 33 87
So, Mo, Do 10–14 Uhr
Eintritt frei

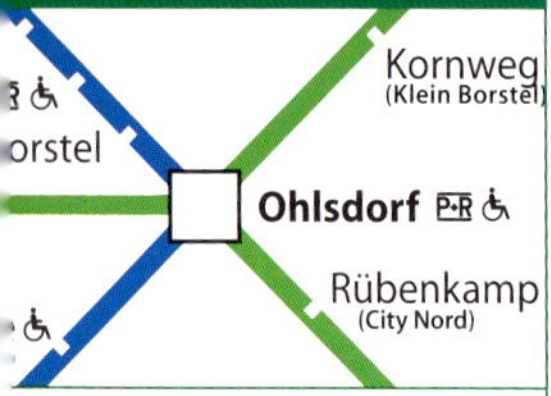

Start
Ohlsdorf
S1 S11
alle 5–10 Min.
U1 alle 5–10 Min.

Wanderung
durch das obere Alstertal

Länge
ca. 15 km

Rückfahrt
U1 Ohlstedt
alle 10–20 Min.

Bootsverleih Töns
Kanus, Ruderboote und Tretboote in Ohlsdorf direkt an der Alster.
Ratsmühlendamm 2
Tel. (0 40) 59 94 98
www.bootsvermietung-toens.de
Apr.–Ende Sept. je nach Wetterlage 9–21 Uhr

Alstertalmuseum
Wellingsbütteler Weg 75a
(im Torhaus Wellingsbüttel)
Tel. (0 40) 5 36 66 79
www.alstertal-museum.de
Sa/So 11–13 + 15–17 Uhr
Eintritt frei
S1 S11 Wellingsbüttel

Bootsverleih Marienhof
an der Poppenbüttler Schleuse
Tel. (0 40) 6 06 66 77
Apr.–Okt. 10–18 Uhr
(bei Bedarf länger)
Kanus und Kajaks
S1 S11 Poppenbüttel

Alstertal

Im Grünen Grunde

Ein Name wird Programm: Gleich am Bahnhof des Ausgangspunktes dieser Tour weisen uns die Hinweisschilder den Weg. „Im Grünen Grunde" steht über dem Ausgang, den wir wählen. Und daran soll sich die nächsten zwölf Kilometer nichts ändern.

Die Straße Im Grünen Grunde ist noch vergleichsweise wenig grün. Jedenfalls im Vergleich mit dem **Alsterwanderweg,** dem wir folgen wollen und der am Ufer des sich malerisch durch die Landschaft schlängelnden Flusses verläuft. Oft ist das Tal des oberen Alsterlaufes so urwüchsig, dass man kaum glaubt, sich im Stadtgebiet einer Metropole zu bewegen. Wer allerdings vom Weg abkommt, wird schnell feststellen, wie nah großstädtische Hektik und elegante vorstädtische Villengegenden an den Flusslauf heranragen. Auf jeden Fall orientiert man sich praktischerweise am markierten Verlauf des offiziellen Alsterwanderweges: Die gelben Pfeile auf den Baumstämmen sind leicht zu erkennen. Meistens jedenfalls.

Unser Weg geht flussaufwärts, dorthin, wo die Alster zu einem verwegen mäandernden Flüsschen und schließlich zu einem besseren Bach wird. Vorher jedoch geht es an mehreren Schleusen vorbei. Die erste, gleich zweistufig, passieren wir schon zu Beginn der Tour in Ohlsdorf. Meist verläuft die Wegstrecke auf der rechten Seite des Flusses, doch bieten die zahllosen Brücken immer wieder die Möglichkeit, das Ufer zu wechseln.

Wir kommen am **Teetzpark** vorbei, dem heutigen Rest eines ehemals privaten Parks in einer malerischen Biegung der Alster. Ein Rundweg erschließt den Park und führt um die beiden zentralen, mit der Alster verbundenen Teiche herum. Nach ca. 5 km erreichen wir **Wellingsbüttel,** wo man das Naturerleben kurz unterbrechen sollte, um das **Herrenhaus Wellingsbüttel** und das ihm vorgelagerte alte Torhaus zu besichtigen. Das repräsentative Herrenhaus stammt in seinen Ursprüngen aus dem Jahre 1750, erhielt sein

heutiges Gesicht aber 1889 durch Martin Haller, den als Rathausarchitekten berühmt gewordenen Baumeister. Das Torhaus wurde 1757 erbaut. In ihm ist heute das **Alstertalmuseum** untergebracht. Wer eine Pause benötigt, kann sich im Herrenhaus stärken, bevor er sich in Richtung **Poppenbüttler Schleuse** begibt. Hier wird die Alster noch einmal zu einem kleinen See gestaut. Bald darauf liegt auf der linken Seite des Flusses das Gut Hohenbuchen.

Hinter der **Mellingburger Schleuse** wird der Fluss zum Bach; auch kühne Kanuten können hier kaum noch Kurs halten. Auf dem Landweg wird's noch schwieriger, denn der Alsterwanderweg verlässt den Flusslauf und führt ein Stück über besiedeltes Gelände, nämlich über die Straße Kortenland. Die Anwohner sind verirrte Wanderer gewohnt und weisen gern den Weg.

Im **Rodenbeker Quellental,** einem Naturschutzgebiet, erleben wir dafür noch einmal fast urwaldmäßige Natur. Der Weg führt hindurch zwischen Teichen und Tümpeln, Bächen und toten Flussarmen und dann ganz unvermittelt auf eine Straße mit dem schönen Namen Haselknick, die auf die Bredenbekstraße führt. Diese überquert, stehen wir keine zehn Minuten später vor dem Bahnhof Ohlstedt. So schnell hat uns die Zivilisation wieder.

Café & Restaurant im Herrenhaus
Wellingsbüttler Weg 71
22391 Hamburg
Tel. (040) 97 07 09 80
Mi–So 11–Open End

Restaurant The Locks
Gehobene Gastronomie in einem alten Strohdachhaus, Sommergarten.
Marienhof 6 (in der Poppenbüttler Schleuse)
Tel. (0 40) 61 16 60-0
www.the-locks.de
Mo–So 12–1 Uhr

Restaurant Mellingburger Schleuse
Regionale Spezialitäten à la carte in einem 1717 erbauten Reetdachhaus.
Mellingburgredder 1
Tel. (040) 6 11 39 15-0
www.mellingburger schleuse.de
Mi–Mo 11–22 Uhr

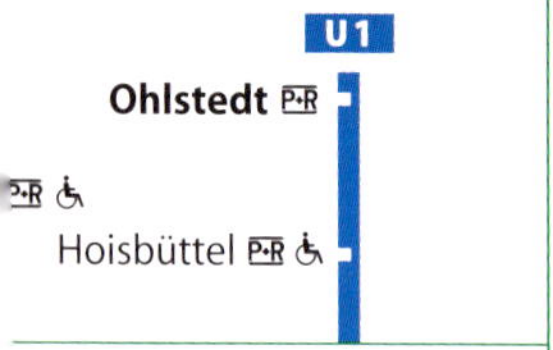

Start
Ohlstedt
U1 alle 10–20 Min.

(Rad-)Rundwanderung
Ohlstedt – Wohldorfer Wald – Mühlenteich – Duvenstedter Brook – Ohlstedt

Länge
ca. 17 km

Duvenstedter Brook

Was röhrt denn da?

In Hamburg mit dem Fernglas auf die Pirsch gehen, um Kraniche beim Balztanz, Frösche im blauen Balzkleid oder Hirsche bei der Brunft zu beobachten – das kann man im Duvenstedter Brook.

Im äußersten Nordosten Hamburgs liegt das mit rund 780 ha zweitgrößte Naturschutzgebiet der Stadt. Die Bezeichnung Brook oder Bruch ist eine niederdeutsche Landschaftsbezeichnung für sumpfiges, von Wasser durchzogenes Gehölz und Gelände. 1958 wurde der Duvenstedter Brook unter Naturschutz gestellt. Ende der 1970er Jahre begann man mit der Wiederherstellung der abwechslungsreichen Landschaft. Denn durch die landwirtschaftliche Nutzung und Abtorfung der Moore war der ursprüngliche Charakter verlorengegangen.

Im Gegensatz zu vielen anderen Rückzugsgebieten der Natur gehört es im Duvenstedter Brook nicht zum Konzept, den Menschen als störendes Element fernzuhalten. Im Gegenteil – die Naturschützer haben das Gebiet mit einer Infrastruktur versehen, die es auch dem Laien leicht macht, auf eine heimische Fotosafari zu gehen. Komfortable, überdachte Beobachtungsstationen mit ausführlichen Informationstafeln gehören ebenso dazu wie eigens angelegte Schauteiche.

Unsere Tour beginnt am U-Bahnhof Ohlstedt. Dies ist bereits die erste Station auf einem 7 km langen historisch-ökologischen Erlebnispfad. Die Geschichte des **Ohlstedter Bahnhofs** begann 1907, als die Kleinbahnstrecke von Alt-Rahlstedt bis nach Ohlstedt verlängert wurde. Doch das Ende der Kleinbahn nahte, als man 1925 das Streckennetz der Walddörferbahn, dem Vorläufer der heutigen U-Bahn, bis Ohlstedt ausbaute. Die letzte Teilstrecke von Ohlstedt nach Wohldorf, die mitten durch den Wohldorfer Wald führte, wurde aber sogar noch bis 1961 betrieben. An deren Endpunkt, im ehemaligen Bahnhofsgebäude Wohldorf, ist heute ein **Museum** eingerichtet, das

Nahverkehrsmuseum Kleinbahnhof Wohldorf
Modelle, Originalteile und Dokumente zur Geschichte der Wohldorfer Kleinbahn und des Hamburger Nahverkehrs.
Schleusenredder
Tel. (040) 554 21 10
www.vvm-museumsbahn.de
So 13–16 Uhr
2 €, bis 14 Jahre 1 €

die Geschichte der Kleinbahn sowie des öffentlichen Nahverkehrs in Hamburg und Umgebung mit einer Vielfalt an Originalteilen, Modellen, Unterlagen und Fotografien dokumentiert.

Wir aber wandern erst einmal vom U-Bahnhof Ohlstedt nach links in die Alte Dorfstraße und kurz darauf nach rechts in die Straße Timms Hege. Von ihr zweigt rechts der Kupferredder ab. Gegenüber der Schule Am Walde führt vom Kupferredder nach links der Erlebnispfad in den **Wohldorfer Wald** hinein. In früheren Jahrhunderten wurde dieser Wald hauptsächlich als Waldweide für Schweine und zum Sammeln von Bau- und Brennholz genutzt.

Auf dem Kleinbahnwanderweg, an dessen Rand die ersten Infotafeln zum Erlebnispfad stehen, geht es tiefer in den Wald hinein. Wenn man der fortlaufenden Nummerierung der Tafeln folgt, gelangt man durch den Wald bis zur „Brücke mit Ausblick". Man überquert die Aue und blickt nach links auf den **Mühlenteich** mit der Wohldorfer Kornmühle. Danach nach links abgebogen, erreicht man über den Weg „Holländer Berg" die Herrenhausallee. Man folgt ihrem Verlauf nach rechts bis in einer Kurve links ein Weg (Weberstieg) zum **Naturschutz-Informationshaus** Du-

Naturschutz-Informationshaus Duvenstedter Brook
Naturkundliche Ausstellung und Informationsmaterial.
Duvenstedter Triftweg 140
Tel. (040) 6 07 24 66
www.hamburg.nabu.de/naturerleben/duvenstedterbrook
Apr.–Okt. Di–Fr 14–17, Sa 12–18, So/Fei 10–18 Uhr
Feb., März, Nov. Sa 12–16, So/Fei 10–16 Uhr
Im Dez. an den meisten Sonntagen geöffnet.

Ausleihen eines GPS-Naturscouts 4 €.

Das Mitnehmen von Hunden in den Duvenstedter Brook ist verboten, damit die wildlebenden Tiere, besonders die Bodenbrüter, nicht aufgeschreckt werden.

venstedter Brook abzweigt. Dort informiert eine Ausstellung über die Tiere und Pflanzen, die im Duvenstedter Brook beheimatet sind.

Auf dem Duvenstedter Triftweg geht es nun in den Brook hinein. Bald tauchen am Wegrand die ersten Beobachtungsstände auf. Tafeln informieren über Dam-, Reh-, Rot- und Schwarzwild. Das Landschaftsbild des Duvenstedter Brooks wird durch Moore geprägt. Durch die in der Vergangenheit erfolgte Trockenlegung der Moore entstand Feuchtheide. Im Frühjahr werden diese im nordwestlichen Teil des Brooks gelegenen Gebiete von weißem Wollgras überzogen, im Sommer entfaltet die Glockenheide ihre lila Pracht.

Die Wiesen des Duvenstedter Brooks werden fast das ganze Jahr über zur Schaubühne. Mitte Februar kehren die Kraniche aus ihren Winterquartieren zurück und vollführen mit lauten Trompetenrufen ihre Balztänze. Von Mai bis Juli sind sie dann mit ihren noch flugunfähigen Jungen auf Nahrungssuche. Erst im Spätherbst ziehen sie sich wieder ins wärmere Spanien zurück.

Die vielen Bäche, Gräben und Teiche im Duvenstedter Brook enthalten zahlreiche Frosch- und Molcharten. Von Ende April bis Mitte Juni

Im Duvenstedter Brook

suchen die Amphibien ihre Laichgewässer auf. Die Männchen der Moorfrösche tragen dann ein leuchtend blaues Balzkleid.

Von Mitte September bis Anfang Oktober sind die Wiesen die große Bühne für die Rothirschbrunft. Überwiegend in der Dämmerung und nachts sind die beeindruckenden Rangkämpfe von den Beobachtungsständen aus mit etwas Geduld zu sehen. Bis Mitte November folgt die Brunft der Damhirsche. Sie spielt sich allerdings verborgen im Wald ab und ist daher schwieriger zu beobachten.

Man bleibt auf dem Duvenstedter Triftweg bis zur **Revierförsterei,** die sich an einer Wegkreuzung befindet. Dort geht es links in den Bültenkrugweg. An seiner rechten Seite gibt es mehrere Schauteiche, zur linken Wiesen. Später wechselt die Landschaft. Die ersten Heideflächen tauchen auf. Wer mit dem Fahrrad unterwegs ist, muss nun bis zur **Siedlung Bültenkrug** geradeaus weiterfahren und an der Hauptstraße nach links auf dem Wiemerskamper Weg bis zum Infohaus zurückradeln.

Fußgänger biegen vorher nach links durch ein Holzdrehkreuz in den schmalen Pfad Am Professormoor ab. Er führt auf den Alten Grenzwall, auf dem man nach links wandert, bis er schließlich auf den Duvenstedter Triftweg mündet. Nach rechts eingebogen, gelangt man wieder zum Informationshaus zurück und über den Weberstieg auf bekannter Strecke in die Herrenhausallee – und somit wieder auf den historisch-ökologischen Erlebnispfad, an dem sich auch Einkehrmöglichkeiten befinden.

Fast am Ende der Allee biegt man hinter dem **Mühlenteich** nach links in den Mühlenredder ein, der geradeaus durch den Wohldorfer Wald nach Ohlstedt zurückführt. Er mündet in die Bredenbekstraße, und man befindet sich auf dem letzten Abschnitt des Erlebnispfads. Er führt noch an drei der insgesamt 30 Stationen vorbei, der Alten Post, dem Waldhaus und der 1954 errichteten **Matthias-Claudius-Kirche.** Links geht es in die Straße Timms Hege, und nach wenigen Schritten ist die U-Bahn Ohlstedt wieder erreicht.

Restaurant Zum Bäcker
Deutsche Küche mit regionalen Produkten.
Herrenhausallee 9
(in der historischen Bäckerei)
Tel. (040) 60 76 53 97
www.zum-baecker.de
Di–Do + So 12–22 Uhr,
Fr/Sa 12–23 Uhr

Restaurant Wohldorfer Mühle
Internationale Küche in einem historischen Gasthaus bei der alten Mühle.
Mühlenredder 38
Tel. (040) 6 07 66 50
www.die-muehle-hamburg.de
Mi–So ab 12 Uhr

Rahlstedt P+R

R10

Start
Rahlstedt
R10 alle 30 Min.
Bus 462
Naturschutzgebiet
Höltigbaum
alle 15–30 Min.

(Rad-)Wanderung
durch das Naturschutzgebiet Höltigbaum nach Ahrensburg

Länge
ca. 14 km

Rückfahrt
U1 ab Ahrensburg Ost
alle 10–20 Min. oder
R10 ab Ahrensburg
alle 30 Min.

Höltigbaum

Galloways statt Panzer

Einst war der „Höltigbaum" ein streng gesichertes militärisches Sperrgebiet. Heute bietet das Gelände Ausflüglern und Naturfreunden einen faszinierenden Einblick in das Entstehen eines neuen Naturschutzgebietes. Und sogar Hobbyarchäologen hoffen hier wieder auf reiche Funde.

Doch bevor man in die urwüchsige Landschaft des gemeinsamen Naturschutzgebietes der Länder Hamburg und Schleswig-Holstein gelangt, hat man Gelegenheit, sich in der Schweriner Straße die Rahlstedter Bausünden anzusehen. Vom Bahnhof aus erreicht man den zur Fußgängerzone umgewandelten Bereich. In die viel befahrene Rahlstedter Straße links eingebogen, erblickt man schon bald die Martinskirche, einen modernen weißen Bau. Hier gabelt sich der Weg. Wir folgen der linken Biegung, der Sieker Landstraße, ein kurzes Stück, um dann links in den Pahlblöckensredder einzubiegen, der durch einen Grüngürtel führt. Über die Straße Wiesenhof, die vom Pahlblöckensredder nach rechts abzweigt, trifft man auf die Straße Bei den Boltwiesen, die an die Hauptstraße Höltigbaum führt. Man unterquert diese und gelangt nun weiter geradeaus auf eine Straße mit den Namen Neuer Höltigbaum. Zur Linken passiert man eine Sportanlage und ein Parkplatzgelände.

Direkt hinter den Parkplätzen geht es links in die Straße Eichberg, an deren rechter Seite sich das **Haus der Wilden Weiden** befindet. Der Besuch der Ausstellung hilft beim Verständnis der ökologischen Zusammenhänge des „Naturschutzgebietes Höltigbaum/Stellmoorer Tunneltal" – so der offizielle, vollständige Name.

An das 560 ha große Höltigbaum-Areal schließen sich zwei weitere Naturschutzgebiete an: im Westen, auf Hamburger Seite, das **Stellmoorer Tunneltal** und im Norden das schleswig-holsteinische **Ahrensburger Tunneltal.** Damit ergibt sich eine Einheit, die ein geschlossenes, aber abwechs-

Haus der Wilden Weiden
Stiftung Naturschutz Schleswig-Holstein
Eichberg 63
Tel. (040) 18 04 48 60-10
www.hoeltigbaum.de
Do/Fr 14–17 Uhr,
Sa/So/Fei 11–17 Uhr, im Winter bis 16 Uhr

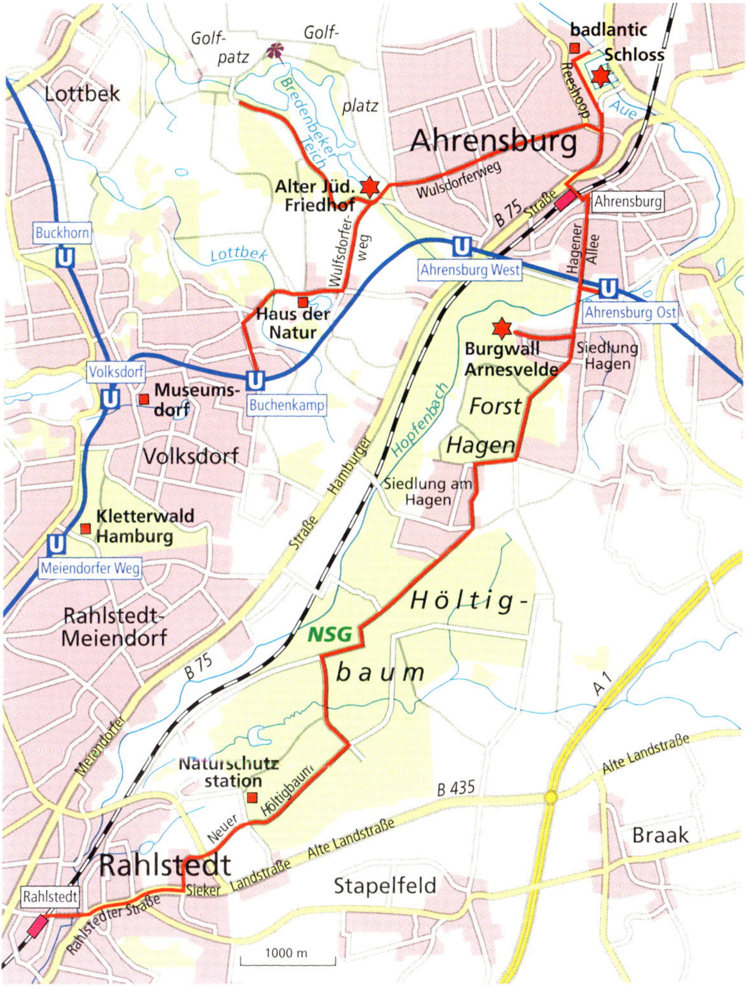

lungsreiches Landschaftsbild bietet. Geprägt wurde dieses Bild von mehreren Eiszeiten.

Die letzte Eiszeit war noch nicht vorüber, als sich die ersten Menschen am Höltigbaum ansiedelten. In der dann folgenden Altsteinzeit hatten sie in der baumlosen, steppenartigen Landschaft als Rentierjäger ein ideales Revier. Diese Rentierjäger waren die ersten Menschen, die mit Pfeil und Bogen jagten – und damit die „Ahrensburger

Führungen durch das Naturschutzgebiet Höltigbaum
Verein Jordsand
Haus der Natur
Bornkampfsweg 35
22926 Ahrensburg/Wulfsdorf
Tel. (0 41 02) 3 26 56
www.jordsand.eu
Mo–Do 8–17 Uhr
Fr 8–12 Uhr

Kultur“ begründeten. Archäologisch Interessierte wissen, dass sich dies etwa 8200 v. Chr. abspielte. Als Entdecker der Ahrensburger Kultur wurde Alfred Rust in Archäologenkreisen weltberühmt. In den 30er Jahren des 20. Jahrhunderts förderte Rust hier die ersten Hinterlassenschaften der steinzeitlichen Rentierjäger zutage. Auf den Spuren Alfred Rusts durchstreifen heute wieder zahlreiche Amateurarchäologen das Gelände. Ob aber jedes von ihnen aus dem Boden geklaubte, halbwegs spitz zulaufende Steinchen tatsächlich eine steinzeitliche Pfeilspitze ist, darf man wohl bezweifeln.

Zurück ins Hier und Jetzt. Die halboffene Weidelandschaft, die heute für das Naturschutzgebiet charakteristisch ist, gleicht einer historischen Kulturlandschaft. Ein Gebiet, das sich ohne Pflegemaßnahmen, also Beweiden und Mähen, wahrscheinlich zu einem geschlossenen Wald entwickeln würde.

Deshalb haben die Naturschützer ein Pflege- und Entwicklungskonzept erarbeitet, das für den Erhalt des jetzigen Landschaftsbildes sorgt. Dabei übernehmen eine robuste Heidschnuckenherde und Galloway-Rinder die Landschaftspflege. Zurzeit leben circa 50 Heidschnucken, 140 Rinder und zwölf Landschafe auf dem Gelände. So wird verhindert, dass Büsche und Sträucher auf den offenen Grasflächen überhandnehmen. Auf drei Rundwanderwegen namens „Gletscherspur“, „Gallo-Way“ und „Entdeckerpfad“ kann man den Tieren, der Geschichte und der Archäologie des Höltigbaums und des Ahrensburger Tunneltals ganz nah kommen.

Aber auch kleinere Tiere lassen sich im Höltigbaum gut beobachten. Vor allem Vögel, wie der im Naturschutzgebiel anzutreffende Neuntöter, freuen sich über sie gute Nahrungsangebot und vielen Verstecke, die sich in der steppenartigen Landschaft finden. Aufrecht auf Büschen

Ein Neuntöter in Habachtstellung

Auch Heidschnucken leben im Naturschutzgebiet Höltigbaum

sitztend ist er von Mai bis November gut zu erkennen.

Die meisten Wege der steppenartigen Landschaft des Höltigbaums sind mit dem Rad gut zu befahren, schließlich handelt es sich teilweise um ehemalige Betonpisten für Panzer. Das militärische Erbe des Höltigbaums kann und will das heutige Naturschutzgebiet nicht verleugnen. Panzerspuren, Gefechtshügel und Schanzflächen zeugen von der jüngsten Vergangenheit des Areals. Die Wehrmacht hatte 1937 auf dem Gelände einen Übungsplatz eingerichtet, in den 50er Jahren diente der Höltigbaum der Bundeswehr als Standortübungsplatz.

Man verlässt das Naturschutzgebiet über den Hagenweg und biegt von dort in den Ahrensfelder Weg ein. Bei den ersten Häusern der Siedlung am Hagen geht dieser über in den Ginsterweg. Nach rechts biegt man in den Weg Brauner Hirsch ein. Von hier zweigt bald darauf links die Hagener Allee ab, die durch den Forst Hagen bis ins Ahrensburger Zentrum führt (▸ Seite 38).

Im **Forst Hagen** sind noch einige Erdwälle der Burg Arnesvelde aus dem 14. Jahrhundert zu sehen. Die Burg selbst, der die Stadt Ahrensburg ihren Namen verdankt, existiert nicht mehr.

Start
Ahrensburg
R10 alle 30 Min.
Ahrensburg West
U1 alle 10–20 Min.

Stadtausflug und (Rad-)Wanderung
Schlossbesichtigung – Bredenbeker Teich

Länge
ca. 8 km

Rückfahrt
U1 von Buchenkamp
alle 10–20 Min.

Karte ▸ Seite 35

Schloss Ahrensburg
Lübecker Straße 1
22026 Ahrensburg
Tel. (0 41 02) 4 25 10
www.schloss-ahrensburg.de
März–Okt.
Di–Do, Sa/So 11–17 Uhr
Nov.–Feb.
Mi, Sa, So 11–17 Uhr
5 €, bis 12 Jahre 2,50 €,
Familienkarte 10 €

Bienen-Lehr- und Schaugarten
An der Bagatelle 2
(angrenzend an den Schlosspark)
Tel. (0 41 02) 4 19 18
Mitte Apr.–Sept.
1. + 3. So im Monat
14–17 Uhr

Ahrensburg

In Filzpantoffeln durch Prunksäle

Hamburgs schönstes Schloss liegt nicht in der Hansestadt, sondern in Schleswig-Holstein. Das Schloss Ahrensburg verdankt seine Pracht einem dänischen Minister. Oder besser: westindischen Sklaven.

Vom Bahnhof sind es nur wenige Schritte in den kleinen Stadtkern von Ahrensburg. Dort bietet sich bald ein herrlicher Anblick: Inmitten eines Parks erhebt sich auf einer Insel der strahlend weiße Bau eines **Schlosses.** Das Wahrzeichen der Stadt Ahrensburg gehört zu den am besten erhaltenen Renaissancebauten Schleswig-Holsteins. Seit 1938 ist es als Museum zugänglich und legt Zeugnis ab von der adligen Wohnkultur des 18. Jahrhunderts. Und das, obwohl der Mann, der hier sein Repräsentationsbedürfnis auslebte, so gar kein typischer Adeliger war.

Aber der Reihe nach. Schon um das Jahr 1585 hatte Peter Rantzau, ein Spross des weitverzweigten holsteinischen Uradelsgeschlechts, den befestigten Herrensitz als Mittelpunkt seines ausgedehnten Gutsterritoriums errichten lassen. Die Grundzüge, die Hofanlage und der bauliche Kernbestand sind trotz aller Umgestaltungen bis heute erhalten: eine von breiten Wassergräben und dem aufgestauten Mühlenteich umzogene rechteckige Insel mit Resten von Befestigungswällen, auf der sich das Schloss auf einem hohen Granitsockel erhebt. Die Rantzaus regierten von ihrem Herrensitz mehrere Generationen lang, bis wirtschaftliche Schwierigkeiten im 18. Jahrhundert zum Niedergang des Gutes führten.

Im Jahre 1759 erwarb Heinrich Carl Schimmelmann den vor dem Konkurs stehenden Besitz. Zu dieser Zeit war Schimmelmann schon ein schwerreicher Mann, der es vom kleinen mecklenburgischen Kaufmann als Heeresausrüster Friedrichs des Großen, als Steuerpächter, als Spekulant sowie als Schatzmeister des dänischen Königs zu et-

Schloss Ahrensburg

was gebracht hatte. Nun war er auf die Idee gekommen, marode Güter zu kaufen, um auf ihnen Gewerbe anzusiedeln und Manufakturen zu betreiben. Das Schloss war sozusagen nur eine Dreingabe. Gleichwohl stattete er seinen Besitz prachtvoll aus. Das war ein Leichtes für Schimmelmann, zumal er als Unternehmer bald in einen lukrativen Dreieckshandel einstieg: Von Europa brachte er mit eigenen Schiffen Gewehre und Tand nach Afrika, von Afrika Sklaven nach Amerika, mit Rohrzucker kehrten seine Schiffe aus der Karibik zurück. Schnell war Schimmelmann einer der größten Sklavenhändler der Westindischen Inseln.

Diese Vorabinformation lässt die Besucher des Schlosses die Pracht vielleicht mit etwas kritischeren Augen betrachten, wenn sie mit dicken Filzpantoffeln die Säle durchstreifen. Natürlich dient das unhandliche Schuhwerk der Schonung des Schmuckparketts. Es ist mit Ahorn auf Nussbaum, mit Eiche sowie Kirschbaumholz ausgelegt, stammt aus dem Jahre 1855 und ist somit schon nicht mehr mit Sklavenblut getränkt.

Von der Gartenanlage, die Graf Schimmelmann (denn zum Grafen hatte der dankbare Dänenkönig den Krämer noch ernannt) geplant, aber

Restaurant Strehl
Gehobene Regionalküche, berühmt für Wildgerichte und Fischspezialitäten.
Reeshoop 60 a
(direkt neben dem badlantic)
Tel. (0 41 02) 4 12 61
www.restaurantstrehl.de
Mo–Sa 17–21,
So/Fei 10–15 + 18–21 Uhr,
Di + Mi Ruhetag

badlantic
Hallen- und Freibad mit Sauna.
Reeshoop 60
Tel. (0 41 02) 4 82 80
www.badlantic.de
Hallenbad:
Di, Mi, Do 6.30–21.45,
Fr 6.30–20.15,
Sa/So 9–18.30 Uhr
5,70 €, bis 16 Jahre 3,50 €
Freibad:
Mo 12–20, Di–Fr 6.30–20,
Sa/So 9–19 Uhr
3 €, erm. 2 €

Strandbad Bredenbeker Teich
Wulfsdorfer Weg
22949 Ammersbek
Tel. (0 41 02) 5 85 63
www.camping-bredenbeker-teich.de
Mitte Mai–Mitte Sept.
tgl. 10–19 Uhr
2,50 €, bis 14 Jahre 1,30 €, Familienkarte 6,50 €

Haus der Natur
Informationszentrum des Vereins Jordsand.
Bornkampsweg 35
22926 Ahrensburg
Tel. (0 41 02) 3 26 56
www.jordsand.eu
Mo–Do 8–17 Uhr,
Fr 8–12 Uhr
Eintritt frei, Spende erbeten

nur zu Teilen realisiert hatte, blieb fast nichts erhalten. Die heutige gärtnerische Gestaltung geht auf eine Anlage im englischen Stil von 1870 zurück. Beim Rundgang ergeben sich schöne Ausblicke über den **Mühlteich** auf die aus dem 17. Jahrhundert stammende Schlossmühle und den Marstall aus dem Jahre 1845.

Wer nach dem Besuch des Schlosses noch etwas Natur benötigt, der radelt über die Fritz-Reuter-Straße und den Wulfsdorfer Weg an die westliche Seite der Stadt zum Bredenbeker Teich. Auch von der U-Bahn-Station Ahrensburg West ist der **Bredenbeker Teich** über die Straße Am Neuen Teich gut zu erreichen. Auf dem Weg zum See kommt man in jedem Fall am alten Jüdischen Friedhof vorbei. Der im Jahre 1822 angelegte Begräbnisplatz ist hinter einer Mauer versteckt und leider nicht zur Besichtigung geöffnet. Der Blick durch das Gittertor gibt aber den Blick frei auf das Gelände: Unter mächtigen Bäumen drängen sich die einheitlich hohen Grabsteine, auf denen noch die lateinischen und hebräischen Schriftzeichen zu erkennen sind.

Weiter geht es zum See. Entlang des Südwestufers eröffnen sich immer wieder schöne Blicke über das Wasser. Wer mit dem Fahrrad unterwegs ist und Lust auf eine Abkühlung hat, kann noch einen Abstecher zum schönen **Strandbad** auf der anderen Seite des Bredenbeker Teiches machen. Auch ein Abstecher zum **Gut Wulfsdorf** bietet sich an. Hier befindet sich das **Haus der Natur** des Vereins Jordsand mit wechselnden Ausstellungen zum Thema Natur. Im benachbarten Hofladen des Gutes werden Produkte aus eigenem Anbau angeboten und alles, was sonst noch zum Sortiment eines Naturkostladens gehört. An der Station Buchenkamp kann man die Einkäufe dann in die U-Bahn laden und sich bequem in die Hansestadt zurückfahren lassen.

Weg zum Haus der Natur

Start
Volksdorf
U1 alle 5–10 Min.

Museumsbesuch und Kletterparcour
Museumsdorf Volksdorf
Hochseilgarten

Karte ▸ Seite 35

Volksdorf

Von beschaulich bis hoch hinaus

Gleich zwei Attraktionen voller Gegensätze gibt es im Hamburger Stadtteil Volksdorf: ein kleines beschauliches Museumsdorf, das Einblick in das bäuerliche Leben des 18. und 19. Jahrhunderts gibt, und einen Kletterwald, einen Hochseilgarten mit sechs Parcours, der Kick des 21. Jahrhunderts.

Die erste urkundliche Erwähnung Volksdorfs geht auf das Jahr 1296 zurück. Ursprünglich gehörte es zu Stormarn. 1437 verpfändete der damalige Grundherr Bruneke von Alveslo Volksdorf zusammen mit anderen Dörfern an Hamburg. Das Pfand wurde jedoch niemals ausgelöst. Volksdorf wurde eines der **Hamburger Walddörfer.** Dies sind Stadtteile im Nordosten der Hansestadt, die zum Teil seit dem Mittelalter zu Hamburgs Territorium außerhalb seiner Mauern gehörten.

Am U-Bahnhof Volksdorf ist das Museumsdorf bereits ausgeschildert. Man überquert die Claus-Ferck-Straße und folgt geradeaus einem gepflasterten Weg in eine kleine Grünanlage. Am Ende der Anlage trifft der Pastorenstieg auf die Straße „Im Alten Dorfe", in der sich das **Museumsdorf** befindet. Es entstand in den 1960er Jahren und gewährt einen Einblick in die vergangene bäuerliche Bau- und Wohnkultur des hamburgischen und holsteinischen Geestlandes. Es ist außerdem Teil des alten Dorfes Volksdorf.

Drei der Museums-Häuser stehen an ihren ursprünglichen Standorten. In den 60er und 70er Jahren wurden die einzelnen Gebäude restauriert oder rekonstruiert. Dominiert wird das Museumsdorf vom Harderhof mit Tenne (Scheune), Flett (Herdstelle), Bauern- und Altenteilerdöns (Döns = Wohnzimmer, Altenteiler = die alten Bauern). Allerdings handelt es sich hier um eine Rekonstruktion. Das Originalhaus von 1759 brannte 1967 ab. Links davon befinden sich das älteste Gebäude,

Museumsdorf Volksdorf
Im Alten Dorfe 46–48
22359 Hamburg
Tel. (040) 6 03 90 98
www.museumsdorf-volksdorf.de
Geschäftsstelle:
Di 9–12 + Do 10–12 Uhr
Gelände:
Di–So 9–17 Uhr
Eintritt frei
Von Innen sind die Gebäude nur im Rahmen einer Führung zu besichtigen:
Apr.–Okt. Fr–So 15 Uhr
Nov.–März So 15 Uhr
3 €,
Kinder ab 6 Jahren 1 €

Grützmühle im Museumsdorf Volksdorf

das Spiekerhus aus dem 17. Jahrhundert, und eine Grützmühle: Hier wurden Roggen-, Gerste- und Buchweizen gemahlen, denn diese Getreidearten gehörten vor Einführung der Kartoffel zu den wichtigsten Nahrungsmitteln. Angetrieben wurde das hölzerne Mahlwerk nicht durch Wind oder Wasser, sondern durch Pferde – deshalb nannte man eine solche Mühle auch Rossmühle. In Mühle, Schmiede und Backhaus finden heute Veranstaltungen für Schüler statt, bei denen sie das Leben unserer Vorfahren hautnah erfahren. Und natürlich gehören auch Tiere wie Hühner, Enten, Schafe, Ziegen und Schweine dazu. Größtenteils handelt es sich bei den Tieren um vom Aussterben bedrohte Haustierrassen.

Auf dem Gelände des Museumsdorfes befindet sich auch das heutige Restaurant Dorfkrug Volksdorf. Früher diente es als Instenhaus des Harderhofes, also als Wohn- und Wirtschaftsgebäude für Tagelöhner, die auf dem Harderhof arbeiteten.

An mehreren Tagen im Jahr geht es lebhaft und festlich zu im Museumsdorf. Dann gibt es Bauernmärkte, Erntedank oder Tanz um den Maibaum. An den so genannten Gewerketagen werden alte Handwerkstraditionen gezeigt, zum Bei-

Dorfkrug Volksdorf
Restaurant und Weinwirtschaft.
Im Alten Dorfe 44
22359 Hamburg
Tel. (040) 6 03 92 94
www.dorfkrug-volksdorf.com
Di–Fr 18–22.30 Uhr,
Sa/So/Fei 12–21.30 Uhr

Bier-Restaurant Eulenkrug
Im Sommer mit Biergarten.
Im Alten Dorfe 60
22359 Hamburg
Tel. (040) 6 03 87 81
www.bier-restaurant-eulenkrug.de
Mo, Mi–Fr ab 17 Uhr,
Sa/So/Fei ab 12 Uhr

spiel wie man Lehm richtig „abmagert“, um damit bauen zu können.

Eine Attraktion des 21. Jahrhunderts befindet sich in der Nähe der U-Bahnstation Meiendorfer Weg. Nach Überquerung dieser Straße biegt man auf einem kleinen Weg in den Volksdorfer Wald direkt gegenüber der U-Bahnstation ein. Man hält sich rechts und erreicht nach wenigen Minuten den Hochseilgarten **Kletterwald Hamburg.** Hier am Eingang gibt es gleich einen Spielplatz für diejenigen Besucher, die zum Klettern noch zu jung sind – oder für die, die kurzfristig der Mut verlässt. Das Mindestalter für Kletterer beträgt fünf Jahre, 110 Zentimeter ist die erforderliche Mindestgröße für den zwei Meter hohen Niagara-Trail und den Amazonas-Parcours. Für alle anderen Kletterpfade muss man mindestens 140 Zentimeter groß sein.

Bevor sie sich in die Baumwipfel schwingen können, werden die sportlichen Besucher in die Sicherheitsbestimmungen des Hochseilgartens eingeführt, bekommen Schutzhelme, Gurte und Sicherheitsausrüstung angelegt. Durch ein Sicherungssystem ist man ununterbrochen mit einem Stahlseil verbunden. Man fädelt sich vor Beginn seiner Tour auf dem Boden ein und bleibt so lange an dem Stahlseil gesichert, bis man wieder festen Boden unter den Füßen hat. Ein Aus- und Einsichern oder „Umhängen“ ist nicht notwendig. Insgesamt besteht der Hochseilgarten aus sieben Parcours unterschiedlichen Schwierigkeitsgrades. Die Mount-Everest-Route verläuft in – für Zuschauer schwindelerregenden – acht Metern Höhe. Und mit der Seilbahn „Flying Fox“ schwebt man an seinem Ende wieder dem Volksdorfer Waldboden entgegen.

Kletterwald Hamburg
Meiendorfer Weg 122–128
22359 Hamburg
Tel. (0 41 02) 20 09 19
www.kletterwald-hamburg.com
März–Okt. tgl. 10–19 Uhr
Letzter Einstieg 2,5 Std. vor Schluss.
Voranmeldung erbeten.
Bei starkem Wind und Regen bleibt der Kletterwald geschlossen.
25 €, Kinder 19 €, Familienkarte (2 Erw. + 2 Kinder) 79 €, Trainer als Begleitung 20 € pro Std.
U1 Meiendorfer Weg

Kletterer im Hochseilgarten

Start
Ahrensburg Ost
U1 alle 10–20 Min.

Wanderung
von Ahrensburg Ost
nach Großhansdorf

Länge
ca. 5 km

Rückfahrt
U1 von Großhansdorf
oder Kiekut
alle 20 Min.

Im Staatsforst Trittau

Staatsforst Trittau

Wälder und Villen

Von einem Häuschen im Grünen träumen viele, manche gar von einer Villa am Waldrand. Wer sich den Traum in Großhansdorf, der traditionsreichen Villenkolonie nordöstlich von Hamburg, verwirklichen kann, der muss schon zu den Betuchteren gehören.

Seit etwa hundert Jahren gilt der Ort Großhansdorf am Rande des Staatsforstes Trittau als bevorzugte Wohngegend wohlhabender Hamburger. Schon in den 20er Jahren sorgten die einflussreichen Großhansdorfer dafür, dass ihr Ort bald an das neue Hamburger U-Bahnnetz angeschlossen wurde.

Ausgangspunkt der Tour ist aber der U-Bahnhof Ahrensburg Ost. Von dort aus folgt man der Straße Am Aalfang, die neben dem Hopfenbach entlangführt. Zur Rechten taucht bald eine Hochstraße auf. Unterquert man das Bauwerk, gelangt man in die Sieker Landstraße und erblickt dort bald ein inmitten eines großzügigen Parks gelegenes schlossähnliches Anwesen. Anfang des 20. Jahrhunderts wurde es im Auftrag eines reichen Kaufmannes errichtet. Heute ist darin das **Institut für Forstgenetik und Forstpflanzenzüchtung** untergebracht. Der Park muss von außen bewundert werden, er ist der Öffentlichkeit leider nicht zugänglich. Auf der gegenüberliegenden Straßenseite hat mit einem nicht ganz so beeindruckenden Park, aber mit einem noch respekteinflößenderen Namen, das Biochemische Institut für Umweltcarcinogene repräsentatives Quartier bezogen.

Leider wird der Staatsforst Trittau, an dessen Rand wir uns jetzt schon befinden, durch die Hansdorfer Landstraße in zwei Teile zerschnitten. Nahe der Straße, im südlichen Teil, liegt gleich zu Anfang der **Manhagenteich.** Hier am Teich oder auf der nahen Liegewiese kann man schon die erste Rast einlegen. Der Staatsforst Trittau wird nicht forstwirtschaftlich genutzt, sondern dient vor allem der Erholung. Mit einer Mischung aus

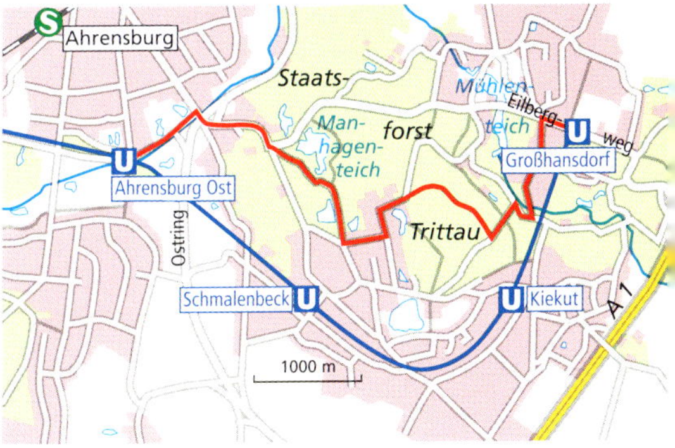

den unterschiedlichsten alten Laub- und Nadelbäumen erwartet uns hier keine der üblichen Holzplantagen. Diverse Wander- und Spazierwege durchziehen den Wald. Ebenso zahlreich wie die möglichen Routen sind die Markierungen und Hinweis täfelchen – mit dem Ergebnis, dass die Orientierung eher erschwert wird. Das ist allerdings nicht allzu schlimm, denn erstens ist der Forst nicht sehr groß und zweitens kann man, wenn man dann tatsächlich an den Waldrand stößt, dort überall die großzügigen Villen bewundern.

Beizeiten gilt es zu überlegen, ob der Weg schließlich in den Ort Großhansdorf führen soll oder durch den südöstlichen Teil des Forstes, den Hamburger Wald, zur U-Bahnstation Kiekut, die direkt am Waldrand liegt. Ihren Namen soll sie von einer früher dort gelegenen Gaststätte haben, deren Wirt ständig aus dem Fenster nach Gästen Ausschau hielt. Beim Weg nach Großhansdorf lohnt ein Abstecher zum **Mühlenteich**. Der wird zwar vom so genannten Mühlenbach durchflossen und liegt am Hansdorfer Mühlendamm, doch eine Mühle oder einen Hinweis, wo eine solche einmal gestanden haben mag, sucht der Ausflügler vergebens.

Der Ort **Großhansdorf** ist quasi in den Wald hineingebaut worden. Seine erste Erwähnung findet sich 1274 in einer Urkunde des Hamburger Katharinen-Kirchspiels. Neben den vielen ruhigen Villenstraßen gibt es nur eine kurze Hauptstraße namens Eilbergweg, an der sich alle Geschäfte drängen und die auch direkt auf den U-Bahnhof Großhansdorf führt. Von der U-Bahn aus, die von hier bis weit nach Hamburg hinein oberirdisch verkehrt, haben wir noch eine letzte Gelegenheit, einen Blick in die Gärten und auf die Villen zu werfen – auf dem Weg zurück in die Etagenwohnung.

Start
Bad Oldesloe
R10 alle 30–60 Min.

Stadtbesichtigung und Radtour
von Bad Oldesloe nach Henstedt-Ulzburg

Länge
ca. 30 km

Rückfahrt
Bhf. Henstedt-Ulzburg
A1 alle 20–40 Min. nach Eidelstedt,
A3 alle 60–120 Min. nach Elmshorn

Karte ▸ Seite 48

Bad Oldesloe

Einst ein Bad

Viel ist in Bad Oldesloe von der ruhmreichen Vergangenheit als Kurbad nicht mehr zu spüren, dennoch lohnt ein Besuch der Travestadt. Und die schöne Umgebung ist allemal eine Radtour wert.

Die bequemste Radtour von Bad Oldesloe aus ist sicher die Strecke nach Henstedt-Ulzburg. Der Weg – ein Teilstück des Radfernwanderweges Lübeck-Glückstadt – verläuft die meiste Zeit auf einer ehemaligen Bahntrasse.

Vor der eigentlichen Radtour aber sollte man eine Besichtigung der nordwestlich des Bahnhofs gelegenen **Altstadt** einplanen. Hier fließt die Trave in einer großen Schleife mit der Beste zusammen und macht die Altstadt quasi zu einer Insel. Im Mittelalter, als die Trave von Lübeck aus mit den speziellen Travekoggen noch bis Oldesloe schiffbar war, entwickelte sich die Stadt zu einem

Kurbad Bad Oldesloe

Bad Oldesloe ist ein ehemaliges Sole-, Moor- und Schwefelbad. Die Entdeckung einer Schwefelquelle 1812 war der Anlass, ein Jahr später mit bereits vorhandener Sole und Moor einen Badebetrieb einzurichten. Oldesloe war das erste Bad seiner Art in Norddeutschland, und wegen des regen Zuspruchs erfolgte ein schneller Ausbau des Badebetriebes. Ein Kurhaus mit dem „größten und schönsten Saal im Lande" wurde 1828 errichtet. Während der Blütezeit als Kurbad zählte Bad Oldesloe bis zu 6000 Badegäste – bei gerade einmal 1800 Einwohnern. Die Konkurrenz der aufkommenden Seebäder und die allgemeine Wirtschaftskrise ließen die Anziehungskraft Bad Oldesloes jedoch sinken. Ende der zwanziger Jahre wurde der Kurbetrieb eingestellt. Auf den Titel Bad allerdings mag die Stadt Oldesloe nicht verzichten.

Heimatmuseum Bad Oldesloe
Königstraße 32
23843 Bad Oldesloe
Tel. (0 45 31) 18 24 96
www.heimatmuseum-oldesloe.de
Fr 14–16, Sa 10–12 Uhr und nach Vereinbarung
Eintritt frei

bedeutenden Umschlag- und Handelsplatz. Davon zeugt das **Lübsche Haus,** auch Blaues Haus genannt. Das einstige Lagerhaus am Traveufer ist heute neben der **Peter-Paul-Kirche** von 1763 das älteste Gebäude der Stadt – und überhaupt eines von wenigen erhaltenen Bauten, denn ein verheerender Stadtbrand zerstörte im Jahre 1798 den größten Teil Bad Oldesloes. Der Wiederaufbau erfolgte durch den berühmten Baumeister und Begründer des „weißen Klassizismus" Christian Frederik Hansen. Von ihm stammen auch das Stadthaus und das Rathaus. Zahlreiche kleine Gassen, Durchgänge und Brücken verleihen der Altstadt bis heute besonderen Reiz.

Über die Geschichte der Stadt kann man sich – jedenfalls freitags und samstags – im **Heimatmuseum** Bad Oldesloe informieren. Die Ausstellung, nur ein paar Schritte südlich von der Altstadt in der Königstraße gelegen, führt zurück bis in die Jüngere Altsteinzeit 12.500 bis 10.000 v. Chr. Werkzeuge aus dieser Epoche hat man zahlreich in der Umgebung der Stadt gefunden. Die Geschichte Bad Oldesloes endet im Museum in der Neuzeit und beantwortet endlich die Frage, die wir uns schon die ganze Zeit gestellt haben: Wieso nennt sich Bad Oldesloe eigentlich „Bad" Oldesloe? Denn von Kureinrichtungen haben wir bei unserer bisherigen kurzen Erkundung nichts mitbekommen.

Das Einzige, was von der Kurbadvergangenheit erhalten ist, ist der **Kurpark.** Die malerische Anlage erstreckt sich südlich der Altstadt am Ufer der Beste. Und genau hier, nämlich durch den Kurpark, direkt am Ufer der Beste entlang, verläuft der Radfernwanderweg Lübeck-Glückstadt, dem wir nun bis Henstedt-Ulzburg folgen. Am Stadtrand von Bad Oldesloe führt der Weg ein Stück auf einem Radweg entlang der belebten B75, die hier Hamburger Straße heißt. Aber schon nach 1,5 km verlassen wir in **Blumendorf** die Bundesstraße und biegen nach rechts ab, um auf der zum Rad-

Ratskeller
Im Sommer kann man draußen, direkt in der Fußgängerzone, sitzen.
Hindenburgstraße 1
23843 Bad Oldesloe
Tel. (0 45 31) 34 46
Tgl. ab 11.30 Uhr

Marktplatz Bad Oldesloe

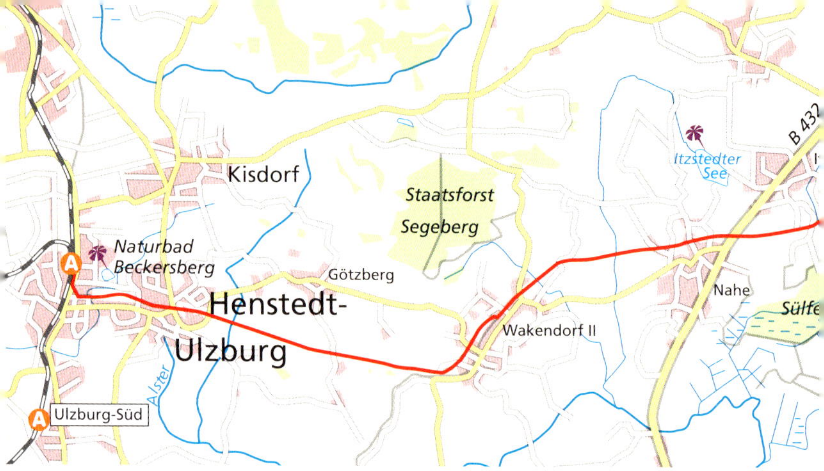

und Wanderweg umgewandelten Bahntrasse ungestört zu radeln.

Erste Station der Reise ist Grabau, oder besser der **Grabauer See,** etwas nördlich des Radfernweges gelegen. Dieser See ist nicht wie so viele andere schleswig-holsteinische Seen ein Produkt der Eiszeit. Er entstand vielmehr im Mittelalter durch das Aufstauen der Norderbeste, des Flüsschens, das sich bei Blumendorf mit der Süderbeste zur Beste vereint, die wir ja aus Bad Oldesloe schon kennen. An der Siedlung Hoherdamm, nahe unserem Radweg, findet sich noch heute der Rest einer Wassermühle. Es wird vermutet, dass Reinfelder Mönche (▸ Seite 54) die Urheber waren. Heute ist der See mit einem dichten Schilfgürtel umgeben und bietet hier vielen Wasservögeln ein ideales Rückzugsgebiet.

Das Dorf **Grabau** ist nach seinen historischen Strukturen neu gestaltet. Die künstliche Idylle ist sicher nicht jedermanns Geschmack, doch stellt sie einen fairen Kompromiss dar zwischen den vielen ohne Rücksicht auf Vergangenes verschandelten „modernen“ Dörfern und den verkitschten Wiederaufbauten im Stil eines bewohnten Freilichtmuseums. Wer keinen Abstecher nach Grabau unternehmen möchte, hat bald die Möglichkeit, kurz vor Sülfeld, der nächsten Station der Tour, nach rechts zum 3 km entfernten **Klingberg** zu radeln. Von dem 78 m hohen Berg bietet sich ein sehr schöner Blick über die weite Landschaft Nordstormarns.

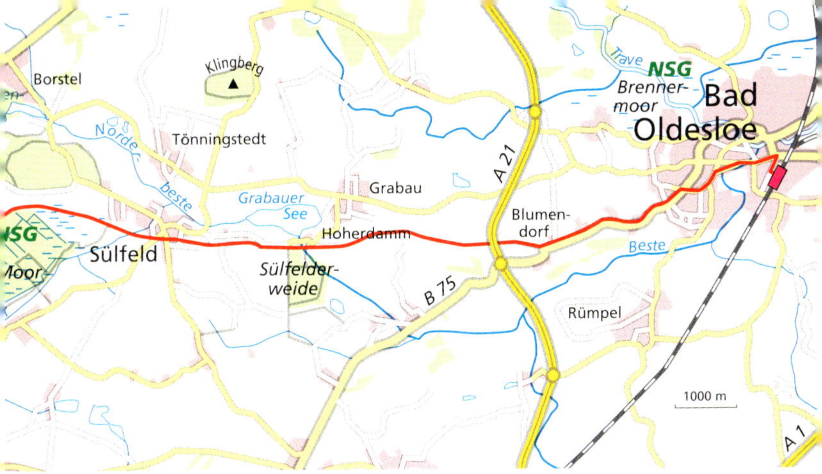

Sülfeld streifen wir am südlichen Ortsrand. Der Straßenname An der Bahn erinnert hier noch an den Ursprung des Radweges. Hinter Sülfeld verläuft der Radfernweg durch ein urwüchsiges Naturschutzgebiet, das Sülfelder Moor. Nach etwa 7 km stößt der Weg auf die B 432, die man überquert, um am nördlichen Ortsrand von Nahe problemlos weiterzuradeln. Das Dorf **Nahe** ist schon ein Teil des nördlich unserer Route gelegenen Ortes Itzstedt. Den **Itzstedter See** sollten sich Badefreunde nicht entgehen lassen. Neben Campingplätzen haben die Gemeindeväter an seinem Ufer eine schöne Seebadeanstalt angelegt – das **Freibad Itzstedt.** Der Weg zum See führt in Nahe an der Dorfstraße, über die unsere Trasse verläuft, nach rechts und endet genau an der Badeanstalt.

Nach weiteren 10 km erreicht man die 26.000 Einwohner zählende Gemeinde **Henstedt-Ulzburg.** Sie ist aus den Dörfern Henstedt, Ulzburg und Götzberg entstanden. Heute ist Henstedt-Ulzburg eine typische Schlafstadt im Speckgürtel Hamburgs. Kurz vor dem Ziel gibt's hier noch eine letzte Chance auf ein Bad. Das Naturbad Beckersberg ist ein gut ausgestattetes Freibad an einem naturbelassenen Badesee in zentraler Lage, nur einen Katzensprung von unserer Bahntrasse entfernt – nur leider im Sommer recht überlaufen.

So wie einst die Bahn, auf deren Trasse wir heute unterwegs waren, endet auch der Radweg direkt am Bahnhof Henstedt-Ulzburg.

Freibad Itzstedt
Seeweg 29
23485 Itzstedt
Tel. (0 45 35) 4 42
www.freibad-itzstedt.de
Mitte Mai–Mitte Sept.
Mo–So 9–20 bzw. 21 Uhr
3 €, erm. 1 €

Naturbad Beckersberg
Beckersbergstraße
Henstedt-Ulzburg
Tel. (0 41 93) 75 95 85
(Saisontelefonnummer)
Mitte Mai–Anfang Sept.
10–19 Uhr,
je nach Witterungsverhältnissen auch länger
2,50 €, erm. 1,50 €

Rickling P+R
Wahlstedt P+R
Fahrenkrug P+R
Bad Segeberg P+R
Altengörs P+R
Wakendorf P+R

Start
Bad Segeberg
R11 alle 60 Min. von Bad Oldesloe (Anschluss von Hamburg mit R10)

Stadtbesichtigung und Rundwanderung
um den Großen Segeberger See

Länge
ca. 12 km

Karte ▸ Seite 52

Karl-May-Spiele Bad Segeberg
Karl-May-Platz
23795 Bad Segeberg
Tel. (0 45 51) 95 21-0
Vorstellungen Juni–Sept.
Do–Sa 15 + 20 Uhr,
So 15 Uhr
Karten je nach Sitzplatzkategorie 15,50–26,50 €,
erm. 12–20,50 €
Infos und Eintrittskarten
Tel. (0 18 05) 95 21 11
www.karl-may-spiele.de

Bad Segeberg

Bad Segeberg ohne Karl May?

Dass jeder zuerst an Karl May denkt, wenn der Name Bad Segeberg fällt, damit hat man sich in der ostholsteinischen Stadt mittlerweile abgefunden. Aber auch ohne die berühmten Karl-May-Festspiele ist Bad Segeberg allemal einen Ausflug wert.

Wie sehr Bad Segeberg von den Festspielen geprägt ist, zeigt sich schon beim Verlassen des Bahnhofs: Unübersehbar sind die Wegweiser zur Freilichtbühne. Und auch falls ein Besuch der Karl-May-Festspiele heute nicht auf unserem Programm steht, sollten wir ruhig der Ausschilderung folgen. Der Kalkberg, das 91 m hohe Wahrzeichen Bad Segebergs, zu dem uns der Weg führt, dient seit 1952 als eindrucksvolle Kulisse bei den jeden Sommer stattfindenden Karl-May-Festspielen. Selbst nach über 60 Jahren haben die Freilicht-Spektakel nichts von ihrer Popularität verloren. Und so sattelt auch dieses Jahr der edle Apachenhäuptling wieder sein treues Pferd Iltschi und reitet dem ewigen Kampf für Gerechtigkeit und wahre Freundschaft entgegen.

Wildwestfans besuchen neben der Festspiel-Aufführung auch noch das neben der 7.500 Besucher fassenden **Freilichtbühne** gelegene Indian Village. In dieser Westernstadt mit Blockhäusern, der Wohnung einer Siedlerfamilie und dem Marshall-Office samt Gefängnis wird neben den Ausstellungen zur Geschichte der Indianer und der Karl-May-Festspiele vor allem allerlei Unterhaltung für Kinder geboten.

Was man sich aber auf keinen Fall entgehen lassen darf, ist die Besteigung des **Kalkberges**. Durch wild zerklüftete, felsige Landschaft geht der Aufstieg bis kurz unter den Gipfel. Der Blick über die Stadt Bad Segeberg und die malerische Umgebung mit ihren Wiesen, Wäldern und Seen ist wahrhaft beeindruckend. Man kann hier von oben in den historischen Brunnenschacht der

Siegesburg, die auf dem Gipfel des Kalkberges thronte, hineinschauen. Kaiser Lothar der II. war es, der sie im Jahre 1134 erbauen ließ. 1644, während des Dreißigjährigen Krieges, wüteten die Schweden in Segeberg. Zwar blieb die Stadt verschont, dafür wurde die Burg zerstört und später vollständig abgebrochen.

Im Jahre 1876 begann man nach Salz zu bohren und wurde nach zwei Jahren fündig: Am Kalkberg fand sich in einer Tiefe von 148 m Salz von besonders guter Qualität. Das Wasser am Grunde eines Salzschachtes erwies sich als voll gesättigte Sole von heilkräftiger Wirkung. Damit war der Grundstock des Kur- und Heilbades gelegt, und 1884 eröffneten die Stadtväter von Bad Segeberg das erste Kurhaus am Segeberger See.

Auf das Jahr 1913 schließlich datiert das letzte spektakuläre Ereignis in Bad Segeberg. Spielende Kinder stiegen damals am Kalkberg, von dem wir ja nach dem Genuss des grandiosen Ausblicks gerade wieder hinab klettern, in ein Loch – und entdeckten darunter eine riesige Höhle, oder besser ein fast 1.000 m langes Höhlensystem. Es sind Deutschlands nördlichste Höhlen und seit Jahrzehnten eine Attraktion für Millionen von Besuchern. Über 20.000 Fledermäuse kommen jedes Jahr in die Höhlen. Alles über die Welt der Fledermäuse präsentiert gleich nebenan die Erlebnisausstellung Noctalis. Sie ist ganzjährig geöffnet und hat sich unter anderem zum Ziel gesetzt, Vorurteile vieler Menschen gegenüber Fledermäusen abzubauen. Einen Höhepunkt bietet das **Noctarium** im obersten Stock. Hier leben über 100

via Tipp

Noctalis – Welt der Fledermäuse und Kalkberghöhle
Imposantes Höhlensystem und eine fesselnde Ausstellung über das Leben der Fledermäuse.

Oberbergstraße 27
23795 Bad Segeberg
Tel. (0 45 51) 8 08 20
www.noctalis.de
Apr.–Sept. Mo–Fr 9–18, Sa/So 10–18 Uhr
Okt.–März Mo–Fr 9–17, Sa/So 10–18 Uhr
11 €, 4–14 Jahre 7 €

Die Kalkberghöhle kann von Apr.–Sept. besichtigt werden. Für Menschen mit Atemwegserkrankungen ist die Höhle ganzjährig geöffnet: Fr 14–15 Uhr
6 €, Kinder 4 €

Großer Segeberger See

Blattnasen-Fledermäuse hinter einer 75 qm großen Glasfront und warten auf die gespannten Blicke der Besucher.

Aus der faszinierenden Welt der Fledermäuse steigen wir hinab in die Altstadt, die im Wesentlichen aus der Lübecker Straße besteht. Sie zieht sich in einer weiten, sanften Kurve um den nördlichen Kalkberg. Das älteste Haus ist hier – und damit in ganz Bad Segeberg – das „Alt-Segeberger Bürgerhaus" von 1541. In zwei Dauerausstellungen dokumentiert das Museum die 875-jährige Stadtgeschichte von der mittelalterlichen Burgsiedlung zum modernen Kurort und 500 Jahre bürgerliche Wohnkultur des Ortes.

Überragt wird die Altstadt vom Turm der **Marienkirche,** einem der bedeutendsten romanischen Bauwerke in Norddeutschland und der erste Bau, bei dem das Gewölbe aus Backstein geschaffen wurde. Der Baubeginn fällt auf das Jahr 1156. Auch der hinter der Kirche gelegene Friedhof ist einen Blick wert.

Es bietet sich an, gleich vom Friedhof ans Ufer des Großen Segeberger Sees zu spazieren. Es sei denn, man will in der Fußgängerzone, die direkt vor der Kirche beginnt, noch etwas Proviant für die Wanderung um den See einkaufen. Was eine gute Idee ist, denn der Weg führt durch gastronomisches Niemandsland. Auf jeden Fall stößt der Friedhof im Norden direkt an den Rundwanderweg um den Großen Segeberger See, genau dort, wo sich die Bootsvermietung befindet.

Der Rundwanderweg um den **Großen Segeberger See** verläuft den größten Teil der Strecke unmittelbar am Ufer des Sees. Insgesamt soll er – wenn man denn den Schildern glauben will – 8,5 km lang und in zweieinhalb Stunden zu umrunden sein. Es sei hier aber ausdrücklich empfohlen, etwas mehr Zeit einzuplanen und keinen Gewaltmarsch zu absolvieren, sondern an einigen der vielen schönen Stellen eine Pause einzulegen. Auch ein erfrischendes Bad bietet sich an. Das

Bürgerstuben
Im denkmalgeschützten Haus in der Altstadt untergebrachtes Hotel-Restaurant.
Lübecker Straße 12 a
23795 Bad Segeberg
Tel. (0 45 51) 74 75
www.buergerstuben-segeberg.de
Mo–Sa 11–14 + 18–22 Uhr, So 11–14 + 18–21 Uhr

Museum Alt-Segeberger-Bürgerhaus
Anhand von sechs Bauphasen, die das Haus erlebte, erfahren wir, wie Segeberger Bürger in der jeweiligen Epoche wohnten.
Lübecker Straße 15
23795 Bad Segeberg
Tel. (0 45 51) 96 42 04
Apr.–Okt.
Di–So 12–17 Uhr
Nov.–März auf Anfrage
1 €, Kinder bis 14 Jahren 0,50 €, Familienkarte 2,50 €

offizielle **Strandbad Großer Segeberger See** liegt nur ein paar Schritte von unserem Ausgangspunkt entfernt, wenn wir uns nach rechts halten. Aber Wasserfreunde sind nicht auf das bisweilen etwas wuselige Strandbad angewiesen. Auf eine nette Badestelle stößt man etwa in der sich in östlicher Richtung ausdehnenden Bucht kurz vor **Stipsdorf,** der einzigen Ansiedlung, die unser Weg streift. Hier besteht auch die einzige Chance, sich zu verlaufen, da der Weg nicht am Ufer entlangführt. Also verschärft auf die Wegmarkierungen achten!

Am Nordufer gibt es noch einen kleinen Badestrand nahe einem Campingplatz, danach verläuft der Wanderweg am bewaldeten Westufer zurück in Richtung Bad Segeberg. Am Ende der Rundtour findet sich der Wanderer im Kurviertel von Bad Segeberg wieder. Hier am Südwestufer des Sees herrscht tatsächlich klassische Kuratmosphäre.

Am Beginn der Seepromenade, dort wo der Musikpavillon steht, lohnt sich ein Abstecher in die Bismarckallee – nämlich zur Städtischen Kunsthalle und zur Villa Flath. Der Holzbildhauer und Maler Otto Flath (1906-1987) lebte seit 1935 in Bad Segeberg und schuf hier viele seiner Werke. Schon 1948 wurde dem Wohnhaus und dem Atelier ein erster Ausstellungsraum angegliedert. Daraus entstand im Laufe der Zeit die **Kunsthalle Otto Flath.** In der Kunsthalle und auf dem Gelände um die ehemalige Villa des Künstlers werden heute Skulpturen, Gemälde und Zeichnungen Otto Flaths gezeigt. Die Villa Flath bietet Arbeitsmöglichkeiten und Ausstellungsraum für junge Künstler, die von der Flath-Stiftung gefördert werden. Der kunstbeflissene Ausflügler hat also die Möglichkeit, das Naturerleben rund um den Großen Segeberger See mit einem kulturellen Abschluss zu krönen.

Der Rest des Ausflugs ist schnell beschrieben, denn zurück auf der Seepromenade, die man auch durch den Kurpark erreicht, bietet sich noch einmal für kurze Zeit eine schöner Blick über den See zur Linken. Über die Große Seestraße erreicht man die Fußgängerzone und über Oldesloer und Bahnhofstraße den Bahnhof.

Strandbad Großer Segeberger See
Am Südufer gelegen
Tel. (0 45 51) 9 08 06 15
Mai–Sept. 9–19 Uhr, bei Bedarf abends länger
1 €, bis 12 Jahre 0,50 €

Städtische Kunsthalle Otto Flaht und Villa Flaht
Bismarckallee 5
23795 Bad Segeberg
Tel. (0 45 51) 87 99 00
www.otto-flaht.de
Apr.–Okt. Fr–So 15–18 Uhr
Nov–März geschlossen
2 €, erm. 1 €,
Familien 3,50 €

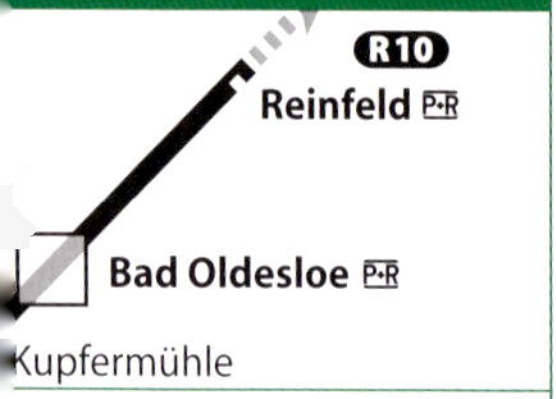

Start
Reinfeld
R10 Mo–Fr
alle 30–60 Min.,
Sa/So alle 60 Min.

Stadtbesichtigung und Wanderung
um den Herrenteich

Länge
ca. 9 km

Karte ▸ Seite 56

Reinfeld

Karpfen füttern, Karpfen futtern

Karpfenstadt nennt sich Reinfeld stolz – und verweist auf die jahrhundertelange Tradition seiner Karpfenzucht. Aber das Städtchen ist nicht nur zur Karpfensaison einen Besuch wert.

Der Reinfeld-Besucher erreicht vom Bahnhof aus in wenigen Minuten über die Bahnhofstraße den Mittelpunkt des Ortes mit dem Marktplatz und der Paul-von-Schoenaich-Straße. Hier steht die **evangelisch-lutherische Kirche,** bei der es sich nicht, wie bisweilen behauptet wird, um die ehemalige Klosterkirche handelt, sondern um einen 1636 errichteten Ersatz für die Zisterzienserkirche, die an diesem Ort stand. Das ursprüngliche Gotteshaus war ein Jahr vorher einem Unwetter zum Opfer gefallen, bei dem der Staudamm des Herrenteiches gebrochen war. Südwestlich der Kirche befindet sich das Rathaus. Es wurde 1907 im Stil des historischen Barock errichtet, zeigt aber auch Jugendstil-Elemente.

Nur ein paar Schritte sind es nun zur Matthias-Claudius-Straße und dem Südufer des **Herrenteiches,** dem Reinfeld seinen landschaftlichen Reiz zu verdanken hat. Hier beginnen mehrere

Gasthof Kalkgraben
Traditionsreiches Gasthaus, an der B 75 gelegen. Die Spezialität ist seit alters her – natürlich – Karpfen. Im Sommer Biergarten.
Hamburger Chaussee 50
23858 Reinfeld
Tel. (0 45 33) 29 19
www.kalkgraben.de
Mi–Fr 11.30–14.30 und ab 17 Uhr,
Sa/So/Fei ab 11.30 Uhr

Heimatmuseum Reinfeld
Neuer Garten 9
23858 Reinfeld
Tel. (0 45 33) 20 62 62
So 10–12 Uhr
und nach Vereinbarung
Der Eintritt ist frei

Die Karpfenzucht

Der Herrenteich, quasi das Hausgewässer Reinfelds, wurde einst als riesiger Karpfenteich angelegt. Es waren Zisterziensermönche, die seit 1189 zwischen Lübeck und Bad Oldesloe in der Sumpfniederung des Flüsschens Heilsau lebten. Durch das Aufstauen der Heilsau, eines Nebenflusses der Trave, entstand der Herrenteich. Außer diesem 54 ha großen Teich, der eigentlich schon als See durchgehen könnte, legten die Mönche noch zahlreiche weitere, kleinere Teiche an, von denen

Kleiner Neuhöfer Teich

ausgeschilderte Wanderwege. Bei unserer Tour schlagen wir den Weg am Westufer des Herrenteiches ein – und kommen dabei an dem sogenannten **Claudius-Pastorat** vorbei. In den Stadtplänen ist es meist als „Geburtsstätte von Matthias Claudius" verzeichnet. Das ist allerdings nicht ganz korrekt, denn das Backsteinhaus wurde 1782 erbaut – an der Stelle des Hauses, in dem der berühmte Dichter und größte Sohn der Stadt im Jahre 1740 geboren wurde. Die Stadt Reinfeld hat ihm ein Denkmal am Herrenteich gesetzt.

Wer vor der Teichumrundung auf dem Natur-, Lehr- und Erlebnispfad noch dem **Heimatmuseum** einen Besuch abstatten möchte, kann dies gleich um die Ecke in der Straße „Neuer Garten" tun. Das Museum zeigt neben anderen Exponaten zur Stadtgeschichte eine umfangreiche Sammlung von Funden des nicht mehr erhaltenen Klosterbaues: Profilsteine und Fußbodenfliesen, Dachpfannen und Kleinkeramiken. Auch eine gotische Madonna hat die Wirren der Zeit überstanden.

Nach diesem „historischen Einschub" wandert man, einige Zeilen aus einem Claudius-Gedicht vor sich hersagend – auch wenn der Mond natürlich noch nicht aufgegangen ist – am Westufer des Herrenteichs entlang, vorbei an der Naturbadestelle. Oder man nimmt ein erfrischendes Bad.

immerhin acht bis heute existieren. In den so geschaffenen Teichen begannen die Mönche Spiegelkarpfen zu züchten. Die Tradition der Karpfenzucht hat sich in Reinfeld bis heute erhalten, und der Herrenteich gilt sowohl als der älteste als auch der größte Karpfenteich überhaupt. (Möglicherweise gibt's in China noch ältere, aber wir wollen nicht kleinlich sein.) Das alljährliche „Abfischen" im Oktober findet in Reinfeld seit 50 Jahren statt.

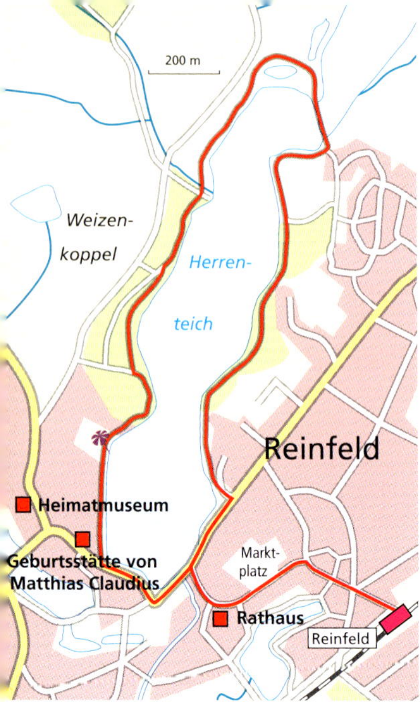

Dem Weg am Ufer folgend durchquert man einen Fichtenwald und steht bald vor der Wahl, ob man nach links einbiegt und auf dem mit der Nummer 2 gekennzeichneten großen Rundweg in den Staatsforst Reinfeld wandert, oder sich nach rechts orientiert, um weiter am Herrenteich entlangzuwandern. Der **Staatsforst Reinfeld** erstreckt sich westlich und nordwestlich des Herrenteiches. Das Waldgebiet wird nur von einer wenig befahrenen Straße durchquert und bietet auf gutausgebauten und beschilderten Wegen Naturfreunden ein erholsames Wanderrevier.

Wer nicht so wanderwütig ist, hält sich an den mit dei Nummer 1 gekennzeichneten Weg, der rund um den Herrenteich verläuft und gelangt dabei weiter am Ufer entlang zur großen Brücke des Fischhusener Dammes. Dieser teilt vom Herrenteich den nördlich gelegenen Oberen Herrenteich ab. Von der Brücke hat man einen guten Ausblick auf das **Naturschutzgebiet Oberer Herrenteich.** Im Gegensatz zum unteren Teil des Herrenteiches, der zur Erholung und Freizeit genutzt wird, ist der obere Teil nicht direkt zugänglich.

Hinter der Brücke über den Fischhusener Damm verläuft der Wanderweg nun entlang der Ostseite des Herrenteiches. Nach einiger Zeit führt eine Treppe zur Straße, der man nach Süden folgt, um zum Ausgangspunkt der Wanderung, der Promenade am Südufer, zurückzukehren.

Der Weg führt dabei auch zur „Claudius-Mühle“. Bereits im 13. Jahrhundert begannen die Zisterziensermönche mit dem Bau von Wassermühlen. Die Mühle in nächster Nähe ihres Klosters am Herrenteich überdauerte fast 700 Jahre. Bei der heutigen Claudius-Mühle, die sich an dem historischen Standort befindet, handelt es sich um einen Klinkerbau aus den 20er Jahren, der inzwischen in eine Anlage für betreutes Wohnen integriert wurde.

Naturbadestelle Herrenteich
Am Herrenteich
23858 Reinfeld
Tel. (0 45 33) 2 00 10
Mai–Sept. 9.30–18.30 Uhr

MARUNDE

Osten

Im Garten der Schmetterlinge in Friedrichsruh
▸ Seite 78

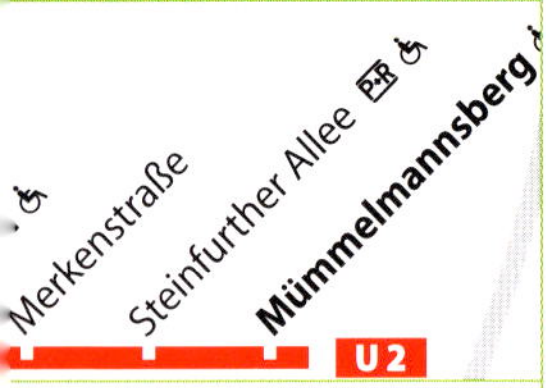

Start
Steinfurther Allee
U2 alle 5–10 Min.
MetroBus 11
alle 10 Min.

Radtour
Steinfurther Allee – Glinde – Papendorf – Großensee – Lütjensee – Hoisdorf – Großhansdorf

Länge
ca. 35 km

Rückfahrt
U1 Großhansdorf alle 10–20 Min.

Stormarnsche Schweiz

Auf totem Gleis

Der bestausgebaute Radwanderweg im Hamburger Umland führt von Glinde in das Seengebiet der Stormarnschen Schweiz. Was die meisten Radler nicht ahnen: Sie benutzen eine ehemalige Bahntrasse.

Von 1907 bis 1952 dampfte die Südstormarnsche Kreisbahn durch die ländliche Region. Als die Kleinbahn wie viele andere aufgegeben wurde, hatten helle Köpfe die Idee, die eingleisige Strecke zu asphaltieren. Heute kann man hier fast störungsfrei Rad fahren und dabei die schöne Landschaft genießen.

Ausgangspunkt des Radwanderweges ist das Städtchen Glinde, das leider keinen eigenen Bahnanschluss hat. Daher starten wir unsere Radtour am **U-Bahnhof Steinfurther Allee.** Ganz gleich,

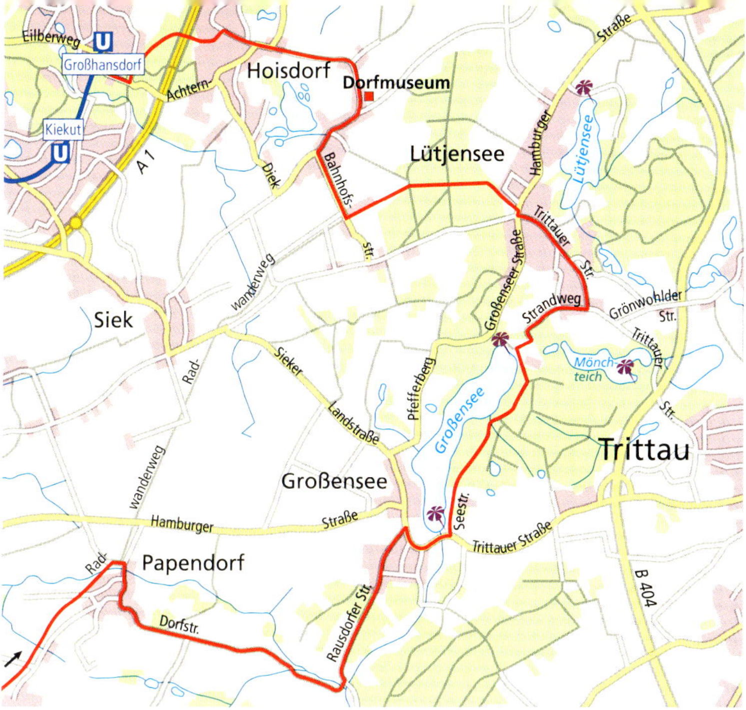

welche Strecke wir nach Glinde wählen – die längere, aber landschaftlich schönere oder die schnellere, entlang der viel befahrenen Möllner Landstraße (L 94) – wir biegen zunächst nach links in die Steinfurther Allee ein. An der nächsten Kreuzung schon müssen wir uns entscheiden. Für den landschaftlich schöneren Weg folgen wir der Steinfurther Allee geradeaus bis zur Autobahn A1. Hier mündet sie in die Straße An der Glinder Au. Wir folgen ihr geradeaus bis sie in einen Feldweg übergeht, der schließlich in die Straße Am Eich mündet. Weiter geht es über Ufer-, Brückenstraße und Lägerfeld. Hinter einem Waldstück fahren wir nach links in die Domhorster Allee, die uns zum Radweg entlang der Möllner Landstraße führt.

Wer es eiliger hat, der wählt gleich den sicheren Radweg entlang der Möllner Landstraße. Dazu biegen wir von der Steinfurther Allee an der ersten Kreuzung nach links in den Oststeinbeker Weg ein, überqueren auf ihm die Autobahn A1 und folgen ihm, bis er auf die Kreuzung Glinder

Restaurant & Café Strandhus Großensee
Seestraße 1
22946 Großensee
Tel. (0 41 54) 61 52
www.das-strandhus-grossensee.de
Tgl. ab 11.30 Uhr
Herbst/Winter
Mi–So ab 11.30 Uhr

Schöne Badestellen

Großensee
Freibad Trittauer Straße/ Seestraße, Eintritt. Großensee (Nordspitze), großer Sandstrand, teilweise von mächtigen Kiefern beschattet, am Ufer relativ flach, Zugang über Strandweg. Weitere kleine „wilde" Badestellen am Westufer des Großensees, Zugang über die Straße Am Pfefferberg.

Lütjensee
(Nordspitze), schöner Sandstrand, frei zugänglich über die Straße Seeredder.

Mönchteich
Hauptbadestelle an der Trittauer Straße, kleine Badestellen am Südufer.

Straße/Möllner Landstraße mündet. Wir überqueren die Möllner Landstraße und radeln auf dem linksseitigen Radweg entlang der Landstraße bis nach **Glinde.**

Dort passieren wir das „Glinder Schloss", ein um 1880 von einem Hamburger Anwalt erbautes **Gutshaus,** das heute vielfältigen sozialen und kulturellen Zwecken dient. Kurz darauf kündigt an der rechten Straßenseite ein weißes Schild den Radwanderweg an (17 km bis Ahrensburg und 23 km bis Trittau). Wir fahren in nördlicher Richtung über die Mühlenstraße Richtung Autobahn 24. Zur Linken glitzert der **Glinder Mühlenteich.** Auf dem 2 km langen See-Rundweg laden zahlreiche Bänke zu einer Verschnaufpause ein.

Die Mühlenstraße führt auf die Straße Hinter den Tannen, wo wieder ein Schild auf den Radwanderweg hinweist, der direkt hinter der Brücke über die Autobahn beginnt. Doch bevor wir auf der ehemaligen Bahntrasse losflitzen, lohnt ein kurzer Abstecher zum **Hügelgrab** im Forst „Am Spitzwald". Es ist eines von vier denkmalgeschützten Hügelgräbern in Glinde.

Zurück auf dem Radweg bleiben wir nun immer auf der alten Bahntrasse. Verfahren kann man sich jetzt nicht mehr, zumal die Strecke bestens ausgeschildert ist. Sie führt vorbei an **Stellau, Langelohe** und **Papendorf.** Kurz hinter Papendorf verlassen wir den Radweg, um nach rechts über Wirtschaftswege Richtung **Großensee** zu fahren. Dort angekommen, radeln wir in Richtung Osten und biegen dann von der Trittauer Straße links in die Seestraße ein. Am Strandbad vorbei fahren wir in den Wald hinein. Auf malerischen Wegen unter mächtigen Fichten und Buchen geht es in Richtung Mönchteich.

Am Südufer des **Mönchteichs** findet man besonders romantisch gelegene Badestellen. Die Hauptbadestelle liegt allerdings am nordöstlichen Seeufer und damit nicht direkt an unserer Strecke. Den Großensee zur Linken und den Mönchteich zur Rechten gelangen wir auf den Strandweg. Dieser führt uns wieder auf die Trittauer Straße und bald darauf zurück zur Bahntrasse.

Jetzt hat uns der Randwanderweg wieder und

Natur pur entlang der malerischen Strecke

wir folgen ihm durch **Lütjensee** hindurch in Richtung Glinde. Jedenfalls so lange, bis ein Hinweisschild nach **Hoisdorf** zeigt. Ein kurzer Abstecher über die Bahnhofstraße ins Zentrum des schmucken Dorfes lohnt für Freunde ländlicher Architektur. Hier hat das **Stormarnsche Dorfmuseum** in einem Bauernhaus von 1756 Quartier bezogen. Ursprünglich als Dorfschmiede errichtet, präsentiert es heute regionale Arbeits- und Wirtschaftsgeräte und entführt den Besucher in die dörfliche Lebens- und Arbeitswelt früherer Zeiten. Besonderer Anziehungspunkt ist die **Hermann-Claudius-Stube.** Der Raum ist mit dem Mobiliar von Claudius' Arbeitszimmer aus seinem Haus in Grönwohld ausgestattet und informiert umfangreich über sein dichterisches Schaffen. Hermann Claudius (1878–1980) war ein Urenkel des Dichters Matthias Claudius (1740–1815).

Draußen am Museum weisen schon die ersten Hinweisschilder nach **Großhansdorf.** Auf ruhigen, verkehrsarmen Straßen geht der Weg dorthin und endet direkt am U-Bahnhof.

Hotel-Restaurant Forsthaus Seebergen
Traditionsreiches Ausflugslokal und Luxusrestaurant gleichzeitig. Im Sommer große Terrasse direkt am Wasser, Kinderspielplatz.
Seebergen 9–15
22952 Lütjensee
Tel. (0 41 54) 7 92 90
www.forsthaus-seebergen.de
12–21.30 Uhr

Stormarnsches Dorfmuseum
Ecke Thie/Sprenger Weg 1
22955 Hoisdorf
Tel. (0 41 07) 45 56
www.museum-hoisdorf.de
Di 9–12, Sa 14–17 Uhr

Start
Mittlerer Landweg
S2 S21
alle 6–10 Min.

(Rad-)Wanderung
um die Boberger Niederung, Badesee

Länge
ca. 8 km

Naturschutz-Infohaus
Boberger Furt 50
Tel. (040) 73 93 12 66
Di–Fr 9–13, Sa 12–17, So 11–17 Uhr
Nov.–Feb. Sa geschlossen
Eintritt frei, Spende erbeten
Bus 221 Mo–Sa alle 60–120 Min., So 7 Fahrten
Fahrradmitnahme möglich (Haltestelle Boberger Furtweg) von S Mittlerer Landweg

Boberger See
Der Badesee in der Nähe des Billwerder Billdeiches ist frei zugänglich.
Bus 330 (alle 60 Min. ab S Mittlerer Landweg oder ab U Billstedt, Fahrradmitnahme möglich). Ausstieg Haltestelle Billwerder Kirche

Boberger Niederung

Zwischen Dünen

Vom S-Bahnhof Mittlerer Landweg gelangt man in wenigen Minuten in die Boberger Niederung. Das unter Naturschutz stehende Areal ist eine der reizvollsten Erholungslandschaften im Hamburger Raum. Für Naturschützer ist es noch viel mehr.

Die Boberger Niederung ist keine künstlich angelegte Erholungslandschaft, sondern war ursprünglich ein von mehreren großen Binnendünen geprägtes Gebiet. Es ist dem Geesthang vorgelagert, der von Blankenese bis Bergedorf das alte Urstromtal der Elbe begleitet. Zu Beginn des vorigen Jahrhunderts wurde der Großteil der Dünen als Baumaterial für die Hamburg-Bergedorfer Eisenbahn und zur Aufschüttung von Billbrook und Hamm abgebaut. Das im Nordwesten gelegene Achtermoor ist ein Relikt eines viel größeren Moorgebietes. Es ist ein Feuchtgebiet mit charakteristischer Pflanzen- und Tierwelt, das zahlreichen Vogelarten als Brutplatz dient. Hier finden sich noch viele Tier- und Pflanzenarten, die bereits auf der Roten Liste stehen.

Neben den Schönheiten der Natur bietet die Boberger Niederung zahlreiche Möglichkeiten für aktive Freizeitgestaltung: Reiter, Angler und Segelflieger finden ein Eldorado. Der **Boberger See** lädt im Sommer zum Schwimmen ein. Um den See gibt es einen Rundweg und mehrere Radwege erschließen das Naturschutzgebiet. Im Winter gilt die Boberger Niederung bei den Hamburger Wintersportlern längst nicht mehr als Geheimtipp. Auf zahlreichen Loipen ziehen sie dann über die Dünen, während sich der Nachwuchs an den Rodelbergen austobt.

Aktiven Naturgenießern sei ein Besuch des **Naturschutz-Informationshauses** an der Boberger Furt empfohlen. Durch das Areal wurden vier Lehrpfade als Rundweg angelegt und mit verschiedenen Symbolen markiert. Damit man sich nicht verläuft und unterwegs richtig schlau wird

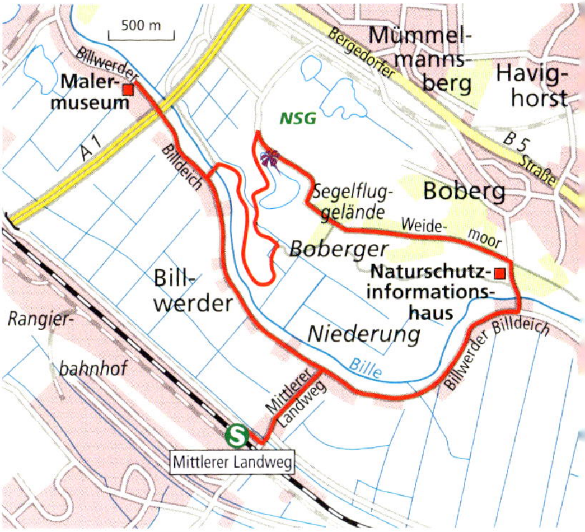

in Sachen Flora und Fauna, gibt es zu jedem Dünen-, Wiesen-, Terrassen- und Moorweg gegen eine kleine Spende ein bebildertes Infoblatt. Also auf jeden Fall vor der Wanderung hier vorbeischauen!

Wenn man schon einmal einen Ausflug in die Boberger Niederung unternimmt, dann sollte man gleich einen Besuch des **Deutschen Maler- und Lackierermuseums** einplanen. Es liegt am Billwerder Billdeich, also an der Bille, die die Boberger Niederung im Süden begrenzt; allerdings schon auf der anderen Seite der Autobahn A1, die das Gebiet im Nordwesten streift (der Bus 330 hält vor der Tür). Untergebracht ist das Museum im 400 Jahre alten Billwerder Glockenhaus, einem ehemaligen Bauernhaus, so benannt nach dem Dachreiteraufbau mit einer Glocke. In dem aufwendig restaurierten Fachwerkhaus aus dem 18. Jahrhundert dokumentiert die Sammlung die Geschichte der Zünfte, Malerämter und Innungen sowie des kreativen Maler- und Lackiererhandwerks.

Neben dem Museum befindet sich ein kleiner Ziergarten, der in den 80er Jahren des vorigen Jahrhunderts im barocken Stil angelegt wurde. Nein, Sie haben uns nicht bei einer Nachlässigkeit erwischt: Der Garten wurde tatsächlich in den 80er Jahren des 20. Jahrhunderts angelegt! Und ist somit wohl der jüngste Barockgarten überhaupt. Was die Schöpfer zu ihrem Werk bewogen hat, war nicht zu ermitteln. Vielleicht wollten sie einen kleinen Kontrapunkt setzen zu der nahe gelegenen ganz und gar von der Natur geschaffenen Natur und haben so ein wenig künstliche Natur kreiert.

Deutsches Maler- und Lackierermuseum
Billwerder Billdeich 72
Tel. (040) 34 38 87
www.malermuseum.de
Sa/So 14–17 Uhr
4 €
Bus 330 (alle 60 Min. ab Ⓢ Mittlerer Landweg oder ab Ⓤ Billstedt, Fahrradmitnahme möglich). Ausstieg Haltestelle Maler- und Lakiermuseum

Start
Rothenburgsort
S2 S21
alle 6–10 Min.

(Rad-)Wanderung
Elbinsel Kaltehofe – Süßwasserwatt am Holzhafen – Eichbaumsee

Länge
ca. 15 km (inkl. Umrundung des Eichbaumsees)

Rückfahrt
Mittlerer Landweg
S2 S21
alle 6–10 Min.

Elbinsel Kaltehofe

Wasserkunst, Wasserwatt, Wasserpark

Auf der Elbinsel Kaltehofe in Rothenburgsort ist aus einem ehemaligen Wasserwerk ein spannendes Naturdenkmal entstanden. Gleich nebenan am Holzhafen entwickelte sich ein seltenes Süßwasserwatt mit Ebbe und Flut. Und vom Element Wasser gibt es auch im Wasserpark Dove-Elbe reichlich.

Wir starten unsere Tour am S-Bahnhof Rothenburgsort und radeln oder wandern auf dem Billhorner Deich circa 2 km bis zur Billhorner Bucht. Über die Brücke des Sperrwerks gelangt man zur **Elbinsel Kaltehofe.** Sie entstand 1875 bis 1879 durch die Begradigung der Norderelbe. 1893 wurde hier die erste **Filtrationsanlage** der Hamburger Wasserwerke in Betrieb genommen. Als im Sommer 1892 in Hamburg die Cholera ausbrach, musste die Bevölkerung so schnell wie möglich stmit filtriertem Trinkwasser versorgt werden. In der ein Jahr später errichteten Villa, in der heute ein Museum über die Geschichte der Wasserkunst und ein Café untergebracht sind, befand sich einst die Außenstelle des Hygienischen Staatsinstituts. Das Gebäude ist mit einem Neubau verbunden, das die 200-jährige Geschichte Hamburger Brunnen und Wasserspiele dokumentiert. Bis 1989 blieb die **Wasserkunst Elbinsel Kaltehofe** in Betrieb, seit 2011 ist sie ein Industriedenkmal.

Einen schönen Überblick über das gesamte Außengelände mit dem ökologischen Naturlehrpfad, den ehemaligen Filterbecken und Brunnenhäusern hat man vom Kaltehofe-Hauptdeich. Auf ihm geht es zu Fuß an der Norderelbe

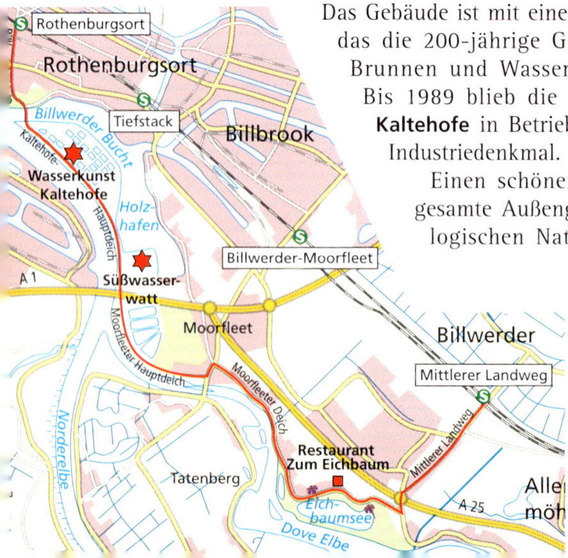

entlang weiter Richtung Holzhafen. Geradelt wird windgeschützt unterhalb des Deiches. Als ökologische Ausgleichsmaßnahme für den sechsspurigen Ausbau der Autobahn A1 entstand ab 2008 ein Süßwasserwatt neben dem Holzhafen. Das damals üppig bewachsene Gelände der Billwerder Insel wurde gerodet, Deiche rückverlegt und neue Priele hergestellt. Das Gebiet am Holzhafen wird nicht durch das salzige Nordseewasser beeinflusst. Es hat eine wichtige Bedeutung für die Selbstreinigung der Elbe und ist Lebensraum für zahlreiche Kleinstlebewesen. Die Krickente und die Brandgans sind zwei Bewohner des Watts.

Über den Moorfleeter Hauptdeich und Moorfleeter Deich führt der Weg weiter entlang der Dove-Elbe Richtung Allermöhe. Mittelpunkt des Wasserparks Dove-Elbe ist der Eichbaumsee. Beides entstand nach der Flutkatastrophe von 1962, als diverse Deiche Hamburgs dem Hochwasser nicht mehr standhielten. Nach der Katastrophe wurde beschlossen, die Deiche rasch zu erhöhen. Dafür waren große Mengen Sand und Kies notwendig, die aus der Region zwischen Tatenberger Schleuse, Dove- und Gose-Elbe abgebaut wurden. Zurück blieb eine Mondlandschaft. Als in den 1980er Jahren wieder viel Sand zum Bau der nahen Autobahn A25 entnommen wurde, entstand der **Wasserpark Dove-Elbe,** ein Naherholungsgebiet im Südosten der Hansestadt, mit einer über 2 km langen Ruder-Regatta-Strecke und dem 1 km langen **Eichbaumsee.**

Am nördlichen und östlichen Ufer des Sees befinden sich ausgedehnte Badestellen mit Sandstrand und Liegewiese. Leider neigt der See trotz umfangreicher Sanierungsmaßnahmen seit Jahren während der Sommermonate zur Blaualgen-Bildung. Seit 2007 ist das Baden nicht mehr erlaubt. Ob dieses Verbot 2013 wieder aufgehoben werden kann, stand bei Drucklegung noch nicht fest. Somit kann es sein, dass der Eichbaumsee derzeit nur zu Fuß oder per Rad umrundet werden kann. Über den Mittleren Landweg erreichen wir nach einem ausgiebigen Kultur- und Naturtag nach 2 km die S-Bahn Mittlerer Landweg.

via Tipp

Wasserkunst Elbinsel Kaltehofe
Erlebnisreiches Industriedenkmal rund um die Trinkwasseraufbereitung im 19. Jahrhundert.

Kaltehofe Hauptdeich 6-7
20539 Hamburg
Tel. (040) 7 88 84 99 90
www.wasserkunst-hamburg.de
März–Okt. tgl. 10–18 Uhr
Nov.–Feb. Di–So 10–18 Uhr
5,50 €, 6–18 Jahre 2,50 €, Familienkarte (2 Erw. u. max. 3 Kinder) 12,50 €
Führungen Sa/So/Fei 13 + 16 Uhr sowie nach Vereinbarung
Das Außengelände mit dem Naturlehrpfad ist frei zugänglich.

Café Kaltehofe im Museumsgebäude (Alte Villa)
Im Sommer Außenterrasse mit Blick ins Freigelände.
Tel. (040) 7 88 84 99 92
Apr.–Okt. tgl. 10–22 Uhr
Nov.–März tgl. 10–18 Uhr

Zum Eichbaum
Uriges Restaurant mit rustikaler Küche und Außenterrasse.
Moorfleeter Deich 477
21037 Hamburg
Tel. (040) 7 37 26 55
zum-eichbaum.com
Tgl. 12–23 Uhr

Aktuelle Informationen über die Hamburger Badegewässer
www.hamburg.de/badegewaesser

Start
Bergedorf
S2 S21 alle 6–10 Min.

Radtour
Bergedorf – Neuengamme – Zollenspieker Fährhaus – Fünfhausen – Mittlerer Landweg

Länge
ca. 42 km

Rückfahrt
Mittlerer Landweg
S2 S21 alle 6–10 Min.

Vierländer Freilichtmuseum Rieckhaus
Curslacker Deich 284
Tel. (040) 7 23 12 23
Apr.–Sept.
Di–So 10–17 Uhr
Okt.–März
Di–So 10–16 Uhr
3 € / 2 €, bis 16 Jahre frei

Vier- und Marschlande

Quer durch den Garten

Deutschlands größter Gemüse- und Blumengarten liegt auf Hamburger Gebiet. Die Vier- und Marschlande im Südosten der Stadt präsentieren die ländliche Seite der Millionenmetropole.

Ein besonderer Vorteil dieser Idylle ist ihre gute Erreichbarkeit: Vom Bahnhof Bergedorf sind es nur ein paar Radminuten und man ist umgeben von Gemüsefeldern und Blumenbeeten, von schmucken alten Bauernhäusern und modernen Gewächshäusern. Über die kleinen Straßen Weidenbaumsweg und Randersweide geht es unter der Autobahn A25 hindurch. Wer sich links hält, gelangt zum Curslacker Deich. Die Dörfer **Curslack, Neuengamme** und **Altengamme** erstrecken sich längs der Deiche und gehen ineinander über. Die gepflegten alten Bauernhäuser – viele von ihnen reetgedeckt – zeugen vom traditionellen Wohlstand der Bewohner.

Die Fruchtbarkeit des Marschbodens und die Nähe zum Markt in Hamburg boten ideale Voraussetzungen für eine profitable Landwirtschaft. Schönstes Beispiel für frühe ländliche Architektur ist das Rieckhaus am Curslacker Deich. Es ist ein niederdeutsches Hallenhaus des Vierländer Typs aus dem 16. Jahrhundert. Heute steht es als **Vierländer Freilichtmuseum** zur Besichtigung offen. Auch die zur Anlage gehörende Entwässerungsmühle ist einen Blick wert, besonders für Freunde ursprünglicher Technik.

Nach kurzer Fahrt ist man in Neuengamme. Von hier lohnt ein Abstecher nach Altengamme zur dortigen **Nicolai-Kirche** – sie zählt nicht nur zu den schönsten Bauernbarock-Kirchen Norddeutschlands, sondern auch zu den bedeutendsten. Ihr Bronzetaufbecken stammt aus dem Jahre 1380. Aber ob über Altengamme oder weiter von Neuengamme über den Neuengammer

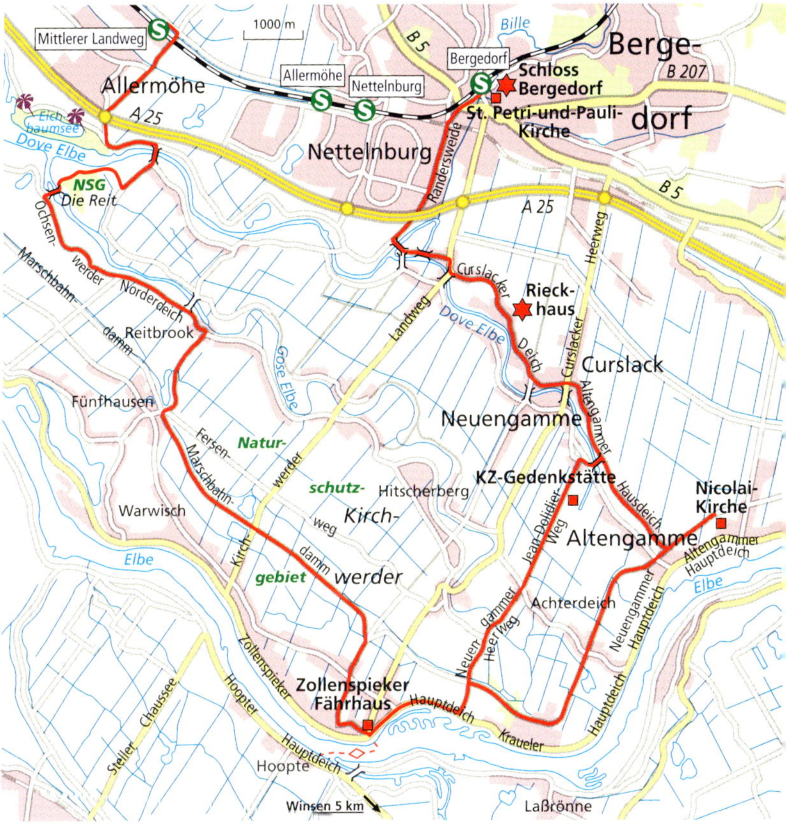

Heerweg – alle Wege führen zur heftig ausgeschilderten Elbfähre, zum geschichtsträchtigen Zollenspieker. Das **Zollenspieker Fährhaus** steht am südlichsten Punkt Hamburgs - Elbkilometer 598,5 - und hat eine fast 800 Jahre alte Tradition. Der historische Gasthof wurde 2012 durch ein 53-Zimmer-Hotel ergänzt. Auf der Sonnenterrasse oder im Biergarten am Elbufer kann sich der geschichtsbewusste Ausflügler auf angemessene Weise für den Rest der Strecke stärken.

Die Fähre über die Elbe verkehrt seit Jahrhunderten – nachweislich seit 1252 – zwischen Zollenspieker und **Hoopte.** Heute ist die Fähre ein modernes Fahrzeug, das im Pendelverkehr alle zehn Minuten Fußgänger, Radler und Autos über-

KZ-Gedenkstätte Neuengamme
Von 1938 bis 1945 größtes Konzentrationslager Nordwestdeutschlands. Ausstellungen informieren über die Geschichte des Lagers.
Jean-Dolidier-Weg 75
Tel. (040) 4 28 13 15 00
Mo–Fr 9.30–16 Uhr,
Sa/So/Fei Okt.–März 12–17,
Apr.–Sept. 12–19 Uhr
Eintritt frei
Bus 227/327 alle 30–60 Min., Fahrradmitnahme möglich

Elbfähre
Zollenspieker – Hoopte (bei Winsen an der Luhe)
März–Nov. Mo–Fr 6–20, Sa/So/Fei 8.30–20 Uhr
Tel. (040) 7 68 41 94
www.faehre-zollenspieker.de
Bus 120 und Bus 124 alle 30 Minuten Richtung Hauptbahnhof. Fahrradmitnahme möglich.

via Tipp

Zollenspieker Fährhaus
Hier isst man nicht nur gut, sondern hat auch einen fantastischen Blick über die Elbe am südlichsten Punkt Hamburgs.

Zollenspieker Hauptdeich 143
Tel. (040) 79 31 33-0
Tgl. 11–22 Uhr
www.zollenspieker-faehrhaus.de

setzt. Wer genügend Zeit eingeplant hat, kann von der guten Fährverbindung Gebrauch machen und ist in kurzer Zeit vom Anleger Hoopte ins nahe Winsen an der Luhe geradelt. Dort lohnt im Zentrum der alten Stadt eine Besichtigung des Schlosses (▸ Seite 99).

Ob nach einem Abstecher nach Hoopte/Winsen oder ohne die Elbe überquert zu haben, geht es vom Zollenspieker, der südlichsten Spitze von Vierlanden, durch das Naturschutzgebiet Kirchwerder Wiesen nach **Fünfhausen.** Vom Marschbahndamm, einem ehemaligen Bahndamm und jetzigen Radweg, auf dem wir fahren, bietet sich ein schöner Blick über die Landschaft. Über Durchdeich und Ochsenwerder Norderdeich führt der Weg nach Ochsenwerder. Hier gilt es, den Reitdeich nicht zu verpassen, denn er führt durch das **Naturschutzgebiet Die Reit** an die Dove-Elbe. Bei Allermöhe überquert man diesen Seitenarm des Flusses und findet sich unvermittelt in einer anderen Welt wieder: Angesichts der Autobahnauffahrt kann man sich noch einmal freuen über die verkehrsarmen Straßen in den Vier- und Marschlanden, auf denen man heute so entspannt geradelt ist. Über den Mittleren Landweg ist in wenigen Minuten der S-Bahnhof Mittlerer Landweg erreicht.

TOUR 21

Start
Bergedorf
S2 S21
alle 6–10 Min.

Stadtausflug
Bergedorfer Schloss – Schlossgarten

Bergedorf

Wo die Bille verschwindet

Natürlich wird niemand leugnen, dass Bergedorf rein verwaltungsmäßig zu Hamburg gehört. Dennoch legen die Bergedorfer bis heute viel Wert auf ihre Eigenständigkeit.

Zwar ist Bergedorf von der Fläche her der zweitgrößte Bezirk Hamburgs, seine Einwohnerzahl ist jedoch die geringste aller Stadtbezirke. Das von Grünflächen durchzogene Wohngebiet liegt im Bereich der Vier- und Marschlande. Am Ende einer wechselvollen Geschichte, während der Bergedorf in der Hand verschiedener Herrscher lag, fiel die Stadt 1867 an Hamburg. Allerdings auf eine ganz und gar unkriegerische Art: Die Hamburger zahlten den Lübeckern, mit denen sie sich lange die Herrschaft über Bergedorf geteilt hatten, 200.000 Taler und sicherten sich so vertraglich die Alleinherrschaft – eine Machtübernahme nach Art der Pfeffersäcke.

Dass dieses Geschäft nicht schlecht war und die Hamburger ein wahres Juwel im Südosten ihrer Metropole erhielten, davon kann sich der Ausflügler noch heute überzeugen.

Schon nach wenigen Minuten Fußweg vom Bahnhof durch die Fußgängerzone geht der Blick zur Rechten über ein malerisches Gewässer. Der Fluss Bille ist hier teichartig aufgestaut und gibt den größten Teil seines Wassers in den schiffbaren Schleusengraben ab, der in die Dove-Elbe mündet. Beim Blick über den Teich lassen sich zwischen den Wipfeln alter Bäume schon die Backsteingiebel des Bergedorfer Schlosses erkennen. Unser Weg führt uns aber zuvor an die Pfarrkirche **St. Petri und**

Bergedorfer Schloss

Schloss Bergedorf
Museum für Bergedorf und die Vierlande.
Bergedorfer Schlossstr. 4
Tel. (040) 4 28 91 28 94
www.bergedorfmuseum.de
Nov.–März Di–Do 12–16, Sa/So 11–17 Uhr
Apr.–Okt. Di–Do 11–18 Uhr Sa/So 11–18 Uhr
5 €, erm. 3,50 €
Kinder und Jugendliche bis 18 Jahren frei

Café la note
Frisch gebackene Kuchen und Torten, Mittagstisch und kleine Abendkarte.
Im Bergedorfer Schloss
Tel. (040) 72 10 40 30
Mo–Do 9–18 Uhr
Fr/Sa 9–22, So 10–22 Uhr
www.cafe-la-note.de

Historische Eisenbahn
An mehreren Sommerwochenenden verkehrt der Dampf-Sonderzug der Arbeitsgemeinschaft Geesthachter Eisenbahn e. V. zwischen Bergedorf Süd und Geesthacht.
Fahrplaninfos:
Tourist-Information Geesthacht
Bergedorfer Straße 28
21502 Geesthacht
Tel. (0 41 52) 83 62 58
oder unter
eisenbahn.geesthacht.de

Pauli. Sie wurde schon 1162 erstmals erwähnt, doch stammt die heutige Bausubstanz im wesentlichen aus der Zeit um 1500. Im Inneren kann man den Altar, die geschnitzte Kanzel und Emporenmalereien aus dem 16. und 17. Jahrhundert bewundern. Der Friedhof, der bis 1831 zur Kirche gehörte, wurde auf den Gojeberg versetzt. Einige der Grabsteine kann man jedoch außen an der Kirche betrachten.

Neben der Kirche steht das alte Organistenhaus von 1630, das heute **Hasse-Haus** heißt. Fast hundert Jahre diente es als Wohnung der Organistenfamilie Hasse in drei Generationen. Am 23. März 1699 wurde hier der Komponist Johann Adolf Hasse geboren, dessen Vater Peter in der Kirche St. Petri und Pauli Organist war. 1991 richtete die 1910 gegründete Hasse-Gesellschaft das Hasse-Archiv im Gebäude ein.

Hinter der St. Petri und Pauli Kirche führt der Weg zum **Bergedorfer Schloss** und zum Schlossgarten. Einen Spaziergang durch den **Schlossgar-**

Schloss Bergedorf

Das Bergedorfer Schloss ist die einzige aus dem Mittelalter erhaltene Burg im Hamburger Raum. Die Geschichte des Baues reicht bis ins 13. Jahrhundert zurück. Heute beherbergt der Bau das Museum für Bergedorf und die Vierlande. Die historischen Gerichtsräume und vor allem das reich mit Intarsien geschmückte Landherrenzimmer erinnern noch an die Zeit, als das Schloss Herrschaftssitz war. Im Kellergewölbe wird der Besucher über die Geschichte der Stadt Bergedorf und die Vor- und Frühgeschichte der Region informiert. Der weitere Rundgang durch das Schloss ist im oberen Stockwerk um den Innenhof angelegt. Möbel, Trachten und prächtiger Silberschmuck zeugen im Vierlandezimmer vom Reichtum und dem handwerklichen Geschick der Vierländer Bauern und Handwerker. In mehreren Räumen des Schlosses finden wechselnde Sonderausstellungen statt.

ten sollte man nicht versäumen. Nachdem die Wälle aus dem 16. Jahrhundert im Jahre 1805 geschleift worden waren, erhielten sie um 1900 eine neue, diesmal gärtnerische Gestaltung. Bewachsene Grabeneinschnitte bildeten die wesentlichen gestalterischen Elemente, die durch Findlingsmauern und eine stilisierte Hängebrücke unterstrichen wurden. Im Gegensatz dazu steht der sich östlich anschließende geometrische Gartenbereich, in dem Rosen- und Sommerblumenbeete eine rechteckige Rasenfläche umrahmen.

Im alten Stadtkern von Bergedorf stehen heute Häuser der unterschiedlichsten Jahrhunderte und Stilepochen nebeneinander. Bei einem Bummel durch die Straße Sachsentor, die als Fußgängerzone das gesamte Areal der **Altstadt** erschließt, fällt der Stilmix deutlich ins Auge. Besondere Aufmerksamkeit verdient das Fachwerkhaus Sachsentor 2, der einstige Gasthof „Stadt Hamburg". Es gilt als der älteste Profanbau der Hansestadt nach dem Leuchtturm auf Neuwerk. Das ursprünglich um 1550 erbaute Eckhaus zieren reiche Schnitzornamente. Im Jahre 1958 wurde das Haus, weil es der Verkehrsführung im Wege war, abgetragen und um einige Meter versetzt erneut aufgebaut. In der Straße Sachsentor sind daneben noch drei weitere schöne Fachwerkhäuser erhalten (Nr. 50, 52 und 54). Sie stammen aus dem 17. Jahrhundert.

Wer Natur in ihrer urwüchsigen Form erleben will, durchquert das östlich der Chrysanderstraße gelegene **Villenviertel** mit schönen Landhäusern der Gründerzeit. Dahinter erstreckt sich das Bergedorfer Gehölz, wo man sich auf schönen Spazierwegen erholen kann.

Forsthaus Bergedorf
Gemütliches Restaurant mit Wildspezialitäten und traditioneller ländlicher Küche, im Sommer Kaffeegarten.
Reinbeker Weg 77
Tel. (040) 7 25 88 90
Tgl. 12–22 Uhr

Fachwerkkirche in Bergedorf

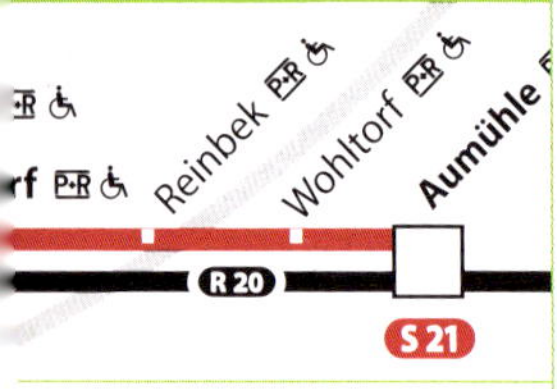

Start
Reinbek
S21 alle 20 Min.

Stadtausflug
Schloss – Schlosspark – Museum Rade

Karte ▸ Seite 77

Reinbek

Holland kurz vorm Sachsenwald

In Reinbek kann man eines der bedeutendsten Beispiele der niederländischen Renaissancearchitektur bewundern. Außerdem gibt´s hier die exotischste Kunstsammlung Norddeutschlands. Und wem das nicht genügt, der kann in einem geheimnisvollen Heilwasser untertauchen.

Zu Recht stolz ist man in Reinbek auf das dortige **Schloss,** hat die Stadt doch die einstige Ruine mit enormem Aufwand restaurieren lassen. Heute erstrahlen der Bau und der Schlosspark im neuen alten Glanz. Zur wechselvollen Geschichte der Anlage – über die sich Interessierte im Schloss ausführlich informieren können – nur so viel: Herzog Adolf I. von Schleswig-Holstein-Gottorf ließ das Bauwerk im 16. Jahrhundert vermutlich als Jagdschloss am Rande des wildreichen Sachsenwaldes errichten. Der Baumeister ist bis heute unbekannt, man schließt aber aus der Art der Ausführung, dass es sich um einen Holländer gehandelt haben muss. Im 18. Jahrhundert war das Schloss Sitz der Amtmänner und später des ersten Landrates des Kreises Stormarn. Es bildete also die Grundlage der Entwicklung des Ortes Reinbek. Gleichwohl wurde der Bau so vernachlässigt, dass 1773 der Abriss wegen Baufälligkeit drohte. Dieser konnte glücklicherweise von dem damaligen Bauinspektor Christian Frederik Hansen abgewendet werden. Richtig, genau der Hansen, dem Hamburg seine berühmten Bauten des weißen Klassizismus in den Elbvororten verdankt.

Nach der Renovierung dient das Gebäude heute als Kultur- und Kommunikationszentrum und steht somit erstmals in seiner über 400-jährigen Geschichte allen interessierten Bürgern offen. Architekturhistorisch besonders eindrucksvoll ist die original erhaltene Roofen-Dachkonstruktion niederländischer Art mit einem Kniestock

Schloss Reinbek
Schlossstraße 5
Tel. (040) 7 27 34 60
www.schloss-reinbek.org
Mi–So 10–17 Uhr
3 €, erm. 1,50 €, Familienkarte 4 €,
Kombiticket Schloss und Museum Rade: 3 €, Kinder 1,75 €, Familienkarte 4 €

Restaurant Schloss Reinbek
In stilvollerem Ambiente als in der ehemaligen Schlosskapelle lässt sich kaum speisen. Auch schlichte Gerichte zu vergleichsweise moderaten Preisen. Mit Sommerterrasse am See.
Schlossstraße 5
Tel. (040) 7 27 91 62
www.schloss-reinbek.de
Mi–So 12–21 Uhr

aus krumm gewachsenen Eichenbindern. Neben dem Schloss ist auch der **Schlosspark** sehenswert. Hier wurden die Reste der verschiedenen ehemaligen Parkanlagen harmonisch miteinander verknüpft, so dass sich durch die Einbeziehung des Mühlenteiches, der durch die Aufstauung der Bille entstand, eine wunderschöne Gesamtanlage ergibt.

Schloss Reinbek ist heute ein stilvolles Kultur- und Veranstaltungszentrum

Direkt gegenüber vom Schloss hat in einer Gründerzeitvilla ein Museum der ganz besonderen Art Quartier bezogen: das **Museum Rade** des privaten Sammlers Rolf Italiaander. Auf vier Etagen erwarten den Besucher weit mehr als 1.000 Exponate: Bilder, Skulpturen, Batiken und Keramiken aus allen Gegenden der Erde. Die Bilder sind extrem dicht gehängt, um möglichst viele Exponate zeigen zu können. Auch diese ungewohnte Art der Präsentation trägt zu dem ganz besonderen Charme des Hauses bei.

Eine gewässerkundliche Einmaligkeit ist das **Sachsenwaldbad Tonteich:** Auf dem Gelände des heutigen Bades lag bis Anfang des 19. Jahrhunderts die Ziegeleigrube des Friedrichsruher Tonwerkes. 1911 brannten die Gebäude bis auf die Grundmauern nieder. Die Tongrube füllte sich langsam mit Regenwasser, und es entstand der Tonteich. Aus dem Regenwasser, das über ein Glimmertonfeld rinnt, entwickelte sich ein stark saures und manganhaltiges Wasser, dass eine wohltuende Wirkung auf die menschliche Haut hat und deshalb als Heilwasser eingestuft wird. Vom Schloss aus gelangt man am Ufer des Mühlenteichs auf einem malerischen Weg dorthin.

Von Reinbek führen ausgeschilderte Wanderwege in den Sachsenwald, die unter anderem in Friedrichsruh (▸ Seite 78) und Aumühle (▸ Seite 76) enden.

Museum Rade
Internationale Malerei und Volkskunst, Kunstwerke der Hamburgischen Sezession u. v. a. m.
Schlossstraße 4
Tel. (040) 7 22 91 58
Mi–So/Fei 10–17 Uhr
1,50 €, Kinder 0,50 €

via Tipp

Sachsenwaldbad Tonteich
Eine Wohltat für die Haut in idyllischer Natur.

Am Tonteich 35
21521 Wohltorf
Tel. (0 41 04) 28 93
www.tonteichbad.de
16. Mai–Aug. Mo–Fr 6–20, Sa/So/Fei 9–20 Uhr
1. Mai–15. Mai + Sept. 12–19 Uhr
2, 50 €, erm. 1,50 €

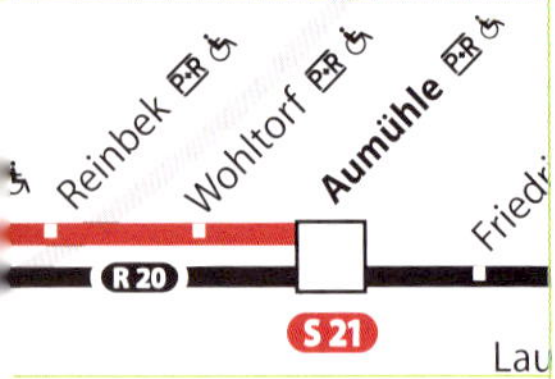

Start
Aumühle
S21 alle 20 Min.

Spaziergang
Mühlenteich – Bismarckturm – Lokschuppen

Länge
ca. 4 km

Aumühle

Am Rande des Sachsenwaldes

Ein Ausflugsziel seit Generationen – so stellt sich die Ortschaft Aumühle am Westrand des Sachsenwaldes dar.

Von Events ist man in Aumühle weit entfernt. Die spektakulärste Freizeitaktivität besteht hier in einer Paddelboottour über den Mühlenteich. Ohnehin ist der idyllische **Mühlenteich,** zu dem die Aue, ein kleiner Zufluss der Bille, aufgestaut ist, der touristische Mittelpunkt des Ortes. Um den Mühlenteich herum findet man mehrere klassische Ausflugslokale; viele existieren schon seit Generationen. Oder man packt einen Picknickkorb und ist mit ein paar Schritten im Sachsenwald.

Der Sachsenwald bietet eine Vielzahl von Wander- und Radwanderwegen, von denen die meisten Aumühle als Ausgangs- oder Zielpunkt haben. Was liegt demnach näher, als sich zumindest auf einen Spaziergang in diese grüne Lunge Hamburgs aufzumachen (▸ Seite 80). Aber auch ein Bummel durch den Ort selbst ist erholsam, besonders die historische Villenkolonie Hofriede lohnt einen Besuch. Mittelpunkt der Siedlung ist der wuchtige, 27 m hohe **Bismarckturm** am Berliner Platz. Er ist einer der zahlreichen Türme, die Ende des 19. Jahrhunderts in ganz Deutschland zum Gedenken an den Reichskanzler Otto von Bismarck erreichtet wurden. 1901 als Wasser- und Aussichtsturm eingeweiht, diente er bis 1927 auch als Bismarckmuseum und bot von der Aussichtsplattform einen Blick über die umliegenden Villen, Aumühle und den Sachsenwald. Heute ist in dem Turm die Gemeindebibliothek und das Gemeindearchiv untergebracht; eine Besteigung ist leider nicht mehr möglich.

Ein Muss für Eisenbahnfreunde ist der Besuch des **Lokschuppens,** am östlichen Ortsrand von Aumühle (auf der Nordseite der Bahnstrecke Richtung Friedrichsruh). Schon zu Dampflok-

Fürst-Bismarck-Mühle
Berühmtes Traditionslokal, das sich im Besitz der Familie Bismarck befindet. Wildgerichte, zwei schöne Sommerterrassen, Kinderzoo mit Schafen, Ziegen, Ponys und Gänsen.
Mühlenweg 3
Tel. (0 41 04) 20 28
www.bismarckmuehle.de
Tgl. 12–21.30 Uhr,
Mi Ruhetag

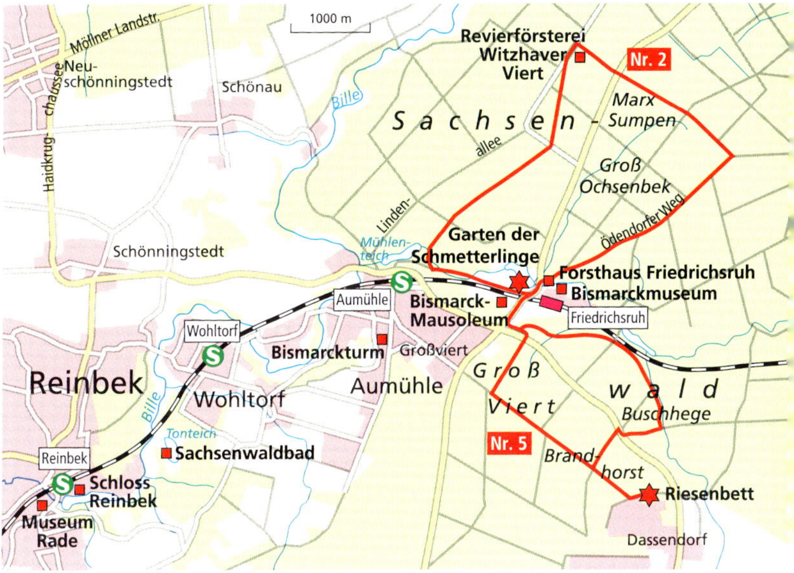

zeiten endete ein großer Teil der auf der Berlin-Hamburg-Trasse eingesetzten Nahverkehrszüge in Aumühle. Im Lokomotivschuppen Aumühle mussten Zuggarnituren abgestellt, die Loks entschlackt und mit neuer Kohle versehen sowie Wasser gefasst werden. Heute werden hier von den Mitgliedern des Fördervereins in mühevoller Kleinarbeit die teils vielfach umgebauten, teils in ihrer Substanz stark angegriffenen Fahrzeuge restauriert und ausgestellt. Auf drei Zufahrtsgleisen steht eine umfangreiche Sammlung von Feldbahnen, einer Art Schmalspurbahn mit Einsatz im Ackerbau, in Ziegeleien, Steinbrüchen, Torfwerken sowie eine Sammlung von Schienenfahrzeugen des Nahverkehrs. Zweimal jährlich – im Frühjahr und im Herbst – gibt es Ausstellungen zum Hamburger Nahverkehr.

Man kann mit den restaurierten Zügen auch fahren, aber leider nicht in Aumühle selbst, sondern in den Sommermonaten an der Ostsee zwischen Schönberg und Schönberger Strand. Draisinen- und Feldbahnfahrten sind an bestimmten Aktionstagen auch in Aumühle möglich.

Lokschuppen Aumühle
Verein Verkehrsamateure und Museumsbahn e. V.
Am Gleise 6
Tel. (040) 5 54 21 10
www.vvm-museumsbahn.de
So 11–17 Uhr
Eintritt frei, außer bei Sonderveranstaltungen

Hotel Waldesruh am See
Jagdrestaurant mit offenem Kamin und Seeterrasse.
Am Mühlenteich 2
Tel. (0 41 04) 6 95 30
www.waldesruh-am-see.de
Mi–Mo 11.30–21.30 Uhr

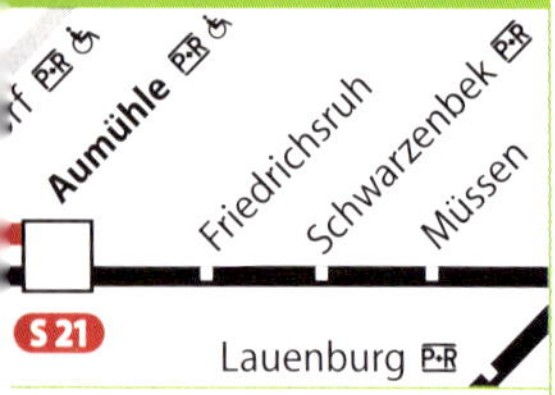

Start
Friedrichsruh
R20 etwa
alle 120 Min.

Spaziergang
Bismarck-Museum – Garten der Schmetterlinge

Länge
ca. 2 km

Karte ▸ **Seite 77**

Friedrichsruh

Bei Bismarck auf dem Sofa

Der kleine Ort Friedrichsruh ist Mittelpunkt des Sachsenwaldes und Zentrum der Bismarckverehrung. Doch vor knapp 30 Jahren bekam der Besuchermagnet „Eiserner Kanzler" Konkurrenz – und zwar von Schmetterlingen.

Friedrichsruh ist ein Ort, der eigentlich nur aus wenigen Häusern besteht. In dieser Sachsenwaldidylle lebte der Reichskanzler Fürst Otto von Bismarck (geb. 1815) von 1871 bis zu seinem Tode im Jahre 1898. Mitten im Sachsenwald, den der Kanzler aus Dankbarkeit vom Kaiser geschenkt bekommen hatte, lag einst das Gasthaus Frascati, das Bismarck 1894 erwarb. Er ließ es zu einem Schloss ausbauen und bewohnte es bis zu seinem Tode. Ende des II. Weltkrieges zerstört, wurde es durch einen schlichten Neubau ersetzt, in dem die Nachfahren Bismarcks bis heute leben. Noch original erhalten blieb der alte Marstall.

In einem Fachwerkhaus gegenüber vom alten Marstall, dem „Alten Landhaus", befindet sich heute das **Bismarck-Museum.** In neun Räumen ist hier eine ansprechend gestaltete Erinnerungsstätte geschaffen worden. Die Sammlung umfasst neben Dokumenten, Briefen, Handschriften, Orden und Geschenken aus aller Welt auch zahlreiche Ehrenbürgerbriefe. Höhepunkt für Bismarckverehrer allerdings ist das Originalarbeitszimmer des Reichskanzlers, das hier so aufgestellt ist, wie es vorher im alten Schloss stand.

Bismarck hat in Friedrichsruh seine letzte Ruhe gefunden. Und zwar im **Bismarck-Mausoleum,** das sich vom Museum aus direkt rechts hinter der Bahnlinie befindet. In der Gruftkapelle kann man die Sarkophage des Eisernen Kanzlers und seiner Gemahlin besichtigen.

Eine Attraktion ganz anderer Art bietet sich auf dem Gelände der Fürstlich von Bismarckschen Gärtnerei. Es ist der **Garten der Schmetterlinge.** Die großzügige Anlage besteht aus dem eigent-

Friedrichsruh
ist Zentrum des Sachsenwaldes. Von hier aus führen diverse Wanderwege in den Forst. Mehr dazu ▸ Seite 80

Bismarck-Museum
Am Museum 2
Tel. (0 41 04) 24 19
www.bismarck-stiftung.de
Apr.–Okt. Di–So 10–18 Uhr
Nov.–März
Di–So 10–16 Uhr
4 €, unter 18 Jahre frei

Café Vanessa
Im Garten der Schmetterlinge.
Besonders idyllisch sitzt man im Singenden Wassergarten.
Tel. (0 41 04) 72 93
Mitte März–Ende Okt.
tgl. 10–18 Uhr und nur mit Eintrittskarte des Schmetterlingsgartens
Nov.–Mitte März
Sa/So 10–18 Uhr

Im Bismarck-Museum kann man das Arbeitszimmer des „Eisernen Kanzlers" ansehen

lichen Schmetterlingsgarten – zwei rund 600 qm großen Glashäusern –, einem Duftgarten mit 80 bekannten und unbekannten stark duftenden Pflanzen, einem Insektenhotel, einem „Singenden Wassergarten", in dem Wasser durch Bambusrohre plätschert und so diverse Töne erzeugt, sowie einer Traumlandschaft mit künstlichen Seen, Gärten und heimischen Tieren.

In den beiden Glashäusern sind Hunderte von einheimischen und exotischen Schmetterlingen zu beobachten. Unter den 30 verschiedenen Arten gibt es zahlreiche Gattungen aus Südasien, wobei dafür gesorgt ist, dass alle Schmetterlinge ihre natürliche Umgebung finden. Die rund 300 Puppen entwickeln sich in eigens dafür geschaffenen Brutkästen. In den Morgenstunden beginnen die Falter zu schlüpfen. In weiteren Vitrinen befinden sich Eier und Raupen. Somit sind alle Stadien der Metamorphose zu beobachten. Anzuraten ist daher ein Besuch am Vormittag, wenn die faszinierenden Tiere ihre größte Aktivität entfalten. Für unsere Ausflugsplanung heißt das: erst die Schmetterlinge, dann der Kanzler.

via Tipp

Garten der Schmetterlinge
Lehrreiche Einblicke in die bunte Welt der Flattermänner.

Am Schlossteich 8
Tel. (0 41 04) 60 37
www.garten-der-schmetterlinge.de
Mitte März–Okt.
tgl. 10–18 Uhr
7 €, erm. 4,50 €
Familienkarte 21 €

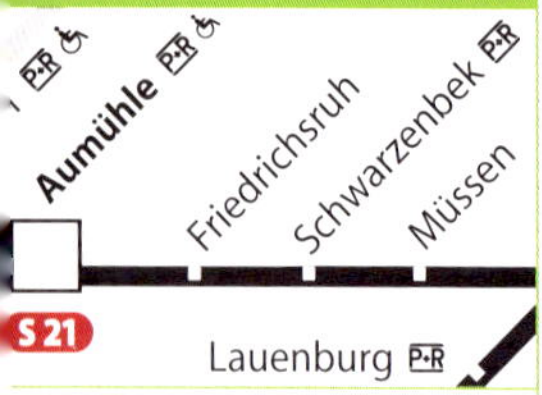

Start
Friedrichsruh
R20 etwa
alle 120 Min.

Zwei Rund-wanderungen
ab Friedrichsruh

Länge
ca. 12 km und 6,5 km

Karte ▸ Seite 77

Die Touren
verlaufen auf bequemen Waldwegen, man kann sie auch mit einem Fahrrad zurücklegen.
www.sachsenwald.de

Sachsenwald

Unterm Blätterdach

Der Sachsenwald ist für Naturfreunde und Wanderer ein Dorado. Zahllose Wege durchziehen den herrlichen Forst – und manche führen zu verborgenen Hünengräbern.

Fast 70 qkm groß ist der östlich Hamburgs gelegene Sachsenwald. Damit ist er das größte geschlossene Waldgebiet Schleswig-Holsteins. Der Wald besteht vorwiegend aus Buchen, Fichten und Kiefern. Unter knorrigen Bäumen stehen seit Jahrtausenden mächtige Felssteine – Zeichen einer frühen Besiedlung. Es sind die Grabhügel und Steinsetzungen aus der Jungsteinzeit. In sehr viel späteren Zeiten war der Sachsenwald Grenzwald des Reiches Karls des Großen und durfte nicht besiedelt werden. Deshalb ist er bis heute geschlossen erhalten geblieben. Im Jahre 1871 begann das letzte berühmte Kapitel in der Geschichte des Sachsenwaldes. Reichskanzler Otto von Bismarck erhielt ihn als Zeichen besonderen Dankes von Kaiser Wilhelm I. als Geschenk. Der Sachsenwald ist bis heute in bismarckschem Familienbesitz.

Der Forst dient als Grüne Lunge der nahen Großstadt Hamburg und bietet mit seinen zahlreichen markierten Wanderwegen beste Gelegenheit zu naturnaher Erholung. Allerdings nimmt das auf manchen Wegen geradezu überhand. Soll heißen: Es finden sich verwirrend viele und unterschiedliche Markierungen. Machen Sie sich also darauf gefasst, sich im Sachsenwald immer wieder einmal zu verlaufen. Allerdings ist das trotz der Größe des Areals nicht dramatisch, denn der Wald ist gut erschlossen. Man gerät schnell auf den nächsten Weg, der dann hoffentlich verständlicher ausgeschildert ist, – und damit letztlich auch nach einigen Umwegen an sein Ziel.

Nach dieser Warnung seien hier **zwei schöne Routen** empfohlen, die beide in Friedrichsruh beginnen und dort wieder enden. Sie lassen sich also bestens zu einer längeren Tour kombinieren. Die erste führt durch den südlichen Sachsenwald, die zweite durch den nördlichen; beide sind durch Nummern an den Bäumen markiert.

Die **südliche Strecke,** der Riesenbettweg, ist etwa 12 km lang und mit der **Nummer 5** gekennzeichnet. Sie führt vom Bahnhof über die Schranken und gleich dahinter links hoch zum Hirschdenkmal. In südöstlicher Richtung führt der Weg durch den Bramhorst und Buschhege West bis an den Bach Süsterbek und weiter an den Ortsrand von **Dassendorf**. Hier geht links ein Weg ab zum **Riesenbett,** einem Grab aus der jüngeren Steinzeit. Zurück geht es über die L314 und rechts in den Wald hinein. Dann immer geradeaus, 2 km Richtung Aumühle. Das letzte Stück des Waldwegs vor der L208 hält man sich etwa 800 m weit rechts Richtung Nordost und gelangt geradeaus über die L314 (Alte Schulstraße) zurück nach Friedrichsruh. Rechts hinter dem Holzhof-Gelände zweigt der Weg zum Bahnhof Friedrichsruh ab.

Die Anschlusstour in den **nördlichen Sachsenwald** auf dem „Max-Schmeling-Weg" führt bei der Gaststätte **Forsthaus Friedrichsruh** – in dem Max Schmeling trainierte, bevor er 1936 Boxweltmeister im Schwergewicht wurde – in den Ödendorfer Weg. Die etwa 6,5 km lange Strecke ist mit der **Nummer 2** markiert. Sie führt nach Norden durch die Waldabschnitte Groß Ochsenbeck und Marx Sumpen. Während wir noch über die eigentümlichen Namen nachgrübeln, biegt der Weg nach links ab und kreuzt die Straße nach Kuddewörde, um zur **Försterei Witzhafer Viert** zu führen. Hier geht es in südlicher Richtung zurück, bis wir an das Flüsschen Schwarze Au kommen. Nach links dem Lauf des Gewässers gefolgt, gelangt man rasch wieder nach Friedrichsruh (▸ Seite 78). Man kann aber auch die Au überqueren und sich dann rechts halten; der Weg führt dann direkt nach Aumühle (▸ Seite 76).

Jagdhaus am Riesenbett
Italienische Küche.
Am Riesenbett 1
21521 Dassendorf
Tel. (0 41 04) 96 15 24
www.jagdhaus-am-riesenbett.de
Di–So 12–21 Uhr

Forsthaus Friedrichsruh
Ausflugs-Restaurant-Café, Sommerterrasse, Wildgerichte aus dem Sachsenwald und rustikale Gerichte „rund um die Bratkartoffel".
Ödendorfer Weg 5
21521 Friedrichsruh
Tel. (0 41 04) 69 23 66
www.forsthaus-friedrichsruh.de
Di–So 10–22 Uhr

Die Schwarze Au bei Friedrichsruh

Mölln P+R

Start
Mölln
R21 alle 60 Min. ab Büchen (Anschluss von Hamburg mit R20 alle 120 Min.)

Stadtbesichtigung

Mölln

Eulenspiegeleien

Mölln, das malerische mittelalterliche Städtchen an der Alten Salzstraße, ist ein Kneippkurort. Weithin bekannt geworden ist Mölln durch einen seiner Einwohner, der noch nicht einmal ein gebürtiger Möllner war: Till Eulenspiegel.

Allerdings ist der berühmte Narr hier gestorben, und zwar im Heilig-Geist-Hospital, einem Armen- und Siechenhaus. Das war im Jahre 1350, kurz nachdem Eulenspiegel in die Stadt gekommen war. Gleichwohl hat Mölln den Narren vollkommen vereinnahmt, und der Besucher wird ihm noch öfter begegnen.

Auf den ersten Blick wird die Stadtansicht beherrscht von der romanischen **St. Nicolai-Kirche** aus dem 12. Jahrhundert mit ihrem quadratischen Turm. Man sollte unbedingt den Innenraum besichtigen. Das Gestühl der Stecknitzfahrer, die ihr Geld mit Salztransporten über die Kanäle der alten Salzstraße verdienten, ist vollständig erhalten. Der gewaltige siebenarmige Leuchter von 1436 wurde angeblich 1669 von Stecknitzfahrern aus dem Fluss gefischt, vermutlich aber stammt er aus einem geplünderten Kloster. Ganz vorne rechts in der St. Nicolai-Kirche findet sich ein einzelner Klappstuhl, der die Jahreszahl 1632 trägt. Er war einem besonderen Kirchgänger vorbehalten: dem Henker. Dieser hatte beim Besuch des Gotteshauses zwei Auflagen zu befolgen. Er durfte weder den heiligen Boden der Kirche mit den Füßen berühren, noch durfte er in den Altarraum blicken.

Hinter der St. Nikolai-Kirche findet sich ein Stein, der angeblich Till Eulenspiegels Grabstein ist. Leider wurde der Stein erst Anfang des 16. Jahrhunderts aufgestellt und außerdem der Heiligen Jungfrau geweiht. Das bekannte Denkmal für den um 1300 in Kneitlingen bei Braunschweig geborenen Narren steht vor dem Rathaus an der Mauer des Kirchhügels. Es ist eine bronze-

Möllner Museum
Tel. (0 45 42) 83 54 62
www.moellner-museum.de
Historisches Rathaus
Apr. –Okt. Mo–Fr 9–19, Sa/So 10–17 Uhr
Nov.–März Mo–Fr 9–18, Sa/So 10–16 Uhr
Eulenspiegel Museum
Apr.–Okt. Mo–Fr 10–13 + 14–17, Sa/So 11–17 Uhr
Nov.–März Mo–Fr 14–16, Sa/So 11–13 + 14–16 Uhr
Eintrittskarten gelten für beide Museen
Erw. 2 €, erm. 1,50 €

Naturkundliche Ausstellung im historischen Wasserturm
Auf dem Klüschenberg
Erw. 2,50 €, erm. 2 €, bis 14 Jahre 1 €
Juli–Okt. Di–So 10–16 Uhr

ne Brunnenfigur, 1950 geschaffen von dem Möllner Bildhauer Karlheinz Goedtke. Auffällig ist der blank gewetzte rechte Daumen der Figur. Dem Aberglauben nach bringt es Glück, den Daumen der Figur zu berühren. Übrigens soll der echte Eulenspiegel seine letzte Ruhestätte hinter der Kirche gefunden haben, dort, wo heute eine große Linde steht – aber sicher ist auch das nicht.

Unterhalb der Kirche liegt der mittelalterliche Stadtkern. Das historische **Rathaus** am Markt schmückt sich mit einem prächtigen Stufengiebel. Es ist mit dem Baujahr 1373 das zweitälteste Rathaus Schleswig-Holsteins. Heute ist in dem Bau die stadtgeschichtliche Sammlung des Möllner Museums untergebracht. Bereits 1889 wurde diese Sammlung von engagierten Bürgern begründet. Die Ausstellung zeigt Ausschnitte aus dem Alltag von 1750 bis 1975.

In der Möllner Altstadt

Gegenüber dem Historischen Rathaus befindet sich das **Eulenspiegel Museum**. In einem sorgfältig renovierten Fachwerkhaus von 1582 werden Gemälde, Grafiken und Plastiken gezeigt, die Till Eulenspiegels Leben und Wirken illustrieren.

Am Ostrand der historischen Altstadt erhebt sich auf dem Klüschenberg ein Aussichtsturm, ein ehemaliger **Wasserturm**. Von hier aus hat man einen herrlichen Ausblick auf die Stadt und ihre Umgebung. Im Turm selber ist eine interaktive naturkundliche Ausstellung eingerichtet. An diesem Aussichtsturm kommt man vorbei, wenn man sich auf den Weg zum nahe gelegenen Wildpark begibt. Der Park liegt zwar noch auf dem Stadtgebiet von Mölln, doch besucht man ihn am besten im Rahmen eines Ausflugs in die wunderschöne Natur, von der die Stadt umgeben ist. Und man tut das auf Seite 84.

Altstadt-Café
Eines von mehreren Cafés im historischen Stadtkern mit Außenterrasse.
Mühlenplatz 5
Tel. (0 45 42) 14 14
Tgl. 10–18 Uhr

Mölln P+R

Start
Mölln
R21 alle 60 Min. ab Büchen (Anschluss von Hamburg mit R20 alle 120 Min.)

Radtour
von Mölln nach Gudow

Länge
ca. 19 km einfach

Karte ▸ Seite 91

Möllner Seen

Seen satt

Wie viele Seen sich in der Umgebung der Eulenspiegelstadt Mölln inmitten der waldreichen Landschaft nun genau befinden, vermag niemand verbindlich zu sagen.

Bei einer Tour entlang der sich von Mölln in südlicher Richtung erstreckenden Seenkette sollte man mit einem Besuch des **Wildparks Mölln** beginnen. Ein Fußweg von etwa 15 Minuten führt den Ausflügler vom historischen Stadtkern (▸ Seite 82) vorbei an einem Aussichtsturm zum Haupteingang des Wildparks. Die weitläufig angelegten Gehege sind harmonisch in die Landschaft eingebunden. Ein beliebter Anlaufpunkt für Eltern mit Kindern ist die Sonnenwiese mit dem großen Spielplatz. Daneben sind in einem Findlingsgarten 40 Steine zu sehen, darunter auch ein echter Gigant mit einem Gewicht von 44 Tonnen.

Der Weg, auf dem man nun in südlicher Richtung radelt, ist wildromantisch. Er windet sich in zahllosen Biegungen durch die Landschaft und führt dabei oft direkt an Seeufern vorbei. Wegen der vielen Windungen ist die Strecke allerdings nicht nur besonders schön, sondern auch deutlich länger: Statt der 10 km Luftlinie bis Gudow, dem Endpunkt der Seenwanderung, sind es im Gelände fast das Doppelte.

Der erste See auf der Strecke ist der **Schmalsee,** ein kleiner, tatsächlich sehr schmaler See, der sich in Nord-Süd-Richtung erstreckt. Er wird, wie die meisten Seen dieser Tour, vom Hellbach durchflossen, der die Seen miteinander verbindet. Der Wanderweg folgt dem Verlauf des Westufers und führt somit zwangsläufig zum **Lüttauer See,** in den der Schmalsee übergeht. An der Einmündung des Schmalsees in den Littauer See befindet sich schon die erste Badestelle namens Rolandseck. Es folgen weitere Badestellen am Westufer des Sees, an dem unser Weg nun entlangführt. Alle Badestellen sind frei zugänglich, nicht überlaufen und sehr idyllisch.

Möllner Wildpark
30 heimische Tierarten.
Birkenweg
Tel. (0 45 42) 80 31 62
Tgl. von 7.30 Uhr bis zum Einbruch der Dunkelheit
Eintritt frei, Spende erwünscht

Am Schmalsee bei Mölln

Weiter geht es am Hellbach entlang, der hier die Verbindung zum größeren, lang gestreckten **Drüsensee** herstellt. Der Drüsensee weist mit einer Insel, die in seiner Mitte aufragt, eine hübsche Besonderheit auf. Südlich des Drüsensees wandert man nun weiter dem Hellbach folgend Richtung Süden, doch berührt der Bach zunächst keine weiteren Seen. Trotzdem befinden sich östlich des Bachlaufes drei kleine malerische Seen, eingebettet in die Waldlandschaft Lehmrader Tannen: der **Krebssee,** der **Lottsee,** an dem der Weg direkt vorbeiführt, und der **Schwarzsee.**

Nachdem sich der Hellbach etwas verbreitert hat, nimmt er eine scharfe Biegung. Genau das machen wir nicht, sondern folgen dem ausgeschilderten Wanderweg. Der Hellbach mündet bald in den **Sarnekower See** und anschließend in den **Gudower See,** den – hat noch jemand mitgezählt? – richtig: den achten und letzten See der heutigen Tour. Am Gudower See bieten noch einmal diverse Badestellen Gelegenheit zu einer abschließenden Erfrischung. Danach haben wir die Wahl, ob wir nach Büchen weiter- oder nach Mölln zurückradeln.

Richtung Lübeck

R21

Ratzeburg P+R

Start
Ratzeburg
R21 alle 60 Min. ab Büchen (Anschluss von Hamburg mit R20 alle 120 Min.)

Zwei (Rad-)Rundwanderungen und Stadtbesichtigung
Umrundung des Küchensees, Umrundung des Ratzeburger Sees

Länge
ca. 7,5 km und 26 km

Ratzeburger Dom
Domhof 35
Tel. (0 45 41) 34 06
www.ratzeburgerdom.de
Tgl. außer bei kirchlichen Handlungen
Mai–Sept. 10–18 Uhr
Okt.–Apr. 10–16 Uhr und Mo geschlossen
Eintritt frei, Führung 3 €

Ratzeburg

Ratzeburg nicht nur für Ruderer

Ratzeburg und Ruderer sind untrennbar miteinander verbunden. Zwar ist der legendäre Goldachter mittlerweile Geschichte, doch zehrt die Stadt am gleichnamigen See noch immer von dem Ruf als Rudermetropole. Dabei lohnt ein Besuch auch für Ausflügler, die mit dieser Sportart nichts am Hut haben.

An Karl Adam, dem berühmtesten Rudertrainer aller Zeiten, kommt man allerdings nicht vorbei in Ratzeburg. Das heißt, man kommt an ihm vorbei auf dem Weg vom Bahnhof in den historischen Stadtkern: Sein Denkmal steht am Lüneburger Damm, der Verbindung zwischen dem Festland und der Insel, auf der sich das historische Ratzeburg befindet. Der Damm trennt den Ratzeburger See vom sehr viel kleineren Küchensee, auf dem sich auch die Regattastrecke befindet. Während man auf dem Damm rechts das Karl-Adam-Denkmal und den Küchensee sieht, geht der Blick nach links weit über den Ratzeburger See und die Altstadtinsel, auf der sich der Dom majestätisch erhebt. Außerdem dehnt sich zur Linken die Schlosswiese, eine Grünanlage am Ufer des Ratzeburger Sees. Hier, wo sich einst eine Wehranlage befand, ist eine Badestelle angelegt, und die Ausflugsdampfer stechen von hier aus in See.

Die **Altstadt** lag ursprünglich, also zur Zeit der Stadtgründung im Jahre 1261, auf zwei Inseln zwischen dem Ratzeburger See und dem Küchensee: der Dom mit Nebengebäuden auf der einen, die eigentliche Stadt auf der anderen; im Laufe der Zeit wuchsen die Inseln zu einer zusammen.

Der **Dom,** an der Nordspitze der Altstadtinsel gelegen, ist der älteste romanische Backsteindom Norddeutschlands. Die Kirche wurde 1154 von Heinrich dem Löwen gestiftet, ihre ältesten Teile wurden noch vor dem Lübecker Dom errichtet. Beendet wurde der Bau um 1220. Das Mittelschiff ist 17 m hoch, die Kreuzigungsgruppe stammt aus dem 13. Jahrhundert, das Chorgestühl aus dem 14. Jahrhundert. Aus dem Mittelalter sind Grabplatten erhalten, und an der Südwand befindet sich in schwarz getöntem Holz die Loge der Herzöge von Sachsen-Lauenburg aus dem Jahre 1637, der sogenannte Lauenburger Chor.

Hinter dem Dom liegt das **Domkloster** von 1250, das noch viel von dem mittelalterlichen Charme ausstrahlt, der sicher einmal die ganze Anlage beseelt haben mag. Kreuzgang, Kapitelsaal, Refektorium und Dormitorium sind von der Seeseite her zugänglich. Im Klosterinnenhof findet sich ein Kunstwerk jüngeren Datums: die Plastik „Bettler auf Krücken" von Ernst Barlach. Westlich des Domes schließt sich der ehemalige Sitz des Bischofs an, darunter das Steintor, ein Backsteinbau aus dem 12. Jahrhundert, dessen Aufgabe es war – und ist – den Druck abzufangen, der durch den schweren Domturm an der Flanke der Erhebung, auf der der Dom errichtet wurde, entstand. Ein statischer Taschenspielertrick sozusagen.

In der benachbarten **Propstei,** dem ehemaligen Herrenhaus von Herzog Adolf Friedrich IV. von Mecklenburg aus dem Jahre 1764 mit seiner klassizistischen Fassade, ist heute das **Kreismuseum** untergebracht. Im 1. Obergeschoss ist die Rokoko-Ausstattung von 1766 bewahrt geblieben.

Aqua Siwa
Schwimmhalle im Kurpark am Küchensee an der Freibadestelle.
Fischerstraße
Tel. (0 45 41) 48 22
Die häufig wechselnden Öffnungszeiten und Eintrittspreise bitte erfragen

Erlebnisbahn Ratzeburg
Außergewöhnliche Touren durch den Naturpark Lauenburgische Seen auf muskelkraftbetriebenen Fahrzeugen.
Im Bahnhof im Zug
23909 Schmilau
Tel. (0 45 41) 89 80 74
www.erlebnisbahn-ratzeburg.de

Kreismuseum in der Probstei
Domhof 12
Tel. (0 45 41) 8 60 70
www.kmrz.de
Di–So 10–13 + 14–17 Uhr
2 €, erm. 1 €, bis 13 Jahre 0,50 €, Familienkarte 3 €

Ratzeburger See

Ratzeburger Dom

A. Paul Weber-Museum
Domhof 5
Tel. (0 45 41) 86 07 20
www.weber-museum.de
Di–So 10–13 + 14–17 Uhr
2 €, erm. 1,50 €,
bis 13 Jahre 1 €, Familienkarte 5 €

Zwei weitere Sehenswürdigkeiten im Schatten des Doms sollen nicht unerwähnt bleiben: Nämlich das ehemalige **Haus Mecklenburg** im Domhof 41, erbaut 1690, ist ein schön restauriertes Fachwerktraufenhaus. Nachdem es im 18. und 19. Jahrhundert als „Official-Haus" und „Domkaserne" diente, ist es nun Sitz der Stiftung Mecklenburg und des Zentrums für Niederdeutsch für Holstein. Es ist Ausstellungs- und Veranstaltungsort und beherbergt eine Bibliothek mit plattdeutscher Gegenwartsliteratur. Im Domhof 5, einem Gebäude aus dem 17. Jahrhundert, hat das **A. Paul Weber-Museum** Quartier bezogen. Der Zeichner A. (=Andreas) Paul Weber (1893-1980) ist mit seinen zeitkritischen Grafiken berühmt geworden. Auch viele, denen der Name nichts sagt, werden seine Werke kennen, denn sie sind oft im Zusammenhang mit aktuellen gesellschaftlichen Problemen veröffentlicht worden.

Nicht mehr im Dom-Areal, sondern im Kern der historischen Stadt erinnert ein weiteres Museum an einen anderen großen Sohn der Stadt: Ernst Barlach. Barlach wurde in Wedel geboren und hat dort auch sein verdientes Museum bekommen (▸ Seite 173). Er starb in Güstrow, wo gleich zwei Ausstellungen an ihn erinnern. Doch in Ratzeburg steht das Haus seines Vaters, in dem er aufwuchs und seine prägenden Eindrücke erhielt. Dieses 1840 erbaute Haus am Barlachplatz 3 beherbergt heute das **Barlach-Museum,** mit Werken des als Bildhauer berühmt gewordenen vielseitigen Künstlers.

Bei der Kirche neben dem Barlach-Museum handelt es sich um die **St. Petri-Kirche,** einen Bau aus dem 18. Jahrhundert, der auf einem schon im 13. Jahrhundert errichteten Vorgängerbau fußt. Auffällig ist das seltene Querschiff dieser Stadtkirche. Im alten Stadtkern haben sich daneben noch als steinerne Zeugen der Vergangenheit das Kreishaus von 1721, das Alte Rathaus von 1843

Badestellen im Stadtbereich:

- Schlosswiese am Ratzeburger See,
- im Kurpark am Küchensee und
- Liegeweise Farchau am Südufer des Küchensees.

Alle Badestellen sind ohne Eintritt frei zugänglich und bei großem Betrieb beaufsichtigt.

Am Westufer des Ratzeburger Sees befinden sich diverse Badestellen, einige – besonders solche in Ortschaften – verfügen über sanitäre Anlagen und Bewachung, auch diese Badestellen sind frei und ohne Eintritt zugänglich.

und die Alte Wache erhalten. Das Neue Rathaus ist in der ehemaligen Gelehrtenschule von 1847 untergebracht. Der Blick auf dieses jetzt wieder im hellen Ocker leuchtende Gebäude wird leider durch den davor liegenden Parkplatz sehr beeinträchtigt.

Neben dem Neuen Rathaus verläuft eine Straße mit dem bemerkenswerten Namen Demolierung. Er geht auf die Dänen zurück, die 1816 die barocke Festungsanlage schleiften, die sich hier befand. Auch an der einzigen wirklichen Katastrophe in der langen Geschichte Ratzeburgs sollen die Dänen schuld sein. Im Jahre 1693 brannte die Stadt fast ganz nieder, angeblich legten die Dänen die Lunte. Auf jeden Fall ist dadurch in Ratzeburg von dem mittelalterlichen Flair, wie man es noch in Mölln (▸ Seite 82) verspürt, nichts erhalten.

An der Südseite der Altstadtinsel verläuft am Ufer des **Küchensees** eine Grünanlage, der man den Titel Kurpark verliehen hat; schließlich ist Ratzeburg anerkannter Luftkurort. Schöner als ein Spaziergang im Kurpark ist eine Umrundung des ganzen Küchensees. Auf schönen Wegen geht es dabei am Ufer entlang meist durch Grünanlagen und Gehölze. Überall bieten sich interessante Ausblicke über den See. Zwei Stunden sollte man bei gemütlicher Gangart für die etwa 7,5 km lange Seeumrundung einplanen.

Anders sieht es bei einer Wanderung um den **Ratzeburger See** aus. Hier bietet sich auch eine Radtour zur Bewältigung der ca. 25 km langen Strecke an. Wer sich mit dem halben Weg begnügen möchte, dem gilt die Empfehlung, am Westufer bis zur nördlichen Spitze des Ratzeburger Sees zu wandern oder zu radeln und sich von hier, von dem Ort Rothenhusen aus, mit dem Dampfer, der auch Fahrräder befördert, zurück nach Ratzeburg schippern zu lassen.

Ganz Bequeme nehmen von einem der Orte am Seeufer – etwa von Groß Sarau – den Bus der Linie 8710 (Montag bis Freitag alle 60 Minuten, Samstag und Sonntag alle 120 Minuten) und fahren direkt zum Bahnhof Ratzeburg.

Fährhaus Athen
Traditionsreiches Ausflugslokal mit traumhaftem Blick übers Wasser in griechischer Hand. Mit großer Sommerterrasse.
Königsdamm 2
23909 Ratzeburg
Tel. (0 45 41) 87 07 90
www.faehrhaus-athen.de
Sommer
Mo–Sa 12–14.30 + 17–23,
So 12–23 Uhr
Winter
Mo + Mi–Fr 17–23 Uhr,
Sa 12–14.30 + 17–23,
So 12–23 Uhr

Ernst-Barlach-Museum
Barlachplatz 3
Tel. (0 45 41) 37 89
Apr.–Nov. Di–So 11–17 Uhr
5 €, erm. 4 €

Schifffahrt Ratzeburger See
Schlosswiese 6
Tel. (0 45 41) 79 00
www.schiffahrt-ratzeburg.de

In der Saison verschiedene Liniendienste und Rundfahrten, Start jeweils Schlosswiese.
Zum Beispiel:

Fahrt nach Rothenhusen
am Nordufer des Ratzeburger Sees mit mehreren Stopps unterwegs (45 Min. 8 €, bis 14 Jahre 5 €)

Domseerundfahrt
mit schönem Sightseeing vom Wasser aus (30 Min. 4 €, bis 14 Jahre 2 €, Fahrradmitnahme 1,50 €)

Start
Ratzeburg
R21 alle 60 Min. ab Büchen (Anschluss von Hamburg mit R20 alle 120 Min.)

(Rad-)Wanderung
von Ratzeburg nach Mölln

Länge
ca. 12 km

Rückfahrt
Mölln R21 alle 60 Min. bis Büchen (Anschluss nach Hamburg mit R20 alle 120 Min.)

Badestelle Pinnsee
Malerisch im Wald gelegen, frei zugänglich und ohne Bewachung oder Infrastruktur.

Bei Fredeburg gibt es ein Wisentgehege

Von Ratzeburg nach Mölln

Wälder, Wiesen, Wisente

Die Ausflugsziele Ratzeburg und Mölln sind jedes für sich einen Besuch wert. Naturfreunde schwärmen allerdings eher von der schönen Umgebung der beiden historischen Städte. Eine ideale Kombination zwischen Stadtbesichtigung und Naturerleben stellt eine Tour von Ratzeburg nach Mölln dar.

Vom Bahnhof Ratzeburg sollte man – auch wenn eine Ratzeburgbesichtigung nicht auf dem Programm steht – über die Bahnhofsallee zum Lüneburger Damm und zur dortigen Schlosswiese radeln oder wandern. Schließlich hat man hier nicht nur einen herrlichen Blick über den **Ratzeburger See** und auf die **Altstadtinsel** mit dem Dom – und kann zu Hause zumindest sagen, man habe Ratzeburg gesehen –, es beginnt hier auch ein schöner Weg am Westufer des **Küchensees** – eine Alternativstrecke des Radfernwegs „Alte Salzstraße" zwischen Lübeck und Lüneburg. Zwei Wege namens „Alte Salzstraße" verbinden die beiden Hansestädte. Die Hauptroute verläuft über Mölln und Lauenburg. Eine Nebenroute, die den Naturpark Lauenburgische Seen durchquert, streift Ratzeburg.

Die Strecke führt in südlicher Richtung nach **Farchau,** das am Südufer des Küchensees gelegen ist. An der Liegewiese Farchau kann man schon das erste Bad auf unserer heutigen Tour nehmen. Von Farchau geht es nun in westlicher Richtung nach **Fredeburg.** Hier stößt man auf ein Wisentgehege. Die mächtigen Zotteltiere stehen etwas phlegmatisch herum, sind aber gleichwohl sehr eindrucksvoll.

Der Weg führt weiter auf der „Alten Salzstraße" nach Süden durch den Farchauer Forst. Nach 3 km muss man sich entscheiden, ob man nach rechts abbiegt und auf direktem Weg nach Mölln hineinwandert oder -radelt, oder ob man auf dem Fernradweg bleibt und sich weiter nach Süden hält, wobei die Straße von Schmilau nach Mölln überquert wird. Das sollte tun, wer vor dem Besuch der Stadt Mölln (▸ Seite 82) noch ein Bad nehmen möchte.

Nach 3 km biegt nach links ein Weg zum **Pinnsee** ab. Dieser kleine, ganz von Wald umgebene See ist eine der lauschigsten Badestellen der Gegend – und das will bei der großen Konkurrenz an Seen und Badestellen schon etwas heißen. Der See ist ein Überbleibsel aus der letzten Eiszeit.

Hoffentlich gut erfrischt geht es vom Pinnsee in westlicher Richtung durch den Wald zur Eulenspiegelstadt Mölln. Die erreicht man auf jeden Fall, ob nun auf dem kurzen Weg oder über den Umweg über den Pinnsee am Ufer des Schulsees entlang. Zu verfehlen ist der historische Stadtkern nicht, schließlich weist uns der Turm der St. Nikolai-Kirche den Weg. Nach soviel Naturerleben schadet es nun nicht, einmal ein mittelalterliches Freilichtmuseum zu erkunden.

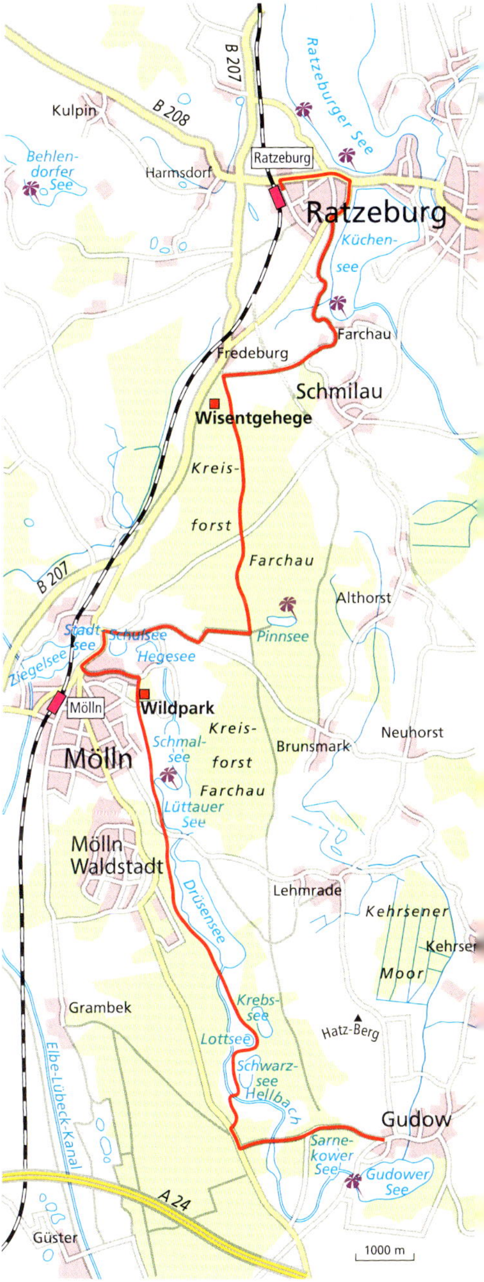

Mölln P+R

Start
Mölln
R21 alle 60 Min. ab Büchen (Anschluss von Hamburg mit R20 alle 120 Min.)

Radtour
am Elbe-Lübeck-Kanal nach Lauenburg

Länge
ca. 34 km
(bis Büchen ca. 24 km)

Rückfahrt
Lauenburg
R21 alle 60 Min.
oder
Büchen
R20 und R21
alle 120 Min.

Elbe-Lübeck-Kanal

Immer am Kanal lang

Bei Kanälen denkt man oft zuerst an breite zubetonierte Wasserautobahnen. Dass es auch Kanäle ganz anderer Art gibt, nämlich richtig idyllische Wasserläufe, beweist der Elbe-Lübeck-Kanal.

Der 62 km lange Kanal wurde Ende des 19. Jahrhunderts von der Stadt Lübeck angelegt, um eine Verbindung zur Elbe zu schaffen. Die Konkurrenz war der Nord-Ostsee-Kanal. Der Verlauf des Elbe-Lübeck-Kanals folgt im Großen und Ganzen dem alten Stecknitz-Kanal, einem der ältesten Kanäle Europas, der für den Salztransport im Mittelalter wichtig war. Der Elbe-Lübeck-Kanal ist nur 2 m tief und daher eigentlich nur für Freizeitkapitäne interessant. Und für Radwanderer, denn am nördlichen Abschnitt seines meist malerischen Ufers verläuft die Hauptroute des Radfernwanderwegs **„Alte Salzstraße"**.

Der Kanal weist nur ein geringes Gefälle auf, so dass man zwischen Lübeck und Lauenburg mit sieben kleineren Schleusen auskam.

In Mölln allerdings, unserem heutigen Startpunkt, verläuft der Radfernweg noch nicht am Kanalufer. Aber das macht nichts, denn ein Radweg führt direkt am westlichen Kanalufer entlang von Mölln nach **Güster** und zu der hier entstandenen „Freizeitwelt Güster". Der größte See, der **Prüßsee,** an dem der Badestrand liegt, hat eine ausgezeichnete Wasserqualität, denn im See befinden sich Tausende von Grundwasserquellen.

Kurz hinter Güster macht der ansonsten beinah schnurgerade verlaufende Kanal eine Schleife. Am Beginn dieser Krümmung befindet sich die Zienburger Schleuse. Die Kanalbiegung endet in der beschaulichen Ortschaft **Siebeneichen**.

Am Kanalufer geht es zügig an der von Gewerbe geprägten Kleinstadt **Büchen** vorbei. Hinter Büchen teilen wir das Kanalufer mit einer Bahnstrecke, jedenfalls bis Dalldorf. Vorher haben wir schon bei **Witzeeze** die Doppelschleuse Witzeezer Schleu-

Restaurant Café Seepavillon am Prüßsee
Am Prüßsee 35
21514 Güster
Tel. (0 41 58) 88 11 21
Mai–Sept. tgl. 11–22 Uhr, in der übrigen Jahreszeit nach Bedarf

Freizeitwelt Güster
Großzügige Freizeitanlage mit Campingplatz und Badestrand.
www.freizeitwelt-guester.de

Badestrand Prüßsee
Saisonal bewacht, Nichtschwimmerbereich.

se und Niebuhr-Schleuse passiert. Und haben befriedigt festgestellt, dass die Wasserwanderer durch die Schleuserei doch etwas gehandicapt sind. Jede Schleuse bietet uns die Möglichkeit, bei der Wettfahrt, die sich zwischen Wasser- und Radwanderern oft ganz von selbst entwickelt, Boden gut zu machen.

Aber wir sind ja schon in **Dalldorf,** wo wir das Kanalufer wechseln und uns von den Bahngleisen verabschieden. Am östlichen, von uns aus gesehen linken Kanalufer entfernt sich der Radweg nach einiger Zeit vom Kanal, doch stößt er bei der Palmschleuse wieder an die Wasserstraße. Die **Palmschleuse,** kurz vor der Mündung des Kanals in die Elbe bei Lauenburg, ist die letzte Schleuse des Kanals. Vor allem aber ist sie die älteste erhaltene Kammerschleuse Nordeuropas und ein wertvolles Denkmal der Technikgeschichte.

In Lauenburg (▸ Seite 94) an der Elbe lohnen die Altstadt am unteren Elbufer und das Schloss, hoch auf dem Steilufer gelegen, unbedingt einen Besuch. Man ist in wenigen Minuten von der Schleuse in der Stadt – zumindest, wenn man mit dem Fahrrad unterwegs ist. Die Wasserwanderer haben wir jedenfalls an der Palmschleuse endgültig abgehängt.

Start
Lauenburg
SchnellBus 31 alle 20–60 Min. von Hamburg
oder
R21 alle 60 Min. (in Büchen Anschluss von Hamburg mit R20) alle 120 Min.
oder
Bus 8860 Mo–Fr alle 60–120 Min. von Schwarzenbek, Sa 4 Fahrten

Stadtbesichtigung
Schloss – Schifferstadt – Alte Mühle

Rückfahrt
R21 alle 60 Min., R20 alle 120 Min.

Lauenburg

Der andere Blick auf die Elbe

Als Hamburger ist man es gewöhnt, die Elbe als mächtigen Strom und wichtige Schifffahrtsstraße der Ozeanriesen wahrzunehmen. Seine malerische Seite zeigt der Fluss einige Kilometer landeinwärts: In Lauenburg hat sich mittelalterliche Idylle in grüner Umgebung erhalten.

Was die historische Schifferstadt für einen Ausflug von Hamburg aus zusätzlich attraktiv macht, ist der Bus der Linie 31. Er bringt Besucher direkt von der Hansestadt ins Zentrum Lauenburgs. Allerdings zeigt sich die Stadt vom Busfenster aus zunächst nicht von ihrer schönsten Seite. Doch der erste Eindruck trügt. Am Kiosk des ZOB, der Endhaltestelle des Busses, kann man sich einen kostenlosen Übersichtsplan besorgen und sich damit auf den Weg machen zu den idyllischen Orten Lauenburgs. Und die beginnen schon unmittelbar hinter dem Busbahnhof. Dort nämlich führt die Friedrichsbrücke zum **Lauenburger Schloss** und zum **Fürstengarten.**

Zum alten Schifferhaus
Restaurant im Fachwerkhaus mit großer Terrasse.
Elbstraße 114
Tel. (0 41 53) 5 86 50
www.schifferhaus.de
Tgl. 12–23 Uhr, Jan.–März von 14–17 Uhr geschlossen

Schlossturm
Amtsplatz 1
März–Okt. tgl. 9–18 Uhr
Eintritt frei

Lauenburger Schloss

Das Schloss erhebt sich an der Kante des Hochufers der Elbe, dort, wo schon vor über 800 Jahren die Askanierherzöge eine fast uneinnehmbare Burg anlegten. Fast uneinnehmbar, denn im Verlauf der Jahrhunderte und der bewegten Geschichte Lauenburgs wurde die Burg mehrmals erobert und zerstört. Der Fachwerkbau des heutigen Schlosses ist daher sehr viel jünger, wenngleich natürlich auch ein historischer Bau. Nur der wuchtige Schlossturm, der gesondert steht, ist tatsächlich ein Überrest des Burgfrieds der Askanier.

Was aber Besucher mehr noch als die historischen Bauten in den Bann zieht, ist der überwältigende Blick von den terrassenartig angelegten Grünanlagen vor dem Schloss. Von der hohen Warte kann man weit über die Elbe und tief nach unten auf die Dächer der Unterstadt am unteren Elbufer sehen. Zu dieser Unterstadt, dem eigentlichen historischen Lauenburg, gilt es jetzt herabzusteigen. Hohler Weg, Wallweg, Fährtreppe und Graben heißen die Wege zum Abstieg in die Altstadt. Auch ein Abstecher durch den benachbarten Fürstengarten bietet sich an, von dort geht es über den Großen Sandberg steil nach unten.

Die Elbstraße in Lauenburgs Unterstadt

Der historische Schatz Lauenburgs sind die Fachwerkhäuser des 16. und 17. Jahrhunderts in der **Unterstadt,** die auch Schifferstadt genannt wird. Noch heute zeugen die prachtvollen Giebel von der einstigen wirtschaftlichen Bedeutung der schon 1260 erstmals urkundlich erwähnten Stadt. Schließlich war Lauenburg ein wichtiger Platz an der Alten Salzstraße zwischen Lüneburg und Lübeck. Diese Vergangenheit würdigt auch „Der Rufer". Die bronzene Symbolfigur Lauenburgs stammt vom Möllner Bildhauer Karlheinz Goedtke und grüßt von ihrem Platz an der Elbstraße vorbeifahrende Schiffe und Reisende.

Während eines Spaziergangs durch die verwinkelten Gassen der Altstadt kann der Besucher die Atmosphäre vergangener Zeiten schnuppern. Das heißt, er könnte sie schnuppern, wären da nicht die vielen Autos, die sich durch die engen Gassen quälen. So schnuppert man leider allzu oft Abgase. Unter sich sind die Fußgänger nur an der Elbuferpromenade. Den Besuchern sei mitgeteilt, dass die Promenade im Frühjahr regelmäßig knietief unter Wasser steht.

Elbschiffahrtsmuseum
Elbstraße 59
Tel. (0 41 53) 59 99 35
www.elbschiffahrtsmuseum.de
März–Okt. tgl 10–17 Uhr
Nov.–Febr. Mi, Fr, Sa/So 10–13 + 14–17 Uhr
1 €, erm. 0,50 €

Raddampfer
Der 1900 gebaute Raddampfer „Kaiser Wilhelm" ist von Mai–Sept. an den Wochenenden zu bestaunen. Wer mag, kann nostalgische Fahrten auf der Elbe unternehmen: www.elbschiffahrtsmuseum.de
Fahrten durch die Elbtalaue zwischen Lauenburg und Bleckede

Schifffahrten auf der Elbe
Reederei Helle
Elbstraße 117
28481 Lauenburg
Tel. (0 41 53) 59 28 48
www.reederei-helle.de
und
Personenschifffahrt
Jürgen Wilcke
Buchenweg 14
21380 Artlenburg
Tel. (0 41 93) 62 85
www.personenschifffahrt-wilcke.de

Mühlenmuseum
Bergstraße 17
21461 Lauenburg
Tel. (0 41 53) 58 90
Tgl. ab 10 Uhr
2 €, erm. 1 €
Das Museum ist Teil des gleichnamigen Hotel-Restaurants **Lauenburger Mühle**
Mo–Fr 11–14 + 17–22 Uhr,
Sa/So 11–22 Uhr

„Der Rufer" auf seinem Platz an der Elbstraße

Zum Thema Elbe kann man bei einem Besuch des **Elbschiffahrtsmuseums** noch mehr erfahren. Die Ausstellung im ehemaligen Rathaus der Stadt, einem Backsteinbau aus dem 15. Jahrhundert, macht die uralte Verbindung von Stadt und Elbe deutlich. Vom Einbaum aus dem Jahre 1.000 bis zur modernen Schubeinheit reicht die Darstellung. Der ehemalige Ratskeller wurde zu einem Maschinenkeller umgestaltet, in den eine schmale Eisentreppe wie in einen Schiffsbauch hinabführt. Hier sind alle für die Elbschifffahrt typischen Maschinen – von der Dampfmaschine bis zum Dieselmotor inklusive Schaufelrad und Schiffspropeller – voll funktionsfähig erhalten. Auf Anfrage setzt ein Mitarbeiter die Exponate in Bewegung. Im ersten Obergeschoss wird eine stadtgeschichtliche Sammlung gezeigt.

Als steinernes Zeugnis von Frömmigkeit, die den Bürgern der Schifferstadt die bewegten Zeiten von Kriegen und Katastrophen zu überstehen half, erhebt sich neben dem Museum die **Maria-Magdalenen-Kirche.** Sie stammt ursprünglich von 1227, ist aber später in ihrem Äußeren erheblich verändert worden. Zurück zur Elbe: An die Uferpromenade schließt sich am Ende der Altstadt ein Uferweg an, der bis ins 10 km entfernte Geesthacht führt.

Als grünes Ziel für eine kleine Wanderung in Lauenburg bietet sich das Erholungsgebiet Hasenberg und Buchhorster Berge am nordöstlichen Stadtrand an. Vom Zentrum führt die Bergstraße direkt hinein. Hier findet sich auch die Alte Mühle. Sie beherbergt als letzte von einst acht Windmühlen heute ein kleines **Mühlenmuseum.** Wenn man nicht im anliegenden Hotel übernachten möchte, sollte man den Abend hier nicht allzu lang werden lassen; der letzte Direkt-Bus 31 zurück nach Hamburg startet täglich um 18:12 Uhr. Spätere Busse um 19:13 bzw. 20:13 Uhr (am Sa/So nur bis 19:13 Uhr) fahren nur bis Bergedorf, wo man in die S-Bahn umsteigen müsste.

Lauenburg – Winsen (Luhe)

Schönes Stück Elberadweg

Diese Tour führt über eine – allerdings recht kurze – Teilstrecke des beliebten Elberadweges. Doch bewegt sich der Radler diesmal weniger in der Abgeschiedenheit der Natur wie bei der Tour von Dahlenburg nach Lauenburg (▸ Seite 118). Dafür warten hier einige interessante Orte am Wegesrand darauf, erkundet zu werden.

Beginn der Tour ist Lauenburg, die malerische Stadt am Hochufer der Elbe, die schon für sich einen Ausflug lohnt (▸ Seite 94). Ob man nun die historische Altstadt einer Besichtigung unterzieht oder nicht, auf jeden Fall überquert man in Lauenburg die Elbe und radelt dann am linken Flussufer elbabwärts. Schon nach wenigen Kilometern zweigt von der Elbe der Elbeseitenkanal ab. Schnurgerade führt die Wasserstraße gen Süden; auf dem ebenso geraden Uferweg werden wir ein andermal unterwegs sein (▸ Seite 100). Stattdessen überqueren wir den Kanal und halten uns weiter ans Ufer der Elbe, um nach **Artlenburg** zu gelangen. Die Holländer-Windmühle des Ortes ist weithin sichtbar.

Der nächste Ort an der Strecke ist **Tespe,** der schon durch die malerische Lage am Elbufer sehenswert ist. Eine Rast kann man im Fährhaus Tespe einlegen. Eine reguläre Fähre jedoch, die Tespe mit dem gegenüberliegenden Ort Tesperhude verbindet, existiert nicht. Aber das macht nichts, denn das andere Ufer ist ohnehin recht reizlos, zumal man dort – von uns aus links von Tesperhude – das Kernkraftwerk Krümmel erkennen kann. Hinter dem Ort **Marschacht** kreuzt man die B 404, die hier über die Elbe führt. Vom kurzen Aussichtsweg entlang der B 404 hat man einen guten Blick auf die Fischtreppe und die Schleuse Geesthacht.

Stove heißt der nächste Ort, durch den der Elberadweg nun führt. Einmal im Jahr riecht es in dem kleinen Dorf so richtig nach Pferd – und das

Start
Lauenburg
SchnellBus 31 alle 20–60 Min. von Hamburg
oder
R21 alle 60 Min. (in Büchen Anschluss von Hamburg mit R20 alle 120 Min.)

Radtour
Lauenburg – Artlenburg – Tespe – Drennhausen – Drage – Stöckte – Winsen

Länge
ca. 34 km

Rückfahrt
Winsen R30 alle 60 Min.

Karte ▸ Seite 99

Fährhaus Tespe
Fischspezialitäten im schönen Gasthaus direkt am Elbufer.
Elbuferstraße 200
21395 Tespe
Tel. (0 41 76) 9 13 50
www.faehrhaus-tespe.de
Tgl. 12–22 Uhr, Di Ruhetag

Tourist-Information Winsener Elbmarsch
Schlossplatz 11
21234 Winsen/Luhe
Tel. (0 41 71) 66 80 75
www.winsen.de
Mo, Di, Do, Fr 10–13 + 14–18, Mi + Sa 10-15 Uhr
Mai–Okt. auch
So/Fei 10–13 + 14–18 Uhr

seit fast 140 Jahren. Von Anfang an war das Stover Rennen eine echte Pferdeleistungsschau – und ist es noch heute. Die Pferde kommen aus ganz Norddeutschland. Traber aus Hamburg, deutsche Reitpferde, vor allem aus der Hannoveraner Zucht, aber auch Ponys gehen auf der Stover Rennbahn an den Start (www.stover-rennen.de).

Weiter geht es durch **Drennhausen,** wo die Kirche aus dem 15. Jahrhundert sich mit schönen Fensterbildern schmückt, und durch Drage mit seinen idyllischen Fachwerk- und Fischerhäuschen nach Stöckte. Der kleine Hafen, die Fachwerkhäuser und Storchennester verleihen dem Ort seinen Charme. Bei dem Flüsschen, das in **Stöckte** in die Elbe mündet, handelt es sich nicht, wie viele meinen, um die Luhe, die dem nahe gelegenen Winsen seinen Namenszusatz gegeben hat – Winsen an der Luhe (und nicht etwa an der Aller) –, sondern um die Ilmenau. Die Luhe selbst mündet in die Ilmenau, knapp bevor diese in die Elbe fließt.

Nun muss sich der Ausflügler entscheiden, ob er weiter an der Elbe entlang bis zum Fähranleger Hoopte radelt, um von dort aus mit der Fähre zum Zollenspieker Fährhaus überzusetzen. In diesem Falle bietet sich – so noch Zeit und

Am Elberadweg zwischen Artlenburg und Stove

Enthusiasmus vorhanden sind – eine anschließende Erkundung des Gebietes der Vierlande an (▸ Seite 68). Andernfalls geht's am Ufer von Ilmenau und Luhe mitten hinein in die Altstadt von **Winsen.**

Dominiert wird die Altstadt von der **St. Marienkirche,** einem zweischiffigen Backsteinbau von 1406. Das zweite bedeutende Bauwerk des historischen Winsen ist das **Wasserschloss.** Die mächtige Dreiflügelanlage mit Wassergraben und Schlosspark geht auf das 13. Jahrhundert zurück. Seine heutige Gestalt erhielt sie Ende des 16. Jahrhunderts, als das Schloss Witwensitz der Herzogin Dorothea, einer dänischen Prinzessin, wurde.

Beachtung verdient aber unbedingt auch der dem Schloss benachbarte Marstall. Der ehemalige Pferdestall von 1599 ist bis heute fast unverändert erhalten. Der Fachwerkbau dient nun dem **Heimatmuseum** als Quartier. In diesem Museum wird neben der Geschichte der Stadt besonders an einen ihrer großen Söhne erinnert (eigentlich der einzige große Sohn): Johann Peter Eckermann wurde 1792 am Ufer der Luhe geboren. Als Adlatus (oder wenn man will als Gefährte) Goethes wurde er bekannt und ging dank seiner „Gespräche mit Goethe" selbst in die Literatur ein. Zu seinem 100. Todestag wurde ihm 1954 neben der Marienkirche ein kleines Denkmal errichtet.

Lüneburger Heide-Express
Museumsbahn
Sonderfahrten auf verschiedenen Strecken (z. B. Winsen – Amelinghausen)
Touristik Eisenbahn Lüneburger Heide GmbH
Lüner Damm 26
21337 Lüneburg
Tel. (0 41 31) 85 18 01
www.heide-express.de
Gemütliche Bahnfahrt in Oldtimerzügen

Museum im Marstall
Schlossplatz 11
21423 Winsen/Luhe
Tel. (0 41 71) 34 19
Di–So 10–18 Uhr
www.hum-winsen.de
Erw. 2 €, Kinder 1 €
Wirtshaus im Marstall
Tel. (0 41 71) 52 71 16
www.marstall-winsen.de
Mi–Sa 12–22, So 12–18 Uhr

Start
Lauenburg
SchnellBus 31 alle 20–60 Min. von Hamburg oder
R21 alle 60 Min. (in Büchen Anschluss von Hamburg mit R20 alle 120 Min.)

Radtour
Lauenburg – Schiffshebewerk Scharnebeck – Lüneburg

Länge
ca. 23 km

Rückfahrt
Lüneburg
R30 alle 60–120 Min.

Lauenburg – Lüneburg

Auf der Spur des Salzes

„Die Alte Salzstraße" nennt sich der Radfernweg von Lüneburg nach Lübeck. Tatsächlich gab es in alter Zeit eine wichtige Handelsstraße zwischen den beiden Wirtschaftszentren, auf der das weiße Gold von der Lüneburger Saline zum Ostseehafen Lübeck transportiert wurde. Allerdings ist vom alten Straßenverlauf heute nichts mehr zu sehen.

Stattdessen führt der heutige Hauptweg meist auf gutausgebauten Radwegen neben dem Elbe-Lübeck-Kanal und dem Elbe-Seitenkanal entlang. Zudem folgt die hier beschriebene Strecke eigentlich nicht der Spur des Salzes, sondern geht ihr entgegen – und auch das nur auf der letzten Strecke von der Elbe bis Lüneburg. Diese Tour eignet sich daher gut als Anschluss an die Tour Elbe-Lübeck-Kanal (▸ Seite 92).

Wir starten also in Lauenburg (▸ Seite 94), das schon für sich einen Besuch lohnt. Nach Überquerung der Elbe führt der Weg am Elbufer entlang durch Hohnstorf, um schon bald an den **Elbe-Seitenkanal** zu stoßen. Dieser 1976 eröffnete nord-südliche Schifffahrtskanal verläuft zwischen der Elbe und dem Mittellandkanal bei Edesbüttel westlich von Wolfsburg. Der Kanal ist für die sogenannten Europaschiffe mit einer Tragfähigkeit von 1350 Tonnen ausgelegt und überwindet auf seiner Gesamtstrecke von 115 km einen Höhenunterschied von 61 m. Der größte Höhenunterschied von 38 m wird beim **Schiffshebewerk Scharnebeck** bewältigt. Dahin gelangt man zwangsläufig bei der Fahrt entlang des Kanals. Schon von Weitem erkennt man die beiden sich über die flache Landschaft erhebenden Fahrstühle, mit denen die Schiffe hinauf- und hinabgefahren werden.

Wie dieses technische Wunderwerk genau funktioniert, erfährt der interessierte Laie in der benachbarten Ausstellungshalle des Hebewerkes. So wird grundsätzlich erklärt, was ein Schiffshebe-

Gasthaus Rose
Biergarten, Deutsche Küche, Spezialität Wild.
Echemer Straße 1
21379 Scharnebeck
Tel. (0 41 36) 4 00
www.gasthausrose.de
Mo, Di, Do 16–22,
Fr–So 11–22 Uhr

Restaurant Hohnstorfer Fährhaus
Elbdeich 35
21522 Hohnstorf
Tel. (0 41 39) 69 69-333
www.hohnstorfer-faehrhaus-hohnstorf-elbe.de
Sommer tgl. 12–22 Uhr
Winter Di–So 12–22 Uhr

werk eigentlich ist, nämlich „eine Vorrichtung in Binnenwasserstraßen und Kanälen zum Heben und Senken von Schiffen bei mehr als 8 m Höhenunterschied von einer Kanalsohle zur anderen; das Schiff wird in einen großen Trog gefahren, der senkrecht hochgehoben wird. Das Gewicht des Trogs einschließlich Wasser und Schiff ist bei gleichem Wasserstand immer gleich und wird durch Gegengewichte oder durch getauchte Auftriebskörper ausgeglichen. Deshalb werden zum Heben oder Senken nur kleine Kräfte und Leistungen benötigt.“ Wie das in der Praxis funktioniert, kann man hautnah erleben und sich dabei der Gefahr aussetzen, eine kalte Dusche abzubekommen.

Von **Scharnebeck** selbst bekommt der Besucher des berühmten Schiffshebewerkes übrigens nichts mit. Der beschauliche Ort, dessen Name erst durch das Schiffshebewerk bekannt geworden ist, liegt etwas östlich des Kanals. Unsere „Alte Salzstraße“ verläuft aber am Westufer des Kanals. Wer einen kurzen Abstecher nach Scharnebeck unternimmt, kann dort die von schönen Fachwerkhäusern umgebene Backsteinkirche, 1723 im Barockstil errichtet, besichtigen. In der Nachbarschaft stößt man auf die Reste eines alten Zisterzienserklosters aus dem 13. Jahrhundert.

So stolz die Scharnebecker auf ihre Architekturdenkmäler auch sein mögen, so stellen sie doch keinen Vergleich zu den Lüneburger Bauten dar. Und genau mitten hinein in dieses großartige Architektur-Ensemble führt jetzt der letzte Teilabschnitt des Radfernweges „Alte Salzstraße“ – Endhaltestelle historische Saline Lüneburg: Alle absteigen, bitte!

via Tipp

Schiffshebewerk Scharnebeck
Spektakuläres technisches Wunderwerk: ein Fahrstuhl für Schiffe im Elbeseiten-Kanal.

Tel. (0 41 36) 91 26 29 31
www.scharnebeck.de
15. März–31. Okt.
Tgl. 10–18 Uhr
1,50 € / 1 € / 0,50 €
Info-Bootsfahrten durchs Schiffshebewerk:
Reederei Helle
Tel. (0 41 53) 59 28 48
www.reederei-helle.de
Mai–Okt.
Di–So 11.30, 14 + 16 Uhr
8 €, bis 12 Jahre 5,50 €

Süden

Am Alten Hafen in Stade
▸ Seite 138

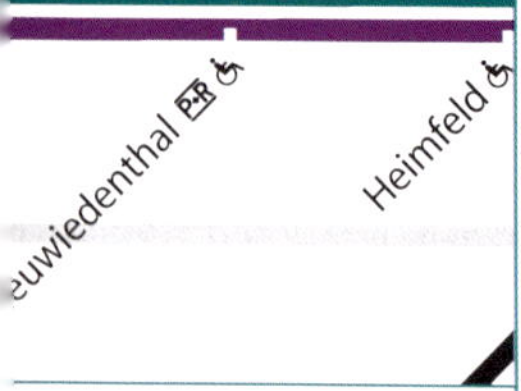

Start
Neuwiedenthal
S3 S31
alle 5–10 Min.

(Rad-)Wanderung
S Neuwiedenthal – Wildpark Schwarze Berge – Freilichtmuseum am Kiekeberg

Länge
ca. 8 km ohne Wildpark- und Museumsbesuch

Karte ▸ Seite 107

Schwarze Berge/Kiekeberg

Eine Zeitreise

Wie frühere Generationen gelebt und gearbeitet haben, das lässt sich in keinem anderen Museum so hautnah erleben wie im Freilichtmuseum am Kiekeberg. Und gleich nebenan im Wildpark Schwarze Berge werden heimische Wildtiere präsentiert – teilweise zum Anfassen, also hautnah (oder fellnah?).

Ein erlebnisreicher Tag ist garantiert, wenn sich Familien zu einem Ausflug in den Naturpark Schwarze Berge aufmachen. Ob man den Handwerkern im Freilichtmuseum am Kiekeberg über die Schultern schaut oder im Wildpark mit den Frischlingen, den Ferkeln der Wildschweine, spielt – für alle Interessens- und Altersgruppen ist etwas dabei.

Wer nicht direkt mit der Buslinie 340 ab S-Bahnhof Neuwiedenthal vor das Museum oder den Wildpark fahren möchte, der kann vom S-Bahnhof Neuwiedenthal etwa zwei Stunden lang durch den **Naturpark Neugrabener Heide** dorthin wandern. Mit dem Fahrrad geht es schneller, aber zum Teil sind die Waldwege schmal und holprig.

Vom S-Bahnhof Neuwiedenthal überqueren wir die Cuxhavener Straße und wenden uns nach links, um in den Scharpenbargsweg einzubiegen. An seinem Ende beginnt der mit einem blau-weißen Schild gekennzeichnete Wanderweg, dessen Beschilderung ansonsten sehr spärlich ist. Wir folgen dem weißen Pfeil und den drei großen weißen Buchstaben HNF, die an diverse Bäume gepinselt wurden. Als Orientierung dient auch, dass sich der Weg größtenteils an den Häusern vorbeischlängelt, die den Wald linker Hand begrenzen. Nach etwa 30 Minuten Gehzeit biegt der immer noch mit HNF gekennzeichnete Weg nach rechts ab. Gleichzeitig sehen wir an einem Baum den ersten Wegweiser zum Kiekeberg (ein gelber Pfeil mit der Aufschrift Ki). Dieser Ausschilderung folgen wir nun, bis weitere Schilder den Weg Richtung Kiekeberg bzw. Wildpark weisen.

Wildpark Schwarze Berge
21224 Rosengarten-Vahrendorf
Tel. (0 40) 81 97 74 70
Nov.–März 9–17 Uhr
Apr.–Okt. 8–18 Uhr
9 €, bis 14 Jahre 7 €
www.wildpark-schwarze-berge.de
Bus 340 etwa alle 60 Min. ab
S Harburg oder
S Neuwiedenthal

Kombi-Eintrittskarte Wildpark Schwarze Berge und Freilichtmuseum am Kiekeberg 15 €, bis 14 Jahre 7 €

Freigehege im Wildpark Schwarze Berge

Im **Wildpark Schwarze Berge** können die Besucher so ziemlich alle heimischen Wildtiere in natürlicher Umgebung, aber doch hautnah erleben. Hirsche, Rehe und Wildschweine, Dachse und Füchse, Marder, Iltisse und Frettchen – sie alle sind hier zu Hause. Heidschnucken und schottische Hochlandrinder würden wir zwar nicht zu den heimischen Wildtieren rechnen, gleichwohl zählen sie zum Angebot des Parks. Aus der Vogelwelt sind Eulen, Raben und Störche zu sehen. Nicht nur bei Kindern besonders beliebt ist das **Streichelgehege.** Immer wieder erstaunlich, wie zutraulich – um nicht zu sagen: aufdringlich – manche vermeintlichen „Wild"-tiere werden können.

Die gesamte Anlage ist mit Wegweisern und Erläuterungstafeln ausgestattet. Außerdem bietet der **Elbblickturm** einen guten Überblick über das Gelände des Wildparks. Ob man bei schönem Wetter wirklich bis zur Elbe sehen kann, möchten wir doch bezweifeln. Auf jeden Fall steht beim Elbblickturm eine Köhlerhütte, an deren ständig brennendem Feuer die Besucher ihre Würstchen selbst grillen können. Wer zufällig keine eigenen Würstchen dabeihat, kann sie am nahen Kiosk

via Tipp

Freilichtmuseum am Kiekeberg
Lebendige Darstellung des Landlebens vom 16. bis 19. Jahrhundert.
Am Kiekeberg 1
21224 Rosengarten-Ehestorf
Tel. (0 40) 7 90 17 60
www.kiekeberg-museum.de
Di–So 10–18 Uhr
9 €, unter 18 Jahre frei, an einigen Aktionstagen erhöhter Eintritt
Bus 340 etwa alle 60 Min. ab
S Harburg oder
S Neuwiedenthal

Stoof Mudders Kroog
Ländliche Gerichte nach historischen Rezepten, Sa/So Kuchen aus dem Museumsbackofen.
Auf dem Museumsgelände.
Tel. (0 40) 79 14 44 98
www.stoof-mudders-kroog.de
Tgl. außer Mo 11–23 Uhr

kaufen. Ein großer, aufwändig gestalteter Spielplatz sorgt zudem dafür, dass der Wildpark fast schon zu einem Vergnügungspark wird. Hardcore-Ökos mögen das beklagen, aber den Kindern ist es recht. Und den meisten Eltern auch.

Nur ein Katzensprung ist es vom Wildpark zum **Freilichtmuseum am Kiekeberg.** Direkt dorthin kommt man auch mit dem Bus 340 vom S-Bahnhof Harburg oder Neuwiedenthal aus, die Haltestelle ist das Museum Kiekeberg.

Der Kiekeberg, an dessen Fuße das Museum liegt, ist 127 m hoch und damit für Hamburger Verhältnisse tatsächlich ein Berg. Allerdings liegt er bereits in der niedersächsischen Gemeinde Rosengarten-Ehestorf. Das Freilichtmuseum ist berühmt für seine Besucherfreundlichkeit. Die Lebendigkeit, mit der das frühere Leben der Bauern und Handwerker dargestellt wird, hebt dieses Erlebnismuseum von vielen anderen, die sich nur aufs Konservieren und Präsentieren verlegen, ab. Eine Museumsatmosphäre im klassischen Sinne will gar nicht erst aufkommen.

Das Museum, das die Bau-, Sozial- und Kulturgeschichte des Landkreises Harburg so lebendig zeigt, entstand in den 50er Jahren als Außenstelle des Harburger Helms-Museums. Ursprünglich nur als Heidehofanlage geplant, wuchs es zu einem kompletten Heidedorf mit Gebäuden aus dem 16. bis 19. Jahrhunderts an. Als der Landkreis Harburg 1987 das Museum übernahm, wurde ein modernes Ausstellungsgebäude errichtet und der Freilichtteil durch Gebäude aus der Winser Marsch ergänzt.

Im Freilichtmuseum

Besucher betreten das Museum durch das 1803 erbaute Wagnersche Haus aus Oldershausen. Von dort führt ein Rundweg zunächst zum Ausstellungsgebäude. „Petticoat und Frontlader“ befasst sich mit den ländlichen Lebens- und Arbeitsverhältnissen um 1960 im Harburger Raum. Die Ausstellung „ZeitRäume“ zeigt die Geschichte der Region Harburg vor dem Hintergrund des Weltgeschehens. Vorbei am Fischteich geht es in einen Hohlweg, der als ökologischer Lehrpfad gestaltet ist.

Zurück am Eingang schlagen wir jetzt den Weg nach rechts ein. Er führt durch das Freigelände zum **Heidedorf** mit über 20 historischen Gebäuden, an denen sich der Wandel der ländlichen Lebensweise ablesen lässt. Der ursprünglich 1688 erbaute Honigspeicher vom Riepshof aus Otter wurde 1953 als erster Museumsbau errichtet. Die im Laufe der Jahre hinzugekommenen Bauten stellen in ihrer heutigen Anordnung Gehöfte und Dörfer dar, wie sie früher für diese Gegend charakteristisch waren. Um das einst 1797 in Kakensdorf erbaute Meybohmsche Haus, ein typisches Beispiel eines niederdeutschen Fachhallenhauses, eines sprichwörtlichen „Niedersachsenhauses“, gruppieren sich Speicher, Scheunen, Schafstall, Backhaus, Ziehbrunnen, der „Immenzaun“ mit aus Stroh geflochtenen Bienenkörben und der Wagenschauer – eine Frühform des Carport. Ferner beachtenswert sind der Corbelinsche Hof von 1697, der Silberhof von 1612 und eine Schmiede vom Ende des 18. Jahrhunderts.

Auf den Freiflächen wird Landwirtschaft mit historischen Geräten betrieben, angebaut werden alte Getreidesorten und Nutzpflanzen. Fester Bestandteil des Museumsangebotes an den Wochenenden sind Handwerksvorführungen.

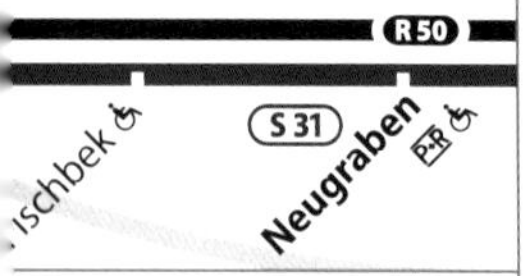

Fischbeker Heide

Durch Wald & Heide

Bei Neugraben fängt die Wildnis an. Und sie hört bei dieser Tour erst wieder in Buchholz auf. Von der Fischbeker Heide über die Schwarzen Berge durch Rosengarten und den Stuvenwald verläuft die Strecke durch urwüchsige Landschaft.

Start
Neugraben
S3 S31
alle 5–10 Min.

(Rad-)Wanderung
durch die Fischbeker Heide, die Schwarzen Berge und den Stuvenwald nach Buchholz

Länge
ca. 30 km

Rückfahrt
R41 Buchholz
alle 60 Min.

Karte ▸ Seite 107

Die Fischbeker Heide, südlich an Neugraben grenzend, ist tatsächlich ein Heidegebiet auf Hamburger Territorium. Schäfer weiden hier ihre Schnucken, an denen sich Spaziergänger, Wanderer und Radfahrer erfreuen. Vor der Erkundung des mit 770 ha drittgrößten Hamburger Naturschutzgebietes lohnt ein Besuch des Naturschutz-Informationshauses „Schafstall" Fischbeker Heide. Die Neugrabener Bahnhofstraße, die wir entlangradeln, wird zum Fischbeker Heideweg. Dort wo sie in einen Sandweg übergeht, befindet sich linker Hand neben einem Schafstall das Info-Haus. Anhand von Tafeln gibt es Aufklärung zu den Themen Landschaft, Kultur, Pflanzen- und Tierwelt in der Fischbeker Heide. Die wichtigsten Kleintiere und Vögel sind als Präparate ausgestellt.

Im Süden geht die Fischbeker Heide in die Schwarzen Berge über. Im Mittelalter war der Wald abgeholzt worden und Heide hatte sich ausgebreitet. Im 18. Jahrhundert wurde dann wieder zielstrebig aufgeforstet. Die Fischbeker und die Neugrabener Heide zeigen noch Reste der einstigen Vegetation.

Schon vom Naturschutz-Informationshaus Fischbeker Heide führen Hinweisschilder zum **archäologischen Wanderpfad,** der vom Hamburger Landesmuseum für Archäologie und die Geschichte Harburgs – Helms-Museum – angelegt wurde. Der Pfad führt zu zahlreichen Grabhügeln, an einem Urnenfriedhof und an Mergelkuhlen vorbei. Hinweistafeln erläutern die Stationen auch für den Laien verständlich.

Nach 10 km gelangt man westlich von **Sieversen** an die Rosengartenstraße. Man überquert

Naturschutz-Informationshaus „Schafstall"
Fischbeker Heideweg 43
Tel. (040) 7 02 66 18
Apr.–Okt.
Di–Fr 10–13, Sa 12–17 Uhr,
So 11–17 Uhr
Eintritt frei

Kajüte
Nur 1 km führt der Wanderweg an Alvesen vorbei. Einen Abstecher lohnt dieses Lokal mit seefahrtshistorischer Ausstattung. Fisch und Wildspezialitäten.
Am Rosengarten 4
Tel. (0 40) 7 96 32 71
www.kajuete-alvesen.de
Tgl. außer Mi 18–24,
So ab 12 Uhr

Infohäuschen „Schafstall" in der Fischbeker Heide

diese und fährt nach rechts ein kurzes Stück auf einem Radweg entlang der Straße und passiert dabei das Restaurant Waldschänke und die zurückliegende Revierförsterei Rosengarten in der Straße Boitzhoop. Kurz hinter dieser Privatstraße, die zur Försterei führt, biegt man nach links in den Wald ein. Hier startet die 13 km lange ausgeschilderte Trasse durch den **Stuvenwald.** Sie ist ein Traum für jeden Radler – schnurgerade, aber in ständigem Auf und Ab geht es Richtung Buchholz. Da es nur zwei Möglichkeiten gibt, den Stuvenwald mit dem Auto zu durchqueren – die Rosengartenstraße und die Autobahn –, bleibt diese Waldlandschaft den Wanderern und Radfahrern vorbehalten. Helle Laubwälder und dunkle Tannen wechseln sich ab.

Zur Orientierung: Die Autobahn A1 überquert man nach ungefähr der Hälfte der Strecke. Wie schnell man den Wald mit dem Rad durchfahren hat, wird einem erst so recht bewusst, wenn am Ende des Weges Schilder nach links nach Buchholz lotsen wollen. Nun gilt es zu entscheiden, ob man von Buchholz mit der Regionalbahn zurückfährt, oder ob man von der Fahrradtrasse so begeistert ist, dass man auf ihr gleich noch einmal, wieder zum Ausgangspunkt radelt.

Restaurant-Café Waldschänke
Kaffeegarten am Radweg Nähe Revierförsterei Rosengarten.
Rosengartenstr. 2
21224 Rosengarten
Mi–Fr 12–18 Uhr,
Sa/So 11.30–20 Uhr

Alaris Schmetterlingspark
Einheimische und exotische Schmetterlinge in Glashäusern. 2 km südlich des Buchholzer Bahnhofs.
Zum Mühlenteich 2
21244 Buchholz-Seppensen
Tel. (0 41 81) 3 64 81
www.alaris-schmetterlingspark.de
Apr.–Okt.
tgl. 9.30–17.30 Uhr
(im Okt. 10–17 Uhr)
7 €, Jugendliche 5 €, Kinder 4 €

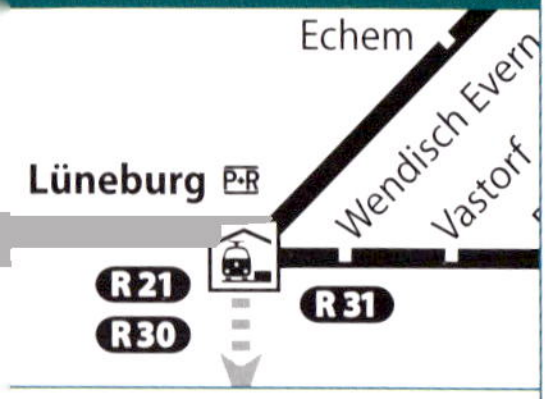

Start
Lüneburg
R30 alle 60 Min

Stadtbesichtigung

Karte ▸ Seite 113

Lüneburg

Weißes Gold

Auch Lüneburg ist mit der HVV-Fahrkarte von Hamburg aus bequem zu erreichen. Ein guter Anlass, der traditionsreichen Stadt am Rande der nach ihr benannten Heide einen Besuch abzustatten.

Ob man gleich nach der Ankunft in die schöne Altstadt eintaucht, will gut überlegt sein. Denn womöglich ist es günstiger, den am Bahnhof beginnenden Lüner Weg einzuschlagen, um in nur etwa 15 Minuten das nördlich der Altstadt gelegene **Kloster Lüne** zu erreichen und an der Klosterführung teilzunehmen.

Zeugnisse der christlichen Vergangenheit empfangen den Besucher auch, wenn er auf einer der beiden vom Bahnhof in die Altstadt führenden Straßen die Ilmenau überquert. Rechts vom Bahnhof führt die Lünertorstraße zur **St. Nikolai-Kirche,** links die Altenbrückertorstraße zur **St. Johanniskirche,** eine fünfschiffige Hallenkirche, die eine der bedeutendsten Bauten der norddeutschen Backsteingotik ist. Die Kirche bestimmt mit ihrem 108 m hohen Turm das Stadtbild und flankiert den Platz Am Sande mit seinen hübschen Giebelhäusern.

Gratis Audiotour auf hvv.de/audiotouren herunterladen

Lassen Sie sich von der Audiotour schon auf der Fahrt ab Hamburg Hauptbahnhof bis Lüneburg unterhalten und tauchen Sie ein in ein tolles Hörerlebnis!

Kloster Lüne

Das Kloster Lüne zählt heute zu den schönsten und ältesten Architekturdenkmälern der Stadt. 1172 ursprünglich als Nonnenkloster gegründet, wurde es 100 Jahre später in ein Benediktiner-Konvent umgewandelt. Von den damaligen Bauten ist nichts übrig geblieben, denn sie waren aus Holz errichtet und brannten mehrfach ab. Um 1400 begann man, die Bauten aus Backstein zu errichten. Die Anlage wurde immer mehr erweitert. Vieles davon kann man heute noch bewundern. Auch die Innenausstattung ist hervorragend erhalten und birgt viele Kostbarkeiten. Einer der Gründe für den augenscheinlichen Wohlstand

Kloster Lüne
Am Domänenhof
21337 Lüneburg
Tel. (0 41 31) 5 23 18
www.kloster-luene.de
1. Apr.–15. Okt. Di–So
Eintritt Kloster + Textil-Museum: 8 €, erm. 4 €, bis 16 J. 2 €
Kloster nur mit Führung (Dauer ca. 1 Std.)
Di–So 10.30, (So um 11.30), 14.30, 15.30 Uhr

Am Stintmarkt an der Ilmenau

Und noch ein weiterer Turm erhebt sich über die Altstadt: Der **Wasserturm,** der 1907 auf den Resten der mittelalterlichen Wallanlagen im damals so populären Heimatschutzstil erbaut wurde. Aus 55 m Höhe kann der Besucher heute einen phantastischen Blick über die Stadt genießen.

Nun kann man in das Gewirr der Altstadtgassen eintauchen und das malerische Flair des historischen Lüneburgs auf sich wirken lassen. Die **Schröderstraße** imponiert als begehrte Flaniermeile mit einer Vielzahl an kleinen Geschäften, Restaurants und Bars. In manchen Hinterhöfen verbergen sich zudem hübsche Hausfassaden. Besonders schön gestaltet sich auch eine Rast in einem der Restaurants und Cafés unter freiem Himmel am Ufer der Ilmenau. Der Blick fällt hinüber zu den alten Fachwerkhäusern und dem **Alten Kran,** mit dem einst das Salz auf die Kähne verladen wurde, um auf dem Wasserwege nach Lübeck und in den Ostseeraum zu gelangen.

Dem Salz verdankte Lüneburg seinen Reichtum, von dem noch heute die Pracht der alten

ist die Tatsache, dass das Kloster seit der Reformationszeit ein evangelisches Damenstift beherbergt. Damals fanden hier reiche Adelstöchter Eingang, meist solche, für die sich nicht der passende Mann fand. Die Aussteuer brachten sie oft mit und lebten im Kloster sehr behaglich.
Ebenfalls im Kloster befindet sich das Textilmuseum, das man möglichst im Rahmen einer Führung besuchen sollte. Die verborgenen Feinheiten und Bedeutungen der textilen Kostbarkeiten, die meist Szenen aus dem Leben Christi und Heiligenlegenden darstellen, erschließen sich dem kirchengeschichtlichen Laien kaum von selbst.

Wasserturm Lüneburg
Schöner Rundblick über die Stadt.
Bei der Ratsmühle 19
Tel. (0 41 31) 7 89 59 19
www.wasserturm.net
Tgl. 10–18 Uhr
3,90 €, erm. 2,90 €, Kinder unter 6 Jahren frei

Altstadt Lüneburg

via Tipp

Deutsches Salzmuseum
Auf gar nicht museale Weise erfährt der Besucher alles rund ums „Weiße Gold".

Sülfmeisterstraße 1
Tel. (0 41 31) 4 50 65
www.salzmuseum.de
Mai–Sept. Mo–Fr 9–17, Sa/So/Fei 10–17 Uhr
Okt.–April tgl. 10–17 Uhr
Einstündige Führungen Mo–Fr 11, 12.30 + 15 Uhr, Sa/So 11.30 + 15 Uhr
6 € / 4 €

Salztherme Lüneburg „SaLü"
Badewelt
Uelzener Straße 1–5
Tel. (0 41 31) 72 30
Mo–Sa 10–23, So 8–21 Uhr
2 Std. 7,90 €, Sa/So/Fei 8,90 €, 4 bis 16 Jahre 4,90 €, Tageskarte 12,50 €, Kinder 8 €, Sauna-Zuzahlung 3,30 €
www.salue.info

Bauten zeugt. Das **Rathaus** ist sicher das prächtigste unter ihnen. Seine barocke, figurengeschmückte Schaufassade bestimmt den **Marktplatz** – und lässt vergessen, dass andere Teile dieses Baues, mit dem schon um das Jahr 1230 begonnen wurde, sehr viel älter sind. Die Innenräume, so die berühmte Gerichtslaube, die Ratsstube und der Fürstensaal, sind im Rahmen einer Führung zu bewundern.

Auf der angrenzenden Waagestraße befindet sich das **Schwangere Haus,** das durch den stark Feuchtigkeit aufsaugenden Gips ein sichtbares Bäuchlein bekommen hat. Ebenfalls sehenswert ist die nah gelegene **St. Michaeliskirche** am Fuße des **Kalkbergs,** deren Säulen im Kircheninneren von den Senkungen ganz schief geworden sind.

Das Salz, nicht zu Unrecht auch „Weißes Gold" genannt, wurde in der Saline gewonnen. Über 1000 Jahre war diese Industrieanlage in Betrieb! Da der Salzstock unter Lüneburg Grundwasserhöhe erreichte, bildete sich salziges Grundwasser, die sogenannte Sole. Sie wurde nach oben gepumpt und in riesigen Siedepfannen erhitzt, so dass das Wasser verdampfte und nur das Salz zurückblieb. Um die Siedepfannen am Kochen zu halten, waren enorme Mengen Brennstoff nötig, daher fielen die riesigen Wälder in der näheren und weiteren Umgebung im Laufe der Jahrhunderte komplett der Saline zum Opfer. Auf den gerodeten und nicht wieder aufgeforsteten Flächen siedelte sich Heidekraut an: Die Lüneburger Heide ist also alles andere als eine natürlich entstandene Landschaft. Über alle diese Zusammenhänge informiert die Ausstellung des **Deutschen Salzmuseums** in der alten Saline, einem hervorragend erhaltenen Technikdenkmal von internationaler Bedeutung.

Vom Deutschen Salzmuseum ist es über die Sülztorstraße nicht weit bis zum Zentrum der heutigen Nutzung der Sole, dem Sole-Erlebnisbad und dem Kurzentrum in der Uelzener Straße. Das **Soleerlebnisbad „SaLü"** bietet eine gute Mischung aus Sport, Spiel, Spannung. Im benachbarten Kurmittelzentrum macht man sich den therapeu-

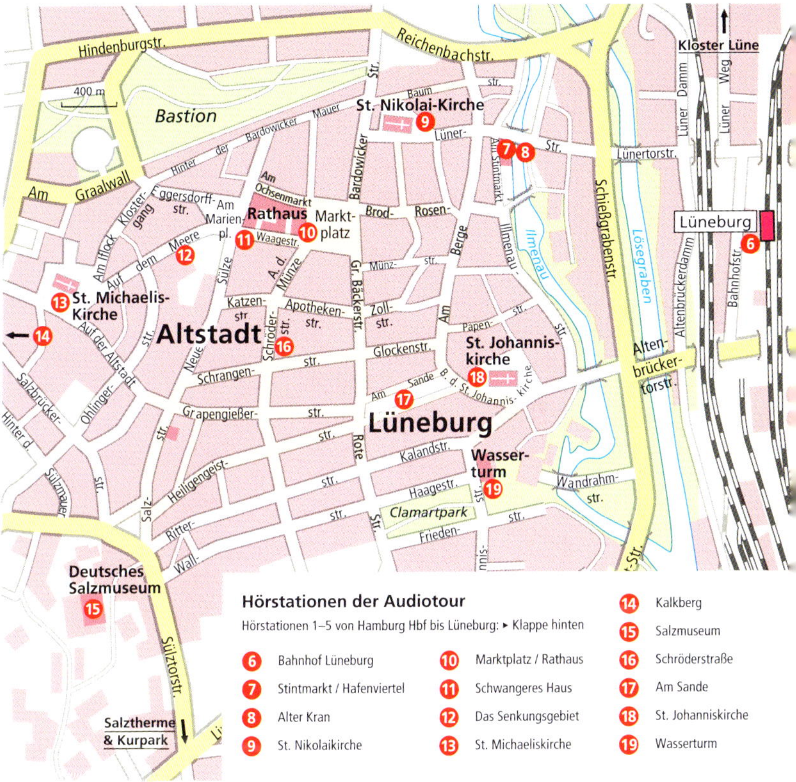

Hörstationen der Audiotour

Hörstationen 1–5 von Hamburg Hbf bis Lüneburg: ▸ Klappe hinten

6 Bahnhof Lüneburg
7 Stintmarkt / Hafenviertel
8 Alter Kran
9 St. Nikolaikirche
10 Marktplatz / Rathaus
11 Schwangeres Haus
12 Das Senkungsgebiet
13 St. Michaeliskirche
14 Kalkberg
15 Salzmuseum
16 Schröderstraße
17 Am Sande
18 St. Johanniskirche
19 Wasserturm

tischen Wert der Sole zu Nutze. Zu den therapeutischen Anwendungen kann man auch das riesige Gradierwerk zählen. Die über den hoch aufgeschichteten Reisigwall herabrieselnde Sole reichert die umgebende Luft mit Salzwasserpartikeln an. Eingeatmet sollen sie allerlei Positives bewirken.

Bei schönem Wetter wird man gern noch im **Kurpark,** einer auch gartenarchitektonisch anspruchsvollen Anlage, verweilen. Die Urlaubsstimmung bei unserem heutigen Ausflug wird komplett, wenn wir hier einem Kurkonzert lauschen. Wer noch nicht müde ist und nun die berühmte Lüneburger Heide erkunden möchte, dem sei eine Fahrradtour durch die wunderschöne Landschaft nach Amelinghausen empfohlen (▸ Seite 114).

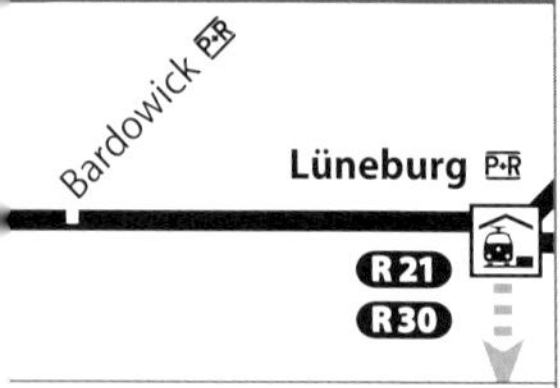

Start
Lüneburg
R30 alle 60 Min.

Radrundtour
nach Amelinghausen

Länge
ca. 55 km (hin und zurück)

Tourist-Information mit Zinnfiguren-Museum
Marktstraße 1
21385 Amelinghausen
Tel. (0 41 32) 92 09 43
www.amelinghausen.de
Mo–Fr 9–12, Juli–Sept. zusätzlich Sa/So 10–14 Uhr

Wassermühle Oldendorf
Mühlenweg 1
21385 Oldendorf (Luhe)
Tel. (0 41 32) 3 42
www.oldendorfer-muehle.de

Wassermühle Soderstorf
Mühlenstraße 4
21388 Sodersdorf

Amelinghausen

Ins Zentrum des Heidetourismus – und wieder weg

In Amelinghausen treffen sich die Heidetouristen. Neben der schönen Umgebung sorgen historische Baudenkmäler dafür, dass sich der Ausflügler dort wohlfühlt.

Weil Amelinghausen nicht mit der Bahn zu erreichen ist – es sei denn, man zählt die Museumseisenbahn Heide-Express dazu (▸ Seite 99) –, starten wir in Lüneburg. Aber nicht ohne eine entsprechende Rad-Wanderkarte, denn sowohl am Bahnhof als auch in der Innenstadt ist die Radwegekennzeichnung sehr dürftig. Zumindest in Richtung **Heiligenthal.**

Wer mag, kann in dem idyllischen Dörfchen schon eine erste Rast einlegen, denn in der alten Wassermühle gibt es ein populäres Ausflugslokal (▸ Seite 117). Andernfalls geht es weiter über Südergellersen und Wetzen nach **Oldendorf.** Auch hier hat sich eine alte Wassermühle erhalten. Sie wird vom Wasser der Luhe angetrieben. Bevor man kurz darauf Amelinghausen erreicht, kommt man an der Oldendorfer Totenstatt vorbei. Hier wurden zum Ende der Steinzeit eiszeitliche Blöcke zu Grabkammern formiert. Der Findlingsbau sollte den Stammesfürsten eine würdige Wohnstatt im Jenseits sein.

Die Heide wird in **Amelinghausen,** das bald erreicht ist, umfassend vermarktet. Höhepunkt ist das alljährliche Heideblütenfest mit Feuerwerk auf dem Lopausee und der Wahl der Heidekönigin. Der Heidedichter Hermann Löns würde sich wundern, aber die Majestäten tragen den Titel mit Würde. Wer mehr für Ruhe und Naturerleben schwärmt, der umfahre Amelinghausen zu dieser Zeit weiträumig.

Einen Abstecher ins 5 km westlich gelegene **Soderstorf** sollte man nicht versäumen. Hier sind die Wassermühle mit ihrem 6 m großen Mühlrad und das Backhaus noch vollständig erhalten und

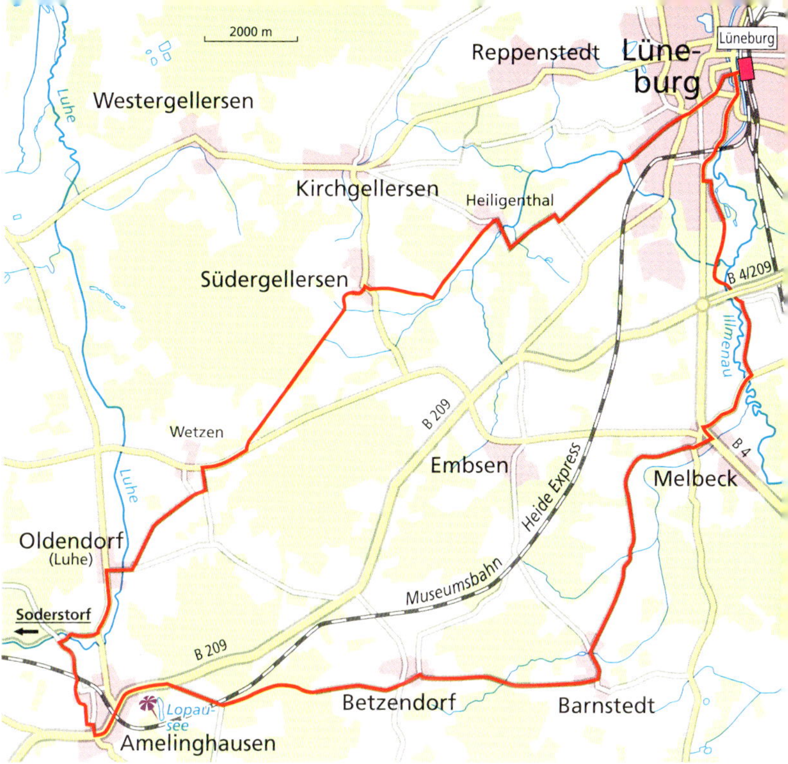

funktionstüchtig. Auf dem Weg kommt man an einer weiteren prähistorischen Grabstätte vorbei, dem Sodersdorfer Urnenfriedhof.

Nachdem das touristische Programm in Amelinghausen bewältigt worden ist, geht es auf die Heimreise. Unser Weg führt uns jedoch vorher noch am **Lopausee** vorbei. Der See ist beliebt bei den Amelinghausen-Besuchern, die hier gerne angeln, Tretboot fahren oder schwimmen. Auf einem schönen, 3 km langen Weg lässt sich der Lopausee umwandern oder umradeln. Um die Attraktivität des Sees noch zu steigern, wurde der Lopaupark, eine landschaftlich reizvolle Verbindung zwischen dem Ort Amelinghausen und dem See, geschaffen. Wir radeln weiter in Richtung Osten – über Betzendorf, Barnstedt und Melbeck. Am Ufer der Ilmenau entlang geht es auf malerischer Strecke zurück nach Lüneburg. Dort begegnen wir den Lüneburger Heidetouristen, die sich nicht für Amelinghausen entschieden haben.

Restaurant Zum Alchimisten
Regionale Spezialitäten, Sommerterrasse.
Auf der Kalten Hude 4
21385 Amelinghausen
Tel. (0 41 32) 93 91 06
www.zum-alchimisten.de
Apr.–Sept. tgl. 12–22 Uhr
Okt.–März Mo, Di + Fr 15–22, Sa/So 12– 22 Uhr

Seestübchen
Café und Restaurant mit Seeblick, Biergarten.
In der Lopau 4
21385 Amelinghausen
Tel. (0 41 32) 3 36
www.seestuebchen.de
Apr. tgl. ab 12 Uhr, Di Ruhetag
1. Mai–31. Okt. tgl. ab 11 Uhr, 1. Nov.–31. März Sa/So 12–18 Uhr

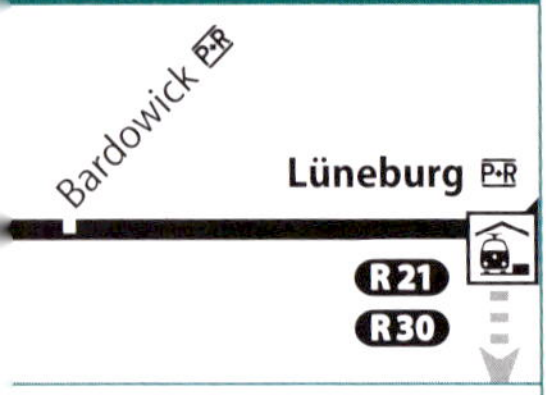

Start
Lüneburg
R30 alle 40-60 Min.,
So alle 120 Min.

Radtour
Lüneburg – Kirchgellersen – Bardowick

Länge
ca. 20 km

Rückfahrt
R30 Bardowick
alle 60 Min., So alle 120 Min.

Windmühle in Bardowick

Bardowick

Zum Dom der Bauern

Heute ist Bardowick ein besseres Dorf mit etwas über 6000 Einwohnern. Einst jedoch, im frühen Mittelalter, war Bardowick eine bedeutende Handelsstadt. Von der alten Pracht und Macht legt der berühmte Dom bis heute Zeugnis ab. Und so ist der wuchtige Backsteinbau auch das Ziel dieser Tour.

Lüneburg-Urlauber und Tagesbesucher der Stadt können die Tour gut auch als Halbtagesausflug beziehungsweise als Ergänzung des Lüneburg-Besuches organisieren, denn die Strecke ist nur 20 km lang, wenn man den Bahnhof Bardowick, eine Station auf der Linie Hamburg-Lüneburg, als Ziel wählt.

Für die landschaftlich schöne Radtour verlässt man Lüneburg zunächst in Richtung Westen, indem man von der Bögelstraße – an dieser erstreckt sich das weitläufige Klinikgelände, daher dank Ausschilderung leicht zu finden – in den Weg Auf der Höhe einbiegt. Auf schönen Nebenwegen verlässt man das Stadtgebiet und gelangt am Gut Schnellenberg vorbei über Böhmsholz nach **Kirchgellersen**. Hier biegt man nach Norden, also nach rechts ab in die Dachtmisser Straße, um eben dorthin zu gelangen. Von Dachtmissen geht es weiter nach **Vögelsen,** wo von der Dorfstraße aus die Bardowicker Straße, später der Vögelser Weg, direkt nach **Bardowick** führt.

Erstmals im Jahre 785 erwähnt, ist Bardowick einer der ältesten Orte in Norddeutschland. Als Grenzort zwischen Sachsen und Slawen und als Hauptumschlagplatz des Fernhandels stieg er im 12. Jahrhundert zur Stadt auf. Im Jahre 1189 wurde er von Heinrich dem Löwen zerstört. Die Bardowicker ließen sich jedoch nicht unterkriegen und verlegten sich vom Fernhandel auf den Anbau von Gemüse. Sie wurden wichtigster Lieferant der Hansestadt Hamburg, berühmt für Spargel, Möhren, Grünkohl und Saatgut.

Bestimmt wird der Ortskern vom Wahrzei-

chen Bardowicks, dem romanischen, im 15. Jahrhundert neu gebauten gotischen **Dom St. Peter und Paul.** Für den beschaulichen ländlichen Ort, der heute – und die letzten Generationen – von Gemüsebau und Samenzucht bestimmt wird, wirkt der Bau etwas deplaziert, weil völlig überdimensioniert. Mit seinen zwei hohen Türmen und dem heute größten, reichsten und besterhaltenen Chorgestühl Norddeutschlands zeugt der Dom jedoch vom Repräsentationsbedürfnis der einstigen wohlhabenden Kaufherren Bardowicks. Dabei ist der Dom nicht der einzige Sakralbau, der die Architekturhistoriker entzückt. Auch der in seiner ursprünglichen Art erhaltene **St. Nikolaihof** lohnt einen Besuch, zumal die dazugehörende St. Nikolaikirche mit der ältesten Orgel Norddeutschlands aufwarten kann.

Ebenfalls Beachtung verdient das Gildehaus. Ursprünglich diente dieses typisch niedersächsische Zweiständerhaus als Rathaus der Gemeinde, heute ist darin das Heimatmuseum und eine Dokumentationsstätte zur Geschichte Bardowicks untergebracht. Und da gibt es ja eine ganze Menge zu dokumentieren.

Stolz ist man in Bardowick auch auf die **Holländer-Windmühle** aus dem Jahre 1813, die noch gewerblich betrieben wird. Am Pfingstmontag findet rund um die Mühle der alljährliche Deutsche Mühlentag statt und lockt zahlreiche Gäste, die sich die Mühlentechnik vorführen und erklären lassen.

Wie malerisch Bardowick wirklich ist, erfährt der Besucher am Ufer der Ilmenau, an der der Ort liegt. Die alten Treidelpfade und der mittelalterliche St. Nikolaihof mit dem angrenzenden Eichenpark bei der Hafen- und Schleusenanlage sind eine wahre Idylle. Wer als Besucher an diesen beschaulichen Plätzen umherbummelt, wird der Konkurrenzstadt Lüneburg eine geradezu großstädtische Hektik bescheinigen.

Heimatmuseum Gildehaus
St. Johannisstraße 3
21357 Bardowick
Tel. (0 41 31) 12 92 42
Tgl. 13–17 Uhr

Galerie-Holländer-Windmühle Bardowick
Tel. (0 41 31) 1 22 06
www.meyers-windmuehle.de
Mo–Fr 8.30–18.30 Uhr,
Sa 8.30–13 Uhr
Eintritt frei, Führungen nach Vereinbarung

Restaurant und Hotel Wassermühle Heiligenthal
Hausgemachtes Sauerfleisch mit Remoulade und Bratkartoffeln.
Hauptstraße 10
21394 Südergellersen-Heiligenthal
Tel. (0 41 35) 8 22 50
www.wassermuehle-heiligenthal.de
Tgl. 7–11 Uhr, Mo–Fr 17–22, Sa/So/Fei 12–22 Uhr

Start
Dahlenburg
R31 von Lüneburg
Mo–Fr 5 Fahrten, Sa/So jeweils 4 Fahrten

Große Radtour
Dahlenburg – Bleckede – Lauenburg

Länge
ca. 55 km

Rückfahrt
R21 Lauenburg
Verbindung nach Lüneburg alle 60 Min.

Dahlenburg

Stadtgeschichte(n) und Natur erleben

In den östlichsten Randbereich des Tarifgebietes des HVV führt diese Radtour. Die längste Strecke verläuft dabei auf dem Elberadweg – und zwar auf einem der schönsten Abschnitte.

Ausgangspunkt der Tour ist Dahlenburg. Oder besser: der Bahnhof Dahlenburg, der außerhalb der Stadt, gut 3 km südlich davon liegt. Auf dem Weg zum historischen Ortskern sollte der Blumenliebhaber einen Blick in den Dahlenburger Orchideengarten werfen. Auf 4.500 qm Fläche werden in 14 Schau- und Gewächshäusern das ganze Jahr über circa 950 Arten kultiviert. Überragt wird die Altstadt von der Johanniskirche, die erst 1903 errichtet wurde, also vergleichsweise jung ist. Das **Heimatmuseum Dahlenburg,** untergebracht in der aus dem Jahre 1248 stammenden Feldsteinkapelle St. Laurentius, informiert über die Geschichte der traditionsreichen Stadt. Attraktion ist ein Diorama mit 1.500 Zinnfiguren, das die Schlacht an der Görde von 1813 darstellt. Damals wurde dort der erste Sieg gegen die Franzosenherrschaft errungen.

Dahlenburg verlassen wir in nördlicher Richtung auf der kleinen Straße zum Weiler Marienau, den wir durchqueren und entlang eines Flüsschens weiterradeln. Über wenig befahrene Straßen führt unser Weg durch den **Naturpark Elbufer Drawehn** über Köstorf und Barskamp nach **Alt Garge,** das nach 15 km erreicht ist. Nördlich von Alt Garge treffen wir auf den **Elberadweg,** auf dem es nun durch die reizvolle Landschaft des Elbufers bis nach Lauenburg geht. Über 1000 km führt der Elberadweg an einem der interessantesten Flüsse Europas entlang, und die überall gut ausgeschilderte Strecke hat sich mittlerweile zu einem der Favoriten der Fahrradtouristen entwickelt.

Heimatmuseum Dahlenburg
Lüneburger Landstraße
21368 Dahlenburg
Tel. (0 58 51) 8 60
Mai–Okt. Mi+So 14–17 Uhr und nach Vereinbarung

Orchideengarten
Bahnhofstraße 24
21368 Dahlenburg
Tel. (0 58 51) 2 66
www.orchideengarten.de
Mo–Fr 8–18, Sa 8–13 Uhr, So 10–13 Uhr
Gruppenführung 1 € p. P.

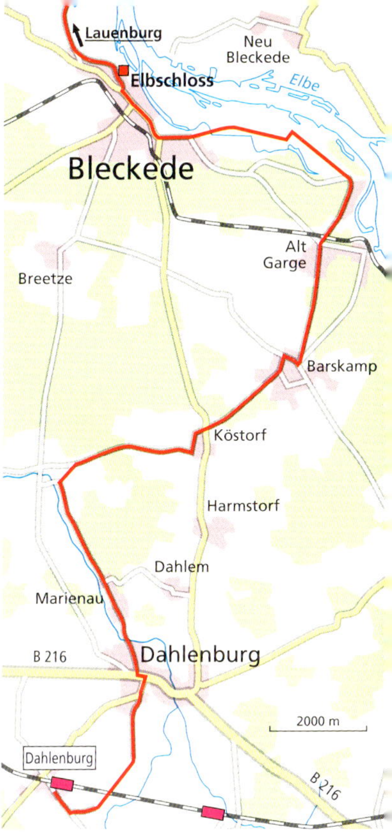

Unser Streckenabschnitt führt zunächst direkt am urwüchsigen Ufer entlang und lässt den Radler eins werden mit der Natur. Nach einiger Zeit aber taucht die alte Stadt **Bleckede** vor dem Radwanderer auf. Die Stadt, durch die der Elberadweg mitten hindurch führt, lohnt auf jeden Fall einen längeren Stopp. Herzog Wilhelm von Lüneburg gründete sie als Grenzbefestigung im Jahre 1209 und errichtete eine Wasserburg, die 400 Jahre später zu einem Schloss umgestaltet wurde. Von dieser ehemaligen Wasserburg lässt sich heute nur noch die drei Meter dicke Turmruine besichtigen. Von hier genießt man einen herrlichen Blick über die Elbtalaue. Der üppig verzierte Nordflügel des Schlosses stammt aus dem Jahre 1600. Deutlich jünger ist der alte Ortskern: Die Fachwerk- und Backsteinarchitektur rund um den Marktplatz stammt aus dem 17. und 18. Jahrhundert. Überragt wird die Idylle von der St. Jacobi Kirche. Das 1766 eingeweihte Gotteshaus präsentiert im Innenraum zahlreiche kostbare Ausstattungsstücke.

Touristischer Anziehungspunkt in **Bleckede** ist der malerische **alte Elbhafen;** auf der Promenade treffen sich heute die Ausflügler. Vom alten Hafen verkehrt auch ganzjährig die Fähre über die Elbe zum gegenüberliegenden Neu-Bleckede, einer allerdings völlig reizlosen Siedlung. Interessanter – besonders für Naturfreunde – ist ein Besuch des **Biosphaeriums Elbtalaue Schloss Bleckede.** Hier werden auf über 1000 qm die einzigartige Natur der Flusslandschaft und die schönsten Ziele an der Elbe präsentiert.

Die zweite Hälfte unserer Flussufer-Radwanderung, also die Strecke von Bleckede nach Lauenburg, können wir deshalb naturkundlich besonders gut informiert zurücklegen. In Lauenburg angekommen, bietet sich für den noch frischen Ausflügler eine Stadtbesichtigung an (▸ Seite 94).

Biosphaerium Elbtalaue
Schloss Bleckede
Schlossstraße 10
21354 Bleckede
Tel. (0 58 52) 95 14 14
www.biosphaerium.de
Apr.–Okt. Mo–So
10–18 Uhr
Nov.–März Mi–So
10–17 Uhr
Erw. 7 €, erm. 3,50 €,
Familienkarte 15 €

Restaurant Fährhaus
Dachterrasse mit Elbblick.
Elbstraße 15
21354 Bleckede
Tel. (0 58 52) 9 58 94 25
www.faehrhaus-bleckede.de
Di–So 11–21 Uhr

Start
Buchholz
R40 alle 30 Min.

Wanderung
Buchholz – Brunsberg – Büsenbachtal – Wörme

Länge
ca. 15 km

Rückfahrt
R41 Büsenbachtal
Mo–Fr alle 60 Min.,
Sa/So alle 120 Min. bis Buchholz und
R40 alle 30 Min.

Historischer Wegweiser

Brunsberg

Über Berg und Tal

Diese abwechslungsreiche Wanderung führt uns auf wunderschönen Wald- und Heidewegen von Buchholz über den Brunsberg ins Büsenbachtal.

Fast großstädtisch präsentiert sich der Bahnhof der knapp 40 000-Einwohnerstadt **Buchholz in der Nordheide.** Aber schließlich liegt er auch an der Fernbahnstrecke Hamburg-Bremen. Wir verlassen ihn über die Wohlau-Brücke Richtung Rütgerstraße und folgen ihr nach rechts. Hier verweist bereits ein Schild auf den Rundwanderweg 1 Richtung Brunsberg. Auf ihm wandern wir fast bis zum Endziel Wörme.

Am Ende der Rütgerstraße gelangen wir nach links in die Wiesenstraße, die auf den Heidekamp trifft. Wir halten uns rechts. Hinter einer Kurve glitzert bereits der Stadtsee, auf dem sich Enten tummeln. An der nächsten Ampel überqueren wir den Seppenser Mühlenweg und folgen nun dem Drosselweg bis zum **Bahnhof Suerhop.** Hätten wir uns 100 Jahre früher auf den Weg gemacht, wären wir durch baumlose Heidelandschaft statt durch erschlossene Wohngebiete gewandert.

Aber jetzt geht es endlich hinein in die Natur. Wir überqueren die Gleise der Heidebahn Buchholz-Soltau und betreten den Buchenwald. Ab hier ist unser Wanderweg mit einer weißen 1 auf einem grünen Buchenblatt bestens ausgeschildert. Auf Schotterwegen und schmalen Pfaden geht es immer tiefer in den Wald hinein. Bald stoßen wir auf einen unbefestigten Fahrweg, den **Weg in den Interessentenforst.** Der merkwürdige Name des Waldstücks stammt aus der Zeit der bürgerlichen Revolution von 1848. Damals wurden die Wälder, die bis dahin allein dem Adel gehört hatten, teils an bürgerliche „Interessenten" vergeben.

Unser Wanderweg mündet auf einen Querweg. Nach rechts geht es weiter zum Brunsberg, nach links lohnt ein Abstecher in die **Höllenschlucht** mit ihren knorrigen alten Bäumen. Vor über 100

Jahren gab es hier einen „Kiosk“, eine Bretterbude, an der Sonntagsausflügler ihren Durst löschen konnten.

Wir kehren um und wandern die letzten 2 km bis zum heidebewachsenen **Brunsberg.** Mit knapp 130 m ist er der kleine Bruder des Wilseder Bergs (▸ Seite 127), der mit 169 m die höchste Erhebung der Lüneburger Heide darstellt. Aber auch der Brunsberg bietet eine weite Sicht ins Umland. Die Harburger Berge erheben sich am Horizont, und bei guter Sicht ist der Wilseder Berg deutlich zu erkennen.

Wir verlassen den Gipfel über den Wanderweg 1 und gelangen wieder tiefer in den Wald. Das Jugendferienheim Sprötze lassen wir links liegen. Zum Teil geht es durch Dickicht und leicht sumpfiges Gebiet. Über einen breiten Schotterweg erreichen wir nach etwa drei Stunden das **Büsenbachtal.** Heidefläche breitet sich vor uns aus. Von August bis September schimmert sie lila, im Frühjahr und Spätherbst ist sie grün oder braun. Picknickplätze laden auf dem höchsten Punkt des Tals zur Rast ein. Unser Wanderweg 1 schlängelt sich durchs Heidekraut hindurch in Richtung Wörme. Am Ende der Fläche führt er links einen Hügel hinauf nach Buchholz zurück. Wir bleiben jedoch rechts und wandern am Büsenbach entlang, einem kleinen Flüsschen, das jahrhundertelang Lebensquell der gesamten Region war. Der Weg führt geradeaus aus dem Wald hinaus, die ersten Häuser von **Wörme** lugen entlang der Straße „Am Büsenbach“ hinter den Bäumen hervor.

Da kommt das **Café im Schafstall** gerade recht, um sich nach der Wanderung mit frisch gebackenem Kuchen zu stärken. Der Bahnhof Büsenbachtal ist gleich schräg gegenüber.

via Tipp

Café im Schafstall
Himmlischer Genuss: die Himmelstorte! Außerdem Angebot von Kutschfahrten durch die Heide.

Am Büsenbach 35
21256 Wörme
Tel. (0 41 89) 10 72
www.cafeschafstall.de
Di 12–18, Mi–Sa 12–22 Uhr
So/Fei 11–20 Uhr

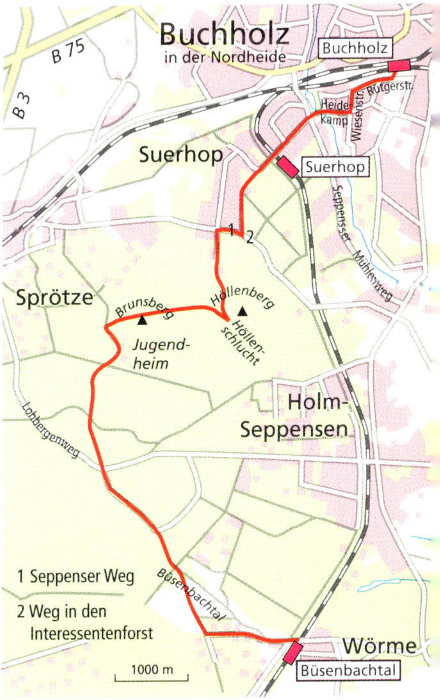

Start
Buchholz
R40 alle 30 Min.

(Rad-)Wanderung
Buchholz – Kunststätte Bossard – Handeloh

Länge
ca. 22 km (inkl. Märchenwanderweg)

Rückfahrt
R41 Handeloh
Mo–Fr alle 60 Min.,
Sa/So alle 120 Min. bis Buchholz und
R40 alle 30 Min.

Kunststätte Bossard

Zum Gesamtkunstwerk

Fernab jeder Kulturmetropole, nämlich inmitten eines malerischen Landschaftsschutzgebietes, ist das wohl bedeutendste Gesamtkunstwerk Norddeutschlands zu besichtigen. Unter Kunstkennern zwar kein Geheimtipp mehr, so ist doch die Kunststätte Bossard eine besondere Entdeckung für den Normal-Ausflügler.

Die Tour zur Kunststätte Bossard ist zugleich ein erholsamer Ausflug, denn sie liegt direkt am **Radrundkurs Nordheide** – und zwar an dem Abschnitt zwischen Buchholz und Handeloh, der sich auch von Fußwanderern bewältigen lässt, denn er ist nur ca. 15 km lang. Ob nun zu Fuß oder mit dem Rad – man verlässt Buchholz auf dem nahe dem Bahnhof entlangführenden Radrundkurs Nordheide über die Reindorfer Straße in östlicher Richtung und ist schon nach wenigen Minuten in der freien Natur.

Die Strecke führt über Reindorf und Itzenbüttel nach **Jesteburg.** Der in einer abwechslungsreichen Fluss- und Wiesenlandschaft gelegene Ort wurde vermutlich schon im 9. Jahrhundert gegründet. In der Ortsmitte sorgen malerische Reetdachhäuser unter alten Eichen für eine anheimelnde Atmosphäre.

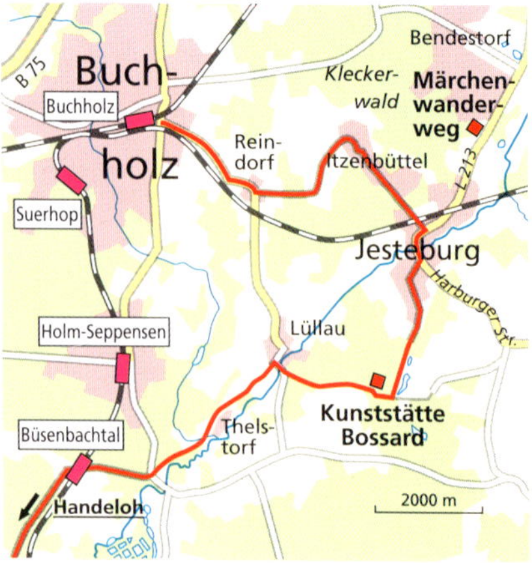

Wer nicht gleich zum Kunstgenuss in den Süden des Ortes wandern oder radeln möchte, der sollte dem idyllischen **Klecker-Wald** an der L 213 (Harburger Straße) Richtung Bendestorf einen Besuch abstatten. Hier befindet sich der **Märchenwanderweg** „Der Trickser". 3,2 km führt er an 15 interaktiven Stationen vorbei bergauf und bergab durch den Wald, in dem es uralte, verwunschene Fischteiche gibt.

Der Radrundkurs Nordheide führt direkt an der **Kunststätte Bossard** vorbei. Sie ist in ihrer Art ein einmaliges Gesamtkunstwerk, das Architektur, Bildhauerei, Malerei, Kunsthandwerk und Gartengestaltung zu einer Einheit zusammenführt. 2012 erhielt das Werk – und das Lebenswerk – des Professors für Bildhauerei Johann Michael Bossard (1874–1950) und seiner Frau Jutta (1903–1996) den europäischen Kulturerbe-Preis „Europa-Nostra". Über viele Jahrzehnte arbeitete das Ehepaar an der Anlage.

Kunststätte Bossard

Bedeutendster Bestandteil des Gesamtkunstwerks ist sicher der 1926 errichtete **Kunsttempel.** Für diesen im expressionistischen Backsteinstil gehaltenen Bau wurden drei große Bilderzyklen geschaffen; jeweils einer ist ständig ausgestellt. Das Wohn- und Atelierhaus zeigt sich im Heimatschutzstil. Die von 4.500 Fichten eingefasste Gartenanlage präsentiert neben idyllischen Obst-, Gemüse- und Steingärten einen Baumtempel und einen Baumkreis, der in der Form eines Omegas ausläuft. Abschließend sollte man der Monolithenallee einen Besuch abstatten – schon um sich an der dortigen Grabstätte zu verneigen, denn die Bossards haben hier ihre letzte Ruhestätte gefunden und sind somit Teil ihres selbst geschaffenen Kunstwerkes geworden.

Nach dem Besuch der Kunststätte führt der Weg ins Dörfchen Lüllau. Im bald darauf erreichten **Thelstorf** kann man kurz nach rechts abbiegen, um einen Blick auf die Seppenser Mühle zu werfen, eine alte Wassermühle, die vom Seppenser Mühlenbach angetrieben wird. An der nächsten Wassermühle, nämlich der Holmer Mühle, führt die Route direkt vorbei. Und dann ist auch schon unser Ziel **Handeloh** (▸ Seite 124) erreicht. Der Ort hat sich dank der von mächtigen Findlingsmauern umgebenen Fachwerkhäuser im typischen Niedersachsenstil den Charme eines verträumten Heidedorfes bewahrt. Von hier können wir mit dem HVV-Fahrschein die Rückreise vom Heidedorf in die große Stadt antreten.

Märchenwanderweg „Der Trickser"
Lohof 1
21266 Jesteburg
Ganzjährig begehbar,
Eintritt frei

via Tipp

Kunststätte Bossard
Für jeden Kunstliebhaber ist etwas dabei: Architektur, Bildhauerei, Malerei, Gartengestaltung und Kunsthandwerk bilden ein Gesamkunstwerk.

Bossardweg 95
21266 Jesteburg
Tel. (0 41 83) 51 12
www.bossard.de
März–Okt.
Di–So 10–18 Uhr
Nov.–Febr. Sa/So 10–16 Uhr
7 €, bis 18 Jahre frei
In der Sommersaison Café im Hof (Sa/So 12–18 Uhr)

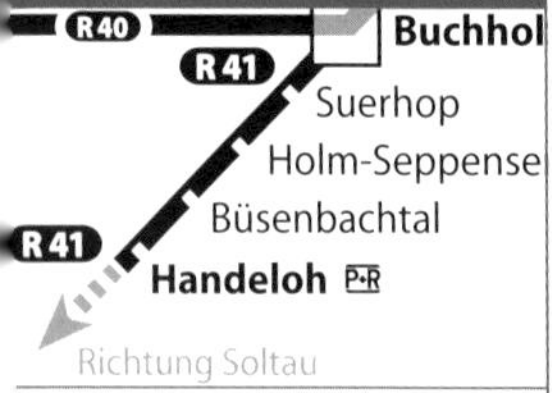

Start
Handeloh
R40 alle 30 Min. bis Buchholz und
R41 Mo–Sa alle 60–120 Min., So alle 120 Min.

(Rad)Wanderung
Handeloh – Undeloh – Wilseder Berg – Wintermoor

Länge
ca. 35 km

Rückfahrt
R41 Wintermoor (nicht im HVV), Mo–Fr alle 60 Min., Sa/So alle 120 Min. bis Buchholz und
R40 alle 30 Min.

Wilsede

Heide-Romantik pur

Die Heide als Postkartenidylle – so präsentiert sich das Ziel dieses Ausflugs. Undeloh, Wilsede und der Wilseder Berg sind Herman-Löns-Romantik in Reinkultur. Naturfreunde und Tourismus-Experten tun dann auch alles, damit das so bleibt.

Zu den Maßnahmen, um die ursprüngliche Schönheit der Landschaft zu erhalten, gehört besonders auch die Einschränkung des motorisierten Verkehrs. Uns als Radfahrer und Wanderer kann das nur recht sein, zumal man dank des nach Süden ausgedehnten Tarifgebietes des HVV bequem mit dem Fahrschein des Großraumtarifs nach Handeloh gelangt. Von hier führt ein Streckenabschnitt des Wümme Radweges auf gerader Strecke durch schöne Landschaft direkt nach Undeloh, ins Herz des Naturschutzparks Lüneburger Heide.

Schon in **Handeloh** kann sich der Ausflügler in der „Alten Schmiede", einem **Naturkundlichen Museum**, mit der Tier- und Pflanzenwelt Norddeutschlands vertraut machen – allerdings nur zu eingeschränkten Öffnungszeiten. Jederzeit zugänglich ist der **Planetenlehrpfad**. Er stellt das Sonnensystem in einem Maßstab von 1:5 Milliarden dar; daraus ergibt sich eine Länge von 1,2 km. An jeder Planetenstation informiert eine Tafel über den jeweiligen Himmelskörper.

Auch in **Undeloh** bietet man dem interessierten Naturfreund Informationen. Im **Heide-Erlebniszentrum,** dem Informationshaus des Vereins Naturschutzpark, werden die Zusammenhänge zwischen Natur und Geschichte des Heidegebietes interaktiv und multimedial erlebbar gemacht. Wer sich für Architekturgeschichte interessiert, sollte die **St. Magdalenen-Kirche** in der Ortsmitte besichtigen. Diese alte Heidekirche gründet sich auf Findlingsmauern aus romanischer Zeit. Der Bau von 1198 besaß einst ein steinernes Chorgewölbe, das aber im Dreißigjährigen Krieg zerstört wurde.

Naturkundliches Museum Handeloh
Hauptstraße 42
Tel. (0 41 88) 74 13
Mi 10–12 + 14–17 Uhr
Sa 14–17 Uhr

Planetenlehrpfad Handeloh
www.astronomie-handeloh.de

St. Magdalenen-Kirche Undeloh
Tel. (0 41 89) 2 82
Juni–Okt. 8–20 Uhr
Nov.–Mai 8–16 Uhr
Kirchenführung auf Anfrage

1639 wurde der heutige Chorraum in Fachwerk-Bauweise ergänzt. Der freistehende Glockenturm stammt aus dem 15. Jahrhundert. Im Innenraum befindet sich ein Triumphkreuz aus dem 13. Jahrhundert, auch die Renaissancekanzel von 1490 und zwei alte Glocken sind sehenswert. Von Juli bis September findet in der St. Magdalenen-Kirche an bestimmten Sonntagen um 17 Uhr ein Konzert der beliebten Reihe „Musik in alten Heidekirchen" statt.

Wir folgen dem Wümme-Radweg über die Wilseder Straße in südlicher Richtung aus Undeloh heraus. Der Weg führt uns durch eine reizvolle Heidelandschaft bis nach Wilsede. Radfahrer sollten jedoch darauf gefasst sein, ihren Drahtesel im Naturschutzgebiet auch einmal schieben zu müssen, da die Wege teils sandig sind. Wer will, kann auch von einem der vielen Angebote der Kutscher Gebrauch machen, die hier zahlreich das Personenbeförderungsgewerbe repräsentieren.

Hinter Undeloh beginnen sich Radfahrer und Wanderer die Wege zu teilen – Autos sind hier tabu. Das Fahrverbot gilt auch für den Ort **Wilsede,** der sein altes Ortsbild mit Reetdachhäusern, Feldsteinmauern, Treppenspeichern und den mächtigen alten Bäumen weitgehend erhalten konnte. Zum Gefühl, eine romantische Zeitreise angetreten zu haben, trägt auch ein Besuch des **Heimatmuseums Dat ole Huus** bei. Hier wird mit der typischen Einrichtung eines Heide-Bauernhofes gezeigt, wie man noch bis zum Anfang des vergangenen Jahrhunderts in den stillen, abgelegenen Heidedörfern lebte und arbeitete.

Die Heide ist eine Vegetationsform, die vorwiegend aus Zwergsträuchern besteht. Sie ist nicht durch

Heide-Erlebniszentrum
Informationshaus des Vereins Naturschutzpark.
Wilseder Straße 23
21274 Undeloh
Tel. (0 41 89) 81 86 48
www.heide-erlebniszentrum.de
Ganzjährig tgl. 10–17 Uhr
Eintritt frei

Hotel Heiderose
Spezialitäten: Heidschnucken- und Forellengerichte.
Wilseder Straße 13
21274 Undeloh
Tel. (0 41 89) 3 11
www.hotel-heiderose.de
Tgl. 8–21 Uhr

Heidemuseum
Dat ole Huus
Wilsede 9b
29646 Bispingen-Wilsede
Tel. (0 41 75) 80 29 33
Mai–Okt. tgl. 10–16 Uhr
3 €, bis 16 Jahre frei

Tourist-Information
Zur Dorfeiche 27
21274 Undeloh
Tel. (0 41 89) 3 33
www.undeloh.de
Hier auch Infos zur Musik in den alten Heidekirchen

Kutschfahrten
Undeloh – Wilsede
Hotel Heiderose
Wilseder Straße 13
21274 Undeloh
Tel. (0 41 89) 3 11
www.hotel-heiderose.de
Tgl. 15. Mai–15. Okt.
ab Undeloh 10 Uhr, ab Wilsede 16.45 Uhr,
7 € p. P. pro Strecke
Weitere Kutschfahrten ab diversen Bauernhöfen und Hotels oder vom Parkplatz an der Wilseder Straße

nährstoffarme Böden entstanden, sondern infolge von Rodung, starker Beweidung durch Schafherden sowie durch Abtragung der oberen Humusschicht zum Düngen der Ackerflächen. Von der Bronzezeit bis zum 19. Jahrhundert herrschte die Heide vor, danach kam es zur Aufforstung mit Kiefern und Fichten sowie zur Ausdehnung der landwirtschaftlichen Gebiete. Die Heide setzt sich vornehmlich aus Beständen der Besenheide, der Glockenheide und der Krähenbeere zusammen. Hinzu kommen einige Ginsterarten, Gräser, Flechten und Moose. Häufig gesellen sich den Zwergsträuchern noch Wacholder und Besenginster hinzu, wodurch die Heide allerdings den Charakter der reinen Zwergstrauchheide verliert. Ihre Blütezeit ist von Mitte August bis Ende September.

Bevor man die Radwanderung fortsetzt, lohnt noch ein Abstecher in den südlich von Wilsede gelegenen **Totengrund,** einer Landschaft von unwirklicher Schönheit. Empfehlenswert ist auch der von Wilsede ausgehende **Pastor-Bode-Weg,** benannt nach Pastor Wilhelm Bode, dem es zu verdanken ist, dass die Lüneburger Heide unter Schutz gestellt wurde. So war er es, der verhinderte, dass der wildromantische Totengrund mit Ferienhäusern zugebaut wurde. An den populären Heidepastor und Naturschützer erinnern manche Namen und Gedenktafeln, ein Grab wird man jedoch vergebens suchen. Der Sohn Bodes erfüllte den letzten Wunsch seines Vaters: In einer stürmischen Nacht stieg er mit der Urne auf den Wilseder Berg und ließ die Asche vom Wind verwehen. Auch der 2012 neu eröffnete Heidschnuckenweg verläuft ein Stück auf dem Pastor-Bode-Weg. 223 km schlängelt sich dieser Qualitätswanderweg von der Fischbeker Heide (► Seite 108) bis Celle durch die Lüneburger Heidelandschaft.

Heidschnucken

Schafstall im Naturschutzgebiet Lüneburger Heide

Unsere Tour führt uns jedoch von Wilsede weiter zum **Wilseder Berg.** Mit 169 m ist der Wilseder Berg tatsächlich ein Berg, jedenfalls für Norddeutschland. Die Tourismusprospekte preisen ihn als die höchste Erhebung der Norddeutschen Tiefebene. Haben wir erst einmal unseren Drahtesel bis nach oben geschoben, bietet sich uns ein wirklich phantastischer Rundblick über die sanft gewellte **Heidelandschaft.** Der Blick soll bei guten Sichtverhältnissen und Adleraugen sogar bis nach Lüneburg und Hamburg reichen, aber die Aussicht über die Heide genügt uns auch. Rund um den Wilseder Berg liegen die größten zusammenhängenden Heideflächen Europas. Um ein völliges Verschwinden der Heide zu verhindern, wurde sie schon 1921 unter Schutz gestellt und ist somit das älteste Naturschutzgebiet Deutschlands. Im 23000 ha großen Naturschutzgebiet ist jeder Kraftfahrzeug-Verkehr verboten.

Nach dem Abstieg folgen wir wieder dem Wümme-Radweg und erreichen bald die wenig befahrene Landstraße nach **Wintermoor,** von wo uns die Bahn wieder nach Hause bringt.

Heide-Shuttle (Radbus)
Tgl. 15. Juli–15. Okt. Busangebot mit Radbeförderung auf drei Ringlinien durch die Lüneburger Heide: Fahrpläne unter www.heide-shuttle.de

Restaurant Wilseder Hof
Die edlere Variante eines rustikalen Gasthofes, Spezialität – was sonst – Heidschnuckengerichte, Sommerterrasse.
Wilsede 2c
29646 Bispingen-Wilsede
Tel. (0 41 75) 3 11
www.wilseder-hof.de
Ostern–31. Okt.
tgl. 10–20 Uhr
Nov.–Ostern Sa/So
11–17 Uhr

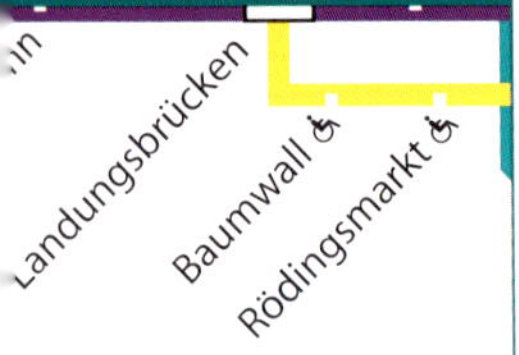

Start
Finkenwerder
Fähre 62 ab Landungsbrücken alle 15 Min.,
Fähre 64 ab Teufelsbrück alle 30 Min.

(Rad-)Wanderung
durch Finkenwerder

Länge
ca. 6 km

Karten ▸ **Seite 131**
▸ **Seite 155**

Finkenwerder

Eine Schifffahrt …

Die stilvollste Art, das einstige Fischerdorf Finkenwerder zu besuchen, stellt sicher eine Schiffspassage dar. Schnell, billig und bequem geht das mit der Fähre 62. Und das Fahrrad fährt gratis mit.

Exakt 28 Minuten dauert die Fahrt von der Brücke 3 der Landungsbrücken nach Finkenwerder. Dabei macht unser Schiff vorher noch an den Anlegern Altona, Neumühlen und Bubendey Ufer fest. Längst hat sich die Attraktivität dieser Fährverbindung als Ausflugslinie herumgesprochen. Die Linie 62 mit ihrer über 100-jährigen Tradition ist immer mehr gewesen als nur eine pünktliche Verbindung zwischen den beiden Elbufern, zumal die bordeigene Gastronomie die Ausflügler schon auf dem Weg mit Erfrischungen versorgt.

Der Blick übers Wasser wandert nach rechts – pardon: nach steuerbord – zum Elbufer bei **Övelgönne.** Jetzt können wir den schönen Ort (▸ Seite 156) einmal vom Fluss aus genießen. Auf der anderen Seite, also an der Backbordseite, erblickt man bald am Bubendey Ufer das **Seemannshöft.** Hier in der Lotsenstation befindet sich die Nautische Zentrale, die den Schiffsverkehr im Hafen überwacht.

In **Finkenwerder** geht es von Bord. Das einstige Fischerdorf, schon 1236 erstmals urkundlich erwähnt, ist heute ein Wohnviertel am Hafenrand. Bis zur Abdeichung der Süderelbe nach der Flutkatastrophe von 1962 war Finkenwerder eine Elbinsel. Vom 17. bis zum 19. Jahrhundert unterhielten die Finkenwerder Fischer eine große Flotte, und bis heute sind viele Finkenwerder Kutter auf der Nord- und Ostsee unterwegs.

Vom alten Finkenwerder hat sich noch manches erhalten, das sich zu Fuß oder mit dem Rad bequem vom Anleger aus erreichen lässt. Am Finkenwerder Landscheideweg, der sich einen Kilometer südlich des Anlegers in Ost-West-Richtung durch Finkenwerder zieht, steht etwas abseits des Ortes die Kirche von 1881, die noch einige alte Ausstattungsstücke besitzt. Eine verwunschene Idylle ist der nahe gelegene Friedhof, schon 1844 angelegt und gerade einmal ein Hektar groß. Auffallend sind an seinen Eingängen die überdachten Prunkpforten nach dem Vorbild der hölzernen Hofeinfahrten wohlhabender Bauern im Alten Land.

Ein ganz anderes, sein jüngstes, aber gleichwohl grünes Gesicht zeigt Finkenwerder mit dem **Rüschpark**. Vom Anleger überquert man die Benittstraße, hält sich links und gelangt über Wriedestraße, Mewesweg und Hein-Saß-Weg durch ein Gewerbegebiet in die Grünanlage. Der Park, ein in den 70er Jahren des 20. Jahrhunderts aufgegebenes Werftgelände, ist 21 ha groß. In der Elbuferböschung wurden Reste der Werftanlagen zu Aussichtsplattformen umgestaltet.

Wer den Rüschpark über den Rüschweg verlässt, stößt auf den Neßdeich. Im Haus Nr. 6 wurde Hans (eigentlich Johann) Kinau (1880–1916) geboren. Berühmt wurde er vor allem mit seinem 1913 unter dem Pseudonym Gorch Fock erschienenen realistischen Roman „Seefahrt ist not".

Gegenüber dem **Gorch-Fock-Haus** dehnt sich das Gelände der Airbus-Werke aus. Und es dehnt sich immer weiter aus. Ins angrenzende – jetzt ehemalige – Naturschutzgebiet Mühlenberger Loch nämlich, einer flachen Bucht der Elbe. Das Gebiet des Mühlenberger Loches wurde zu einem Fünftel zugeschüttet, um dort die Werksanlagen des Flugzeug-Konzerns zu erweitern.

Finkenwerder Elbblick
Nahe dem Fähranleger, grandioser Ausblick über die Elbe von St. Pauli bis Teufelsbrück, verfeinerte Fisch- und Regionalküche.
Focksweg 42
Tel. (040) 7 42 51 91
www.finkenwerder-elbblick.de
Tgl. 11–22 Uhr

Landungsbrücke Finkenwerder
Am Anleger, Sommerterrasse mit Elbblick, gutbürgerliche Regionalküche mit Schwerpunkt – wen wundert's: Fisch.
Benittstraße 9
Tel. (040) 7 42 51 51
www.finkenwerder-landungsbruecke.de
Tgl. 11–22 Uhr

St.-Pauli Landungsbrücken

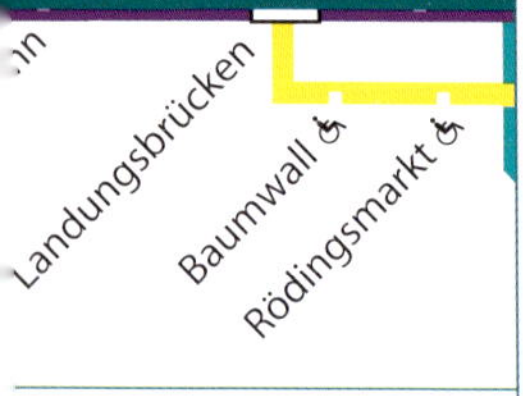

Start
Finkenwerder
Fähre 62 ab Landungsbrücken alle 15 Min., Fähre 64 ab Teufelsbrück alle 30 Min.

(Rad-)Wanderung
Finkenwerder – Neuenfelde – Estedeich – Neugraben

Länge
ca. 20 km

Rückfahrt
S3 S31 alle 5–10 Min. ab Neugraben

Tourismusverein Altes Land
Osterjork 10
21635 Jork
Tel. (0 41 62) 91 47 55
www.tourismus-altes-land.de
www.tourismus-jork.de
Apr.–Okt.
Mo–Fr 9–13 + 14–17 Uhr
Sa/So/Fei 10–15 Uhr
Nov.–März
Mo–Do 9–13 + 14–17 Uhr,
Fr 9–13 Uhr

Für müde (Rad-)Wanderer:
Radwanderbus
Apr.–Anfang Okt. Sa/So/Fei zwischen Horneburg und Balje
Tel. (0 41 61) 6 44 60
4 €, Familienkarte 9 €
www.elbe-radwanderbus.de

Altes Land

Wo der Boskop blüht

Obstbäume so weit das Auge reicht. Das Alte Land ist Nordeuropas größtes zusammenhängendes Obstanbaugebiet. Ganz nebenbei ist es auch zu einem beliebten Ausflugsziel der Hamburger geworden – nicht nur, aber ganz besonders zur Obstblüte.

Zwischen der ehemaligen Elbinsel Finkenwerder und dem schon zum Alten Land gehörenden Ort Neuenfelde mündete früher die Süderelbe in den Hauptstrom der Elbe. Heute ist sie abgedämmt und endet als toter Arm vor dem Elbdeich. Über diesen Elbdeich führt unsere Strecke von Finkenwerder ins Alte Land.

Rein geografisch ist das Alte Land ein rund 30 km langer und bis zu 7 km breiter Marschgürtel. Er erstreckt sich vom Hamburger Stadtgebiet aus am Südufer der Unterelbe entlang bis nach Stade. Durch die Elbnebenflüsse Schwinge, Lühe und Este wird das Land in drei Gebiete, die sogenannten Meilen, aufgeteilt. Die hier beschriebene Tour bewegt sich auf der **Dritten Meile,** die von der Este zur Süderelbe reicht.

Das Alte Land wurde schon im 12. Jahrhundert von holländischen Einwanderern besiedelt. Aus ihrer Heimat brachten sie die Kunst der Entwässerung und des Deichbaus mit. Mönche der Stader Klöster waren die ersten, die Obstbäume pflanzten und somit das Fundament für das wirtschaftliche Aufblühen legten.

In **Neuenfelde,** einem lang gestreckten Straßendorf am Beginn unserer Tour, steht die barock ausgestattete Kirche **St. Pankratius.** Sie besitzt eine bemalte hölzerne Tonnendecke, einen Kanzelaltar von 1688, vor allem aber eine herrliche, aus dem Jahre 1688 stammende Orgel des berühmten Orgelbauers Arp Schnitger. Arp Schnitger hatte hier einen Bauernhof, und er ist in der Kirche begraben. Im landeinwärts gelegenen **Nincop,** einem Ortsteil von Neuenfelde, sind einige besonders gut erhaltene Bauernhäu-

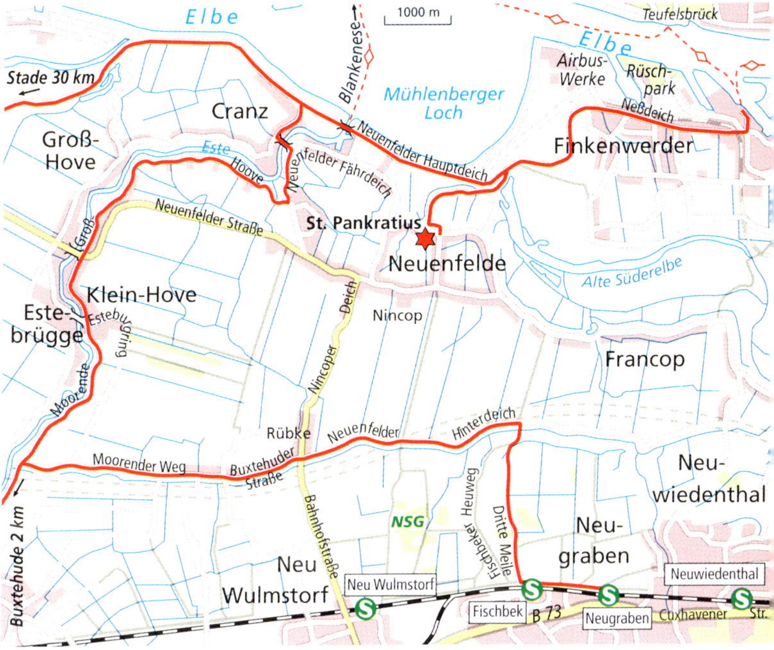

ser zu bewundern. Der Neuenfelder Hauptdeich führt nach **Cranz.** Kurz vor dem Ort mündet die Este in die Elbe. Das Flüsschen überqueren wir nicht unbedingt, sondern radeln an seinem Ost-Ufer landeinwärts Richtung Buxtehude. Vor dem Este-Sperrweg geht es über den Neuen Fährweg und weiter auf dem Estedeich Groß Hove. Von hier bietet sich ein weiter Blick in die Obstgärten. Im April/Mai – zur Obstblüte – ist es besonders schön: Die märchenhafte Landschaft präsentiert sich wie schneebedeckt. Aber auch im Herbst lohnt der Weg dorthin. Allerorts sind dann Pflücker am Werk.

In **Estebrügge** biegen wir nach links in den Esteburgring, der uns zum Moorender Weg leitet, die in den Ort Rübke führt. Über die Buxtehuder Straße gelangen wir geradeaus in den Neuenfelder Hinterdeich, auf dem wir radeln, bis rechts der Fischbeker Heuweg abzweigt. Hier fahren wir rechts und gleich wieder links in den Weg „Dritte Meile“, der uns nach Neugraben-Fischbek führt.

Feste im Alten Land

Erstes Mai-Wochenende:
Blütenfest in Jork mit Wahl der Blütenkönigin und Festumzug: www.altlaender-bluetenfest.de

Anfang Juli:
Altländer Kirschenwoche, die am 2. Juli-Sonntag mit Kirschmarkt in Jork endet

Zweites September-Wochenende:
Altländer Apfeltage mit Tag des offenen Hofes. lVeranstaltungen rund um den Apfel allerorts.

Zweites Oktober-Wochenende:
Apfel- und Kürbisfest in Jork

Start
Finkenwerder
Fähre 62 ab Landungsbrücken alle 15 Min.,
Fähre 64 ab Teufelsbrück alle 30 Min.
oder
Neugraben
S3 S31 alle 10–30 Min.

(Rad-)Wanderung
von Finkenwerder nach Buxtehude

Länge
ca. 22 km

Rückfahrt
Buxtehudew
S3 alle 20–30 Min.
R50 alle 60 Min.

Karten ▸ Seite 131
▸ Seite 137

Stadtinformation Buxtehude
Viverstraße 1
21614 Buxtehude
Tel. (0 41 61) 5 01 23 45
www.buxtehude.de
Mo, Di, Mi, Fr 10–12 + 13–17 Uhr
Do 10–12 + 13–18 Uhr
Sa 10–12 Uhr

Altes Land – Buxtehude

Hase und Igel

Landläufig ist von Buxtehude nur bekannt, dass sich dort Hase und Igel einen Wettlauf geliefert haben und dass die Hunde dort mit dem Schwanz bellen.

Natürlich stimmt beides nicht. Die Geschichte vom schlauen Igel, der beim Wettlauf den Hasen aussticht, entstammt der Märchenerzählung von Wilhelm Schröder aus dem Jahre 1840. Der Ursprung des Scherzwortes, wonach in Buxtehude die Hunde mit dem Schwanz bellen, geht auf holländische Siedler zurück. Diese versahen die alte Stadtglocke, im Holländischen „bell", mit einem besonders langen Seil, das sich „hound" nannte. Das einzige, was im Buxtehude von heute märchenhaft ist, das ist die Altstadt dieses beschaulichen Landstädtchens an der Este – abgesehen von der herrlichen Umgebung des Alten Landes natürlich.

Ein Besuch Buxtehudes lässt sich gut mit der Tour durchs Alte Land (▸ Seite 130) kombinieren. Wer mit der Fähre in **Finkenwerder** anlegt, vermeidet die Gefahr, sich zu verfahren, indem er sich immer am oder auf dem Deich hält: Finkenwerder Norderdeich, Neßdeich und Neuenfelder Hauptdeich lauten die Namen der Deichabschnitte bis **Cranz.** Dort, an der Mündung der Este in die Elbe, radelt man immer am Ostufer des Flüsschens entlang in südlicher Richtung – und kommt so im historischen Stadtkern von Buxtehude an (Wegbeschreibung bis Estebrügge ▸ Seite 131). In Estebrügge biegt man nicht nach links in den Esteburgring, sondern fährt geradeaus weiter auf der Moorender Straße ins Zentrum von Buxtehude.

Ausflügler, die am S-Bahnhof **Neugraben** starten, ignorieren die dortigen Straßenwegweiser nach Buxtehude und fahren zunächst ins nördlich von Neugraben – und schon mitten im Alten Land – gelegene **Francop.** Von dort geht es in Ost-West-Richtung quer durch die schöne Landschaft des Alten Landes auf gut ausgeschilderten Wegen Richtung Buxtehude und nach **Neuland an der Este.** Von hier aus gelangt man dem Ufer der Este folgend über die Moorender Straße direkt in die Buxtehuder Altstadt.

Mittelpunkt der übersichtlichen **Buxtehuder Altstadt** ist die **St.-Petri-Kirche,** ein schon 1298 begonnener Backsteinbau mit einem hohen, schlanken Mittelschiff. Der achteckige 72 m hohe Turm entstand nach einem Brand 1853 neu. Im großen Kircheninneren ist der um 1500 gestiftete Halepaghen-Altar bemerkenswert.

In den engen Gassen um die Kirche herum gibt es prachtvolle alte Giebel, Dielen und Hinterhöfe zu sehen. Das grachtenartige **Estefleet,** an dem sich eine lange Giebelreihe entlangzieht, lässt Besucher an Holland denken. Nicht zu Unrecht, erinnert es doch an die niederländische Herkunft vieler Kolonisten dieser Gegend. Besondere Aufmerksamkeit verdienen in der Altstadt das Bürgerhaus in der Langen Straße 25 von 1548 und das Fachwerkhaus Fischerstraße 3.

Am Estefleet in Buxtehude

Ein weiteres steinernes Zeugnis aus der rund 1.000-jährigen Geschichte der Stadt Buxtehude, die in ihren besten Jahren sogar der Hanse angehörte, findet sich am nördlichen Rand des Stadtkerns, unweit des Estehafens: der **Zwinger,** ein Teil des alten Marschtores von 1539, also ein Rest der ehemaligen Stadtbefestigung. Vergleichsweise jung dagegen ist der Bau des nahen Buxtehude-Museums für Regionalgeschichte und Kunst. Im Altbau von 1913 wird neben der modern gestalteten heimatkundlichen Ausstellung auch die Geschichte des Heimatmuseums selbst dokumentiert. Im angrenzenden Neubau sind zwei unterschiedliche Abteilungen untergebracht: „Sakrale Kunst – Geschichte und Restaurierung“ und „Buxtehude in der Moderne“. In letzterer werden die Veränderungen der Stadt im Zuge der Industrialisierung anschaulich dargestellt.

Buxtehude-Museum
Museum für Regionalgeschichte und Kunst.
Stavenort 2
Tel. (0 41 61) 5 01 23 33
Di–Fr 14–17 Uhr,
Sa/So 11–17 Uhr
4 €, erm. 2 €, bis 16 Jahre frei

Restaurant Abthaus
Spitzgiebelfachwerkhaus von 1399. Gehobene Regionalküche, im Sommer Biergarten im Innenhof.
Abtstraße 6
Tel. (0 41 61) 55 40 77
www.abthaus-buxtehude.de
Di–Fr 17–22 Uhr, Sa/So 12–22 Uhr, Mo Ruhetag

Start
Fähranleger Cranz
(Fähre Blankenese – Neuenfelde – Cranz) alle 60 Min., Abfahrtszeiten bei www.hvv.de, da gezeiten- und saisonabhängig
(HVV-Tickets gelten nur zum Teil)

Radwanderung
Cranz – Jork – Steinkirchen – Grünendeich – Hollern-Twielenfleth – Stade

Länge
ca. 30 km

Rückfahrt
Stade
S3 alle 60 Min.
R50 alle 60 Min.

Karte ▸ Seite 136/137

Museum Altes Land
Westerjork 49
21635 Jork
Tel. (0 41 62) 57 15
www.jork.de
Nov.–März
Mi, Sa/So 13–16 Uhr
Apr.–Okt. Di–So 11–17 Uhr
Eintritt frei

Holländermühle Aurora
Die Mühle „Jork"
Restaurant-Café.
Am Elbdeich 1
21635 Jork
Tel. (0 41 62) 63 95
www.diemuehlejork.de
Feb.–Dez. Mi–Mo
12–22 Uhr, Di Ruhetag

Altes Land – Stade

Holland lässt grüßen

Mit dem Rad auf dem Deich, die Elbe zur Rechten, das Alte Land zur Linken – vorbei an prächtigen Bauernhäusern, Leuchttürmen und Windmühlen. Im Frühjahr säumen blühende Apfelbäume unseren Weg, im Herbst zeigen sie uns ihre rotbackigen Früchte.

Für diese Tour durchs Alte Land starten wir in **Cranz.** Dorthin sind wir direkt mit der Fähre gelangt, oder wir haben schon von Finkenwerder aus den östlichen Teil der Region erkundet (▸ Seite 130). In Cranz überqueren wir die Este und fahren auf dem Deich entlang der Elbe. Zur Rechten geht der Blick dabei über den Fluss, zur Linken Obstbäume so weit das Auge reicht. Nicht umsonst gilt das Alte Land als größtes zusammenhängendes Obstanbaugebiet Nordeuropas.

Schon nach einer kurzen Strecke bietet sich ein Abstecher nach **Jork** an, dem Hauptort des Alten Landes. Hier ist in einem der vielen alten Fachwerkhäuser das **Museum Altes Land** untergebracht. Es dokumentiert die Technikgeschichte der Region. Darüber hinaus werden die Bedeutung des Wassers und die Geschichte der Landwirtschaft dargestellt, und der Besucher kann historische Möbel und Trachten bewundern. In der kleinen Barockkirche von 1709 heiratete übrigens Gotthold Ephraim Lessing. Bevor wir auf den Deich zurückkehren, bietet sich die Möglichkeit, in der **Galerie-Holländermühle Aurora** in Jork-Borstel einzukehren. Sie stammt aus dem Jahre 1860. Der Mahlbetrieb wurde 1961 eingestellt. Heute beherbergt die Mühle ein Café und Restaurant.

Zurück auf dem Deich radeln wir weiter Richtung Stade. 56 Leuchttürme säumen die Elbe von Hamburg bis zur Nordsee. Von Obstbäumen umgeben grüßt uns zwischen Wisch und Lühe einer von ihnen: der rot-weiße, sechseckige Stahlgitter-Leuchtturm **Oberfeuer Sommerfletherwisch.** Mit seinen 35 Höhenmetern gehört der 1907 erbaute Leuchtturm zu den mittelgroßen.

Bauernhaus im Alten Land

Kurz vor der Mündung des Flüsschens Lühe biegen wir links nach **Steinkirchen** ab und überqueren hier die Lühe über die im holländischen Stil erbaute **Hogendiekbrücke.** Anfang des 12. Jahrhunderts schloss der Erzbischof von Bremen mit dem holländischen Priester Henricus einen Vertrag über die Besiedelung der Marschen. In mehreren Generationen machten die holländischen Siedler und Experten in Sachen Deichbau das Land bewohnbar. Von Stade aus wurde es eingedeicht, entwässert und kultiviert. Abschnitt für Abschnitt entstand so aus dem „Alten Land" „Neues Land". Irgendwann konnte die gesamte Region bewirtschaftet werden, der Name Altes Land blieb jedoch erhalten.

Von Steinkirchen radeln wir in den Ort **Grünendeich.** Die **St. Marien-Kirche** aus dem 17. Jahrhundert ist die älteste der zehn Fachwerk-Kirchen der Region. Aufgrund des schweren Marschbodens steht der aus Holz errichtete Turm abgetrennt neben dem Kirchenschiff. Die Lühe entwässert einen großen Teil des Alten Landes, das seit Jahrhunderten von zahllosen Entwässerungsgräben durchzogen ist. Diese Gräben führen zu kleinen Kanälen, den sogenannten Wettern, die

Touristikzentrale Altes Land
Osterjork 10
21635 Jork
Tel. (0 41 62) 91 47 55
www.tourismus-altes-land.de
Apr.–Okt. Mo–Fr 9-13 + 14–17 Uhr
Sa/So/Fei 10–15 Uhr
Nov.–März Mo–Do 9–13 + 14–17 Uhr, Fr 9–13 Uhr

Altländer Gästeführungen
Tel. (0 41 62) 13 33
www.altlaender-gaestefuehrungen.de
Apr.–Okt. So 11 Uhr Führungen an wechselnden Orten, Dauer 1,5 Std.

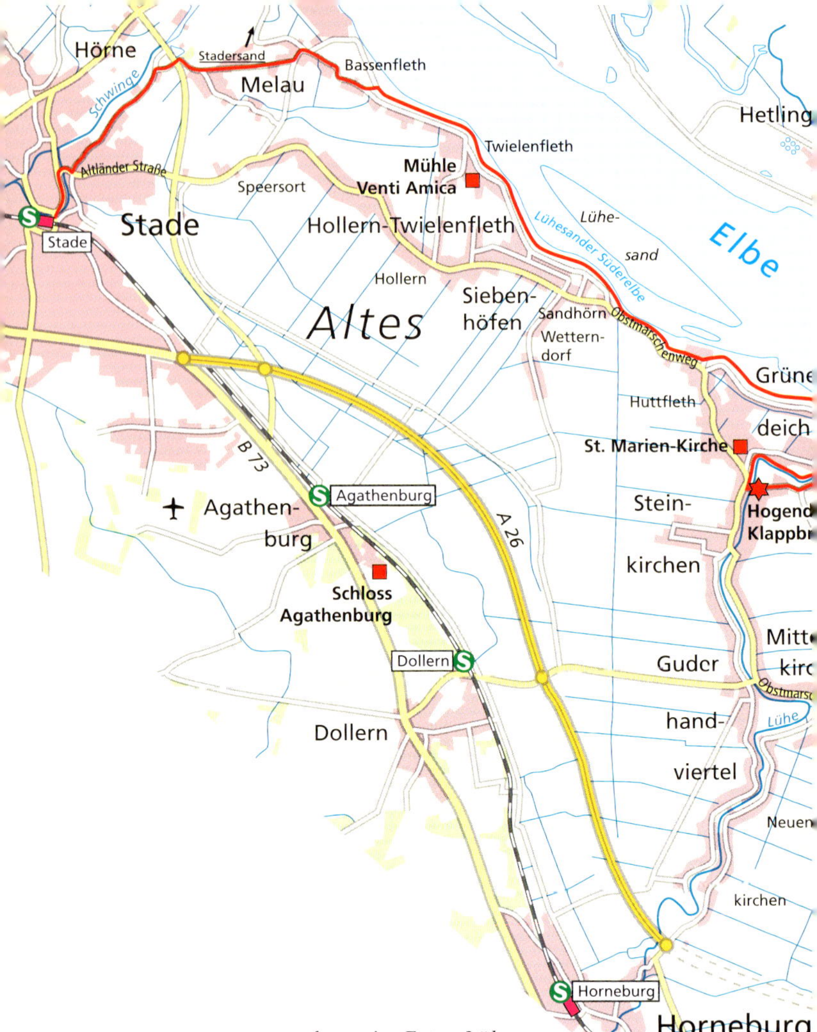

dann in Este, Lühe, Schwinge oder direkt in die Elbe führen. Ein ausgefeiltes System von Schleusen und Sperrwerken ist nötig, um die Entwässerung aufrechtzuerhalten. Überall zeugen schmucke Bauernhäuser vom gewachsenen Wohlstand der Altländer Obstbauern. Heute besteht der weitaus größte Teil der Obstbäume aus Apfelbäumen. Jeder vierte Apfel, der in Deutschland verzehrt wird, stammt aus dem Alten Land.

Wir kehren auf den Deich zurück und fahren nach **Hollern-Twielenfleth.** Auch in diesem beschaulichen Ort gibt es eine Windmühle. Ihr Name: Venti Amica – Freundin des Windes. Über Bassenfleth erreichen wir Stade (▸ Seite 138).

Windmühle Venti Amica
Mühlenstraße 16
21723 Hollern-Twielenfleth
Kontaktperson für Besichtigungen Hein Noodt
Tel. (0 41 41) 7 68 18

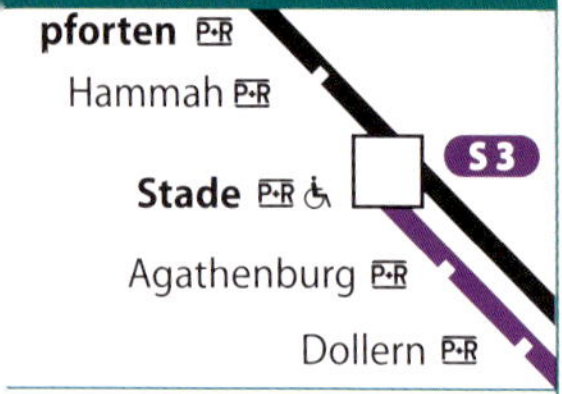

Start
Stade
S3 alle 60 Min.
R50 alle 60 Min.

Stadtbesichtigung

Kombinierbar mit einer Radtour durchs Alte Land (► Seite 134)

Schwedenspeicher
Wasser West 39
Tel. (0 41 41) 79 77 30
www.museen-stade.de
Di–Fr 10–17,
Sa/So 10–18 Uhr
6 €, erm. 3 €

Baumhaus-Museum
Wasser Ost 28
Tel. (0 41 41) 4 54 34
Apr.–Okt. Sa 10–18 Uhr,
So 14–18 Uhr
Nov.–März So 15–17 Uhr
Eintritt frei

Freilichtmuseum
Auf der Insel 2
Tel. (0 41 41) 7 97 73 30
Mai–Sept. Di–So
10–17 Uhr, 2 €, erm. 1 €

Stade

Stade, die alte Hansestadt

Die alte Hafenstadt trägt ihren wiedererstandenen Hanse-Titel zu Recht. Frühbarocke Fachwerkhäuser säumen die Gassen der Altstadt, die sogar von einem Burggraben umgeben ist. Und für Museumsliebhaber ist die Stadt am Rand des Alten Landes ein wahres Paradies.

1601 von der Hanse ausgeschlossen, darf sich die Kleinstadt an der Elbe seit 2009 offiziell wieder Hansestadt nennen. Eine Wasserstadt mit zentraler Bedeutung war Stade immer, erst für den Handel – bis ins 11. Jahrhundert lief es dabei sogar Hamburg den Rang ab –, später als strategisches Kriegszentrum der Schweden. Nach dem Dreißigjährigen Krieg wurde Stade unter schwedischer Herrschaft zur Festung ausgebaut, deren Reste die Altstadt bis heute umringen. Ihre Silhouette wird von fern durch die Türme der Kirchen **St. Wilhardi** und **St. Cosmae** geprägt. Die meisten Gebäude der Altstadt entstanden nach 1659, als ein großer Brand zwei Drittel aller Häuser zerstörte. Der Besucher kann hier alte Gassen und idyllische Winkel bestaunen und sich in einem der Museen über die Geschichte der historischen Stadt informieren.

Das **Schwedenspeichermuseum** zeigt Funde der Vor- und Frühgeschichte sowie Zeugnisse der Stadtgeschichte vom Mittelalter bis in die 1870er Jahre, darunter viele Erinnerungen an die Schwedenzeit. Stade kam 1648 in den Besitz der Schweden, 1719 fiel es an Hannover. In einem Fachwerkhaus am Wasser befindet sich das private **Baumhaus-Museum,** in dem ein leidenschaftlicher Sammler seine eigene – und etwas eigenartige – ortsgeschichtliche Sammlung vom 18. bis ins 20. Jahrhundert präsentiert. Der Name Baumhaus weist auf die historische Nutzung des Gebäudes hin. Es diente dem Hafenaufseher als Amtsstube. Mit einem großen Baum verschloss oder öffnete er in früheren Zeiten die Zufahrt in den Hanseha-

Am Alten Hafen in Stade

fen am Fischmarkt. Beim großen Stadtbrand 1659 wurde das ursprüngliche Gebäude zerstört. Das heutige stammt aus dem Jahre 1774.

Und obwohl die Stader Altstadt ohnehin ein einziges Freilichtmuseum ist, gibt es noch das **Freilichtmuseum** auf der Insel im Burggraben. Das Museum mit Gebäuden des 18. Jahrhunderts präsentiert ländliches Kulturgut aus dem Alten Land und der Stader Geest: Altländer Haus, Prunkpforte, Göpelwerk und Bockwindmühle.

Ein weiteres Museum der Stadt ist das **Kunsthaus Stade.** Das 1667 errichtete Gebäude ist das höchste Haus in einer Reihe alter Fachwerkbauten. Zunächst diente es als Kaufmanns- und Speicherhaus. Früher wurde dort eine Gemäldesammlung der Worpsweder Gründergeneration gezeigt, heute laufen wechselnde Ausstellungen mit Werken namhafter Künstler.

Stade ist allseits von Wasser umgeben, vom Burggraben und den alten Hafenanlagen. Der historische Hafen in der Altstadt präsentiert sich wie aus dem Bilderbuch. Heute legen hier vor allem Sportschiffer an. Für die größeren Schiffe wurde draußen an der Elbe ein neuer Hafen – Stadersand – gebaut.

Kunsthaus
Wasser West 7
Tel. (0 41 41) 7 97 73 20
Di, Do, Fr 10–17 Uhr,
Mi 10–19, Sa/So 10–18 Uhr
5 €, erm. 2,50 €

Rückfahrt per Schiff

Niederelbe-Fahrten

Stadersand – Lühe – Schulau-Wedel – Blankenese – Landungsbrücken.
Apr.–Okt. Sa/So/Fei 14 Uhr ab Stadersand, Fahrzeit 2,5 Std. bis St. Pauli-Landungsbrücken, Brücke 2
Tel. (0 40) 31 17 07-0
www.hadag.de
Einfache Fahrt 20 €, Kinder 10 €, Fahrrad 4 €

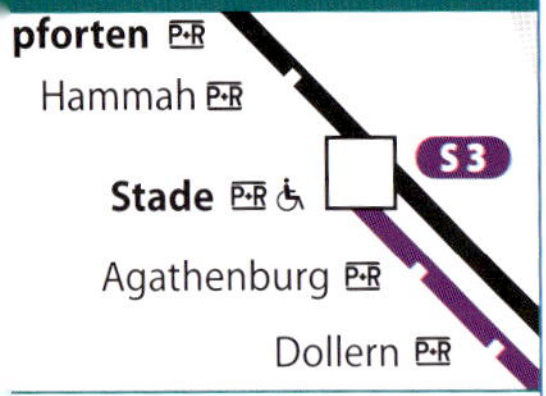

Start
Stade
S3 alle 60 Min.
R50 alle 60 Min.

Radtour
Stade – Heinbockel – Mulsum – Fredenbeck – Agathenburg

Länge
ca. 50 km

Rückfahrt
Agathenburg
S3 alle 60 Min.

Windmühle Grefenmoor
Mühlenweg / B 73
21709 Düdenbüttel-Grefenmoor
Innenbesichtigung nach Absprache
Tel. (0 41 44) 81 65

Gasthof Hellwege
Beliebtes Ausflugslokal mit regionalen Spezialitäten der Saison.
Alte Dorfstraße 25
21726 Heinbockel-Hagenah
Tel. (0 41 49) 4 05
www.gasthof-hellwege.de
Mo–Fr ab 16, Sa/So ab 10 Uhr, Mi Ruhetag

Stade – Agathenburg

Es klappern die Mühlen

Südlich von Stade erstreckt sich eine Landschaft, die einst aus Mooren bestand. Heute sind daraus meist landwirtschaftliche Nutzflächen geworden, doch hat die Gegend viel von ihrer Urtümlichkeit bewahren können.

Heute fahren wir von Stade nach Agathenburg, denn so besteht die Möglichkeit, noch eine Stadtbesichtigung in Stade (▸ Seite 138) vorzunehmen und in Agathenburg den Ausflug mit einem Spaziergang im Schlosspark ausklingen zu lassen. Wir verlassen Stade auf dem **Nordseeküsten-Radweg,** der direkt am Bahnhof vorbeiführt. Bei der Siedlung Mittelsdorf zweigt links der Mühlenweg ab. Dieser Weg führt uns nach **Grefenmoor** an der B 73, vorbei an einer prachtvollen Windmühle. Es ist ein einstöckiger Galerie-Holländer aus dem Jahre 1896. Er wurde errichtet, nachdem die Mühle, die dort vorher stand, durch einen Blitz vernichtet worden war.

Wir überqueren die B 73, wo der Mühlenweg in die Straße Weißenmoor übergeht. Wir bleiben auf dieser landschaftlich reizvollen Strecke, bis der Weg nach rechts Richtung **Heinbockel** führt, wo wir am Ortseingang Reste eines Großsteingrabes finden können. Von Heinbockel ist es nur noch ein Katzensprung ins 3 km südlich gelegene Hagenah. In **Hagenah** biegen wir rechts ab in den Kirchweg, um nach 200 m wieder halb links abzubiegen. Nach dem Ortsende fahren wir wieder links auf einen Fahrweg, der die B 74 kreuzt und in einigen Kurven Richtung Mulsum führt. Am Fredenbecker Mühlenbach kann man die erste Wassermühle dieser Tour entdecken.

Fredenbeck geht fast nahtlos in Deinste über, genauer in den Vorort **Deinster Mühle.** Auch hier gibt es einen Mühlenbach, doch von einer Mühle selbst ist nichts zu erkennen. Dafür kann **Deinste** mit einer anderen Attraktion aufwarten, dem **Deutschen Feld- und Kleinbahnmuseum.** Das von Hobby-Eisenbahnern getragene Museum sammelt

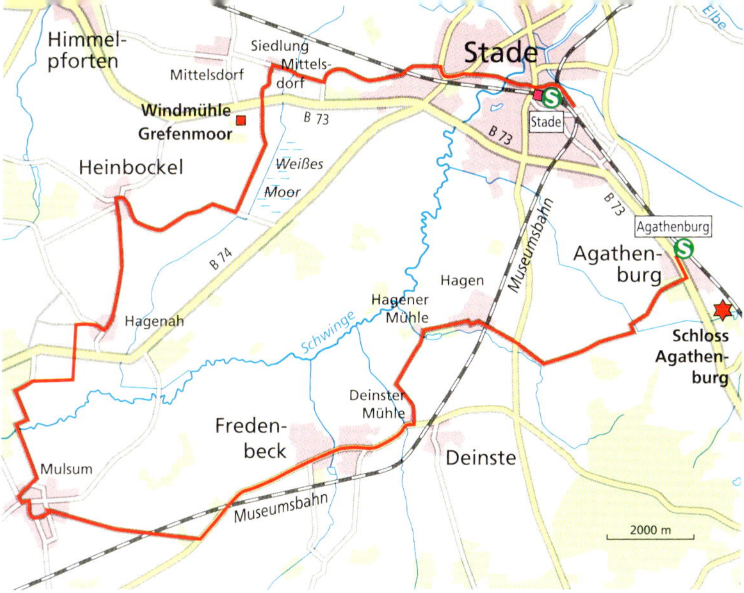

und betreibt Feldbahn-Fahrzeuge auf 600mm-Spur. Um die Fahrzeuge vorführen zu können, wurde eigens eine 1,2 km lange Strecke von Deinste über Hagel bis Lütjenkamp gebaut. In Deinste befindet sich der Kleinbahnhof als Hauptstandort. In Lütjenkamp liegt das Museum.

Von Deinster Mühle verläuft unser Weg jetzt in nördlicher Richtung zum **Gut Hagener Mühle,** und hier ist tatsächlich noch eine Wassermühle an dem Flusschen Steinbeck erhalten. Den Mühlteich zur Rechten, geht es nun über die Straße Zur Mühle nach Hagen hinein und über die Straße Odamm in östlicher Richtung nach Agathenburg. Hier hat ein schönes Schloss die Stürme der Zeit überdauert. Das **Schloss Agathenburg** wurde unmittelbar nach dem Dreißigjährigen Krieg am Geesthang mit Blick auf das Elbtal errichtet. Heute dient es als Kulturzentrum und bietet eine Dauerausstellung zur Geschichte des Hauses. Vom einst umfangreichen Schlosspark sind leider nur Teile erhalten, aber auch diese bieten lauschige Plätze und weite Blicke über das Elbtal.

Der Schlosspark grenzt an die Bahnstrecke Hamburg-Cuxhaven, und der S-Bahnhof Agathenburg liegt auch ganz in der Nähe. Einer baldigen Heimreise steht also nichts mehr im Wege.

Deutsches Feld- und Kleinbahnmuseum
Bahnhofstraße
21717 Deinste
Tel. (0 41 41) 8 79 21
Tel. Kleinbahnhof (0 41 49) 12 44 (nur an Fahrtagen)
www.kleinbahn-deinste.de
Mai–Sept. jeden 3. So im Monat und an Feiertagen Stündl. zw. 10.40 und 16.40 Uhr
2,50 €, erm. 1,50 €,

Schloss Agathenburg
Mit Schlosscafé am Wochenende.
Hauptstraße
21684 Agathenburg
Tel. (0 41 41) 6 40 11
www.schlossagathenburg.de
März–Okt. Di–Fr 14–18, Sa/So/Fei 11–18 Uhr
Nov.–Feb. bis 17 Uhr
4 € / 2 € / 0,50 €

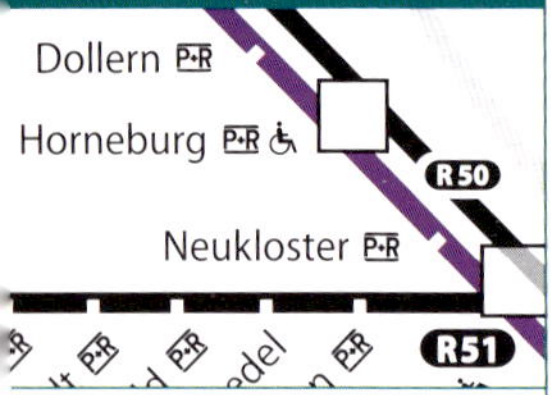

Start
Horneburg
S3 alle 60 Min.
R50 alle 60 Min.

Wanderung
Horneburg – Isendorf – Gut Daudieck – Horneburg

Länge
ca. 15 km

Romantischer Spazierweg beim Gut Daudiek

Horneburg

Wo einst die Ritter lebten

Gutshäuser, Obstplantagen, Großsteingräber, ein Wald und ein Bachtal – das lässt sich bei einer Wanderung rund um Horneburg entdecken. Da die Beschilderungen etwas dürftig sind, ist es empfehlenswert, eine Wanderkarte mitzunehmen.

Die Geschichte Horneburgs begann mit einer Ritterburg. Um das Jahr 1255 ließen sich mehrere Adelsfamilien eine Wasserburg bauen. Im Schutze dieser Horneburg entstand die gleichnamige Ortschaft. Um 1500 löste sich die Wohngemeinschaft der Burg auf und die adeligen Familien bauten sich Gutshäuser außerhalb des Burggeländes, so entlang der heutigen Langen Straße, dem mittelalterlichen West-Ost-Fernhandelsweg. Der Burgmannshof in der Langen Straße 38a war das erste Gutshaus, das die Familie Schulte von der Lühe um 1510 nach dem Auszug aus der Vorburg errichtete. Das Gebäude dient heute als Begegnungsstätte. Die Horneburg wurde 1645 abgerissen.

Wer nach weiteren Spuren des alten Horneburgs sucht, findet sie vor allem entlang der Langen Straße. Dort steht auch das **Rathaus,** ein Fachwerkhaus mit verputzter Straßenfassade. Am Ende der Straße rechts um die Ecke geschaut, erblickt man als roten Backsteinbau die **Liebfrauenkirche.** Weiter nach rechts in der Straße Vordamm blühte in früheren Jahrhunderten das Landhandwerk. Unweit des Flüsschens Aue gab es Schmieden, Stellmachereien, Gerbereien, Sattler und Schuhmacher. Aneinangedrängte Fachwerkhäuser, schmale Fußsteige und Kopfsteinpflaster verleihen der Straße ihren Charme.

Für unsere Wanderung verlassen wir die Stadtmitte in Richtung Westen, überqueren den Bahndamm und gehen rechts auf dem Grünen Weg über die Bürgermeister-Löhden-Straße zur Unterführung der B 73. Nach der Unterquerung befinden wir uns auf dem Bürgermeister-zum-Felde-Weg und folgen ihm bis zur Straße Blu-

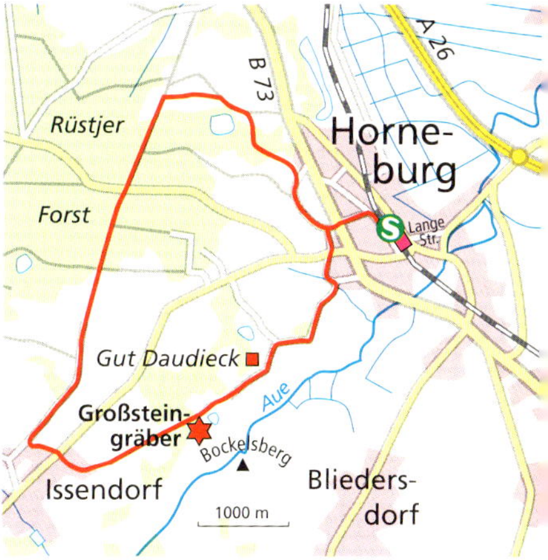

menthal, in die wir nach rechts einbiegen. Nun wird es langsam ländlicher. Rechts hinter der Reitanlage biegt eine weitere Teerstraße Richtung B 73 ab, der wir ein kurzes Stück folgen. Hinter einer Kirschplantage führt links ein Grasweg in den Wald hinein. Wir halten uns rechts auf diesem Hauptweg bis zum Waldrand, wo wir direkt auf eine Apfelplantage zusteuern, die uns im Frühjahr mit rosa Blüten, im Herbst mit rotbackigen Äpfeln empfängt. Ab hier wandern wir links zwischen Waldrand, Feldern und Plantagen, um schließlich nach links in den Wald Richtung Rastplatz abzubiegen. Jetzt geht es immer geradeaus durch den **Rüstjer Forst** nach **Issendorf,** das nach 3 km erreicht ist. Dort biegen wir links in die Dorfstraße ein, überqueren die Horneburger Straße, gelangen in die Straße Büntfeld, die in den Daudiecker Weg mündet. Dieser führt nach links aus dem Ort heraus. Bevor es auf einem Sandweg weitergeht, befindet sich links am Straßenrand eine Informationstafel zu mehreren Großsteingräbern, die auf die Zeit um 3500 v. Chr. zurückgehen. Es handelt sich um den ältesten bekannten Nachweis für eine Besiedelung des Horneburger Geestrandes.

Wir folgen dem Feldweg geradeaus bis zum Waldrand und biegen an der Weggabelung nach links ab (nach rechts geht es weiter zu den Hünengräbern) – Richtung **Gut Daudieck** im unteren Auetal. Durch schattigen Buchen- und Tannenwald kommen wir dem Gut näher. Über einen Kopfsteinpflasterweg durchqueren wir die Anlage. Links begrüßt uns der romantische Mühlenteich, rechts ein Reetdachwohnhaus, das einmal eine um 1600 erbaute Wassermühle war. Am Ende der Hofanlage folgen wir nicht links der Kopfsteinpflaster-Allee entlang des Mühlenteichs, sondern halten uns geradeaus auf dem Stucks Weg, einer zwischen Feldern verlaufenden Asphaltstraße, die nach Horneburg zurückführt.

Belmondo
Pizza aus dem Holzbackofen, Außenterrasse.
Im Kleinen Sande 1
21640 Horneburg
Tel. (0 41 63) 81 29 56
www.restaurant-belmondo.de
Mo–Do 11.30–24 Uhr,
Fr/Sa 11.30–0.30 Uhr,
So 12–22 Uhr

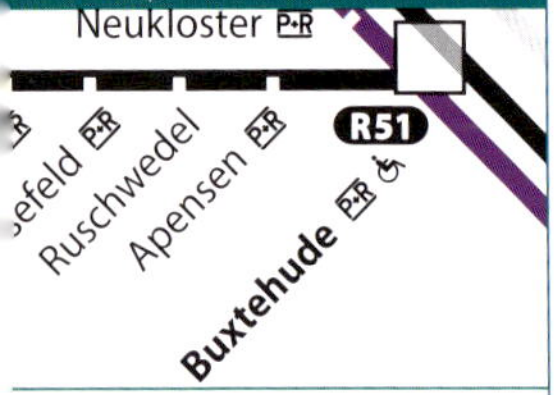

Start
Buxtehude
S3 alle 10–30 Min.
R50 alle 60 Min.

Radrundwanderung
Buxtehude – Moisburg – Apensen – Buxtehude

Länge
ca. 30 km

Buxtehude – Moisburg

Von bellenden Hunden zur klappernden Mühle

Für die Ausflügler, die die Chance nutzen, dank der S-Bahnstreckenerweiterung Buxtehude bequem zu besuchen, sich aber nicht auf eine Stadtbesichtigung beschränken wollen, bietet sich eine Radtour südlich der Stadt an. Durch idyllische Landschaft geht es dabei zur Museumsmühle in Moisburg.

Gleich südlich der Stadt beginnt der Geestrücken, während Buxtehude selbst noch in der Marschniederung liegt. Mit anderen Worten: Heute geht es ein wenig bergauf. Vom Bahnhof aus fahren wir über die Stader Straße Richtung Este. Wie überqueren diese, um über den Brillenburgsweg und den Alten Postweg nach Övelgönne zu gelangen. Von diesem unspektakulären Ort aus geht es über Ketzendorf in Richtung Ardestorf und Grauen. Vorbei an einigen Hünengräbern endet der Weg in **Moisburg.**

Der Ort ist eine wichtige Station auf der Niedersächsischen Mühlen(auto)straße, und auch der Radrundkurs Nordheide führt durch Moisburg, das heute ein besseres Dorf ist. Moisburg war in der Vergangenheit jedoch als alter Amtssitz ein bedeutendes Zentrum der Region. Davon künden noch verschiedene Amtsbauten, zu denen auch die **Wassermühle** gehört.

Heute ist in der Mühle das **Mühlenmuseum Moisburg,** eine Außenstelle des Museums am Kiekeberg (▸ Seite 106), untergebracht. In diesem kann sich der Besucher mit den technischen Abläufen des Mahlens in einer historischen Wassermühle vertraut machen und an Mahltagen dem Müller über die Schulter schauen. Im Café in der historischen Mahlstube kann man sich bei Kaffee und Kuchen erholen. Für die Weiterfahrt kann sich der Radwanderer ein Original Moisburger Amtsmühlenbrot mit auf den Weg nehmen.

Mühlenmuseum Moisburg
Auf dem Damm 10
21647 Moisburg
Tel. (0 41 65) 65 75
Mitte Apr.– Ende Okt.
Sa/So 11–17 Uhr
3 €, bis 16 Jahre frei
Mahltage jeden So
13–16 Uhr, 3 €, unter 18 Jahre frei
Weitere Infos übers Museum am Kiekeberg
Tel. (040) 7 90 17 60
www.kiekeberg-museum.de

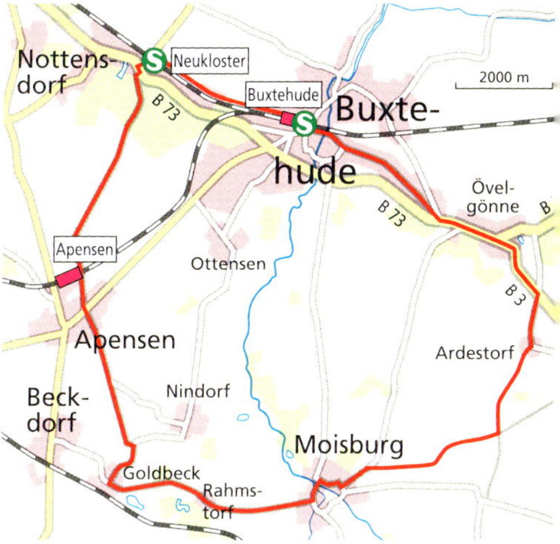

Dieser Weg führt nun von Moisburg, wo man auch noch das **Amtshaus,** einen aufwändigen Fachwerkbau von 1711, und die evangelische Kirche, erbaut im Stil der Spätrenaissance und mit prachtvoller Innenausstattung versehen, besichtigen sollte, auf einem kleinen Stück des Rad-rundkurses Nordheide nach Apensen. Zwischen **Rahmstorf** und **Goldbeck** liegt links der Strecke das **Hügelgräberfeld Goldbeck.** Etwa 70 vorzeitliche Gräber finden sich hier auf engstem Raum.

In **Apensen** biegen wir nach links in die Neukloster Straße, die in den Neukloster Forstweg übergeht: Dieser reizvolle Weg führt in den Neukloster Forst. Der Weg endet kurz vor dem Bahnhof Neukloster. Wir radeln auf dem Radweg „Am Mühlenbach“, hinterm Bahnhof in Neukloster, weiter nach Buxtehude. Hier hat man die letzte Gelegenheit zu erkunden, warum in Buxtehude die Hunde mit dem Schwanz bellen (▸ Seite 132).

Wassermühle Moisburg

Die Moisburger Amtswassermühle an der Este wird schon um das Jahr 1379 erstmals urkundlich erwähnt. Doch gehen die Museumsleute davon aus, dass es sogar schon vorher hier eine Mühle gegeben hat. Das heutige Gebäude wurde allerdings erst 1723 errichtet. Die Mühle war schon früh eine Amtsmühle, auch Zwangsmühle genannt. Das bedeutete, dass alle Bauern des Amtes Moisburg – und das war zeitweise ein großes Gebiet – hier ihr Korn mahlen lassen mussten. Erst im Jahre 1869, mit der Einführung der Gewerbefreiheit, fiel dieses Staatsmonopol!

Landgasthof Seeburg
Cuxhavener Straße 145
21614 Buxtehude-Neukloster
Tel. (0 41 61) 7 41 00
www.seeburg.de
Terrasse mit Seeblick
Tgl. 7–23 Uhr

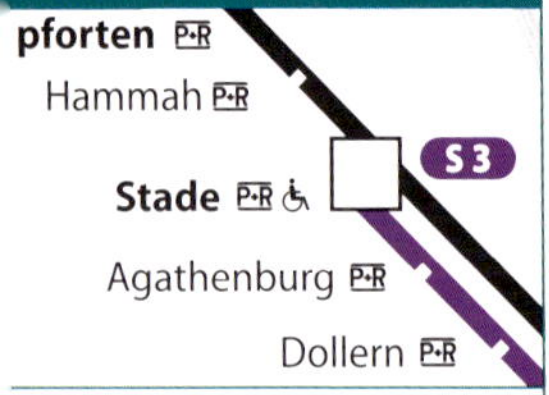

Start
Stade
S3 alle 60 Min.
R50 alle 60 Min.

Moorexpress-Tour
nach Worpswede

Fahrzeiten
Stade – Worpswede
ca. 2 Stunden Fahrzeit
Fahrzeiten siehe:
www.moorexpress.de
Mai–Okt.: Sa/So/Fei
11 €, erm. 5,50 €, Familien 23 €, Fahrrad 3 €
www.evb-elbe-weser.de

Der Jugendstil-Bahnhof in Worpswede

Worpswede

Mit dem Moorexpress ins Künstlerdorf

Zwischen Stade und Bremen fährt an Saisonwochenenden der Moorexpress, ein Museumszug mit historischen Triebwagen. Er zuckelt gemächlich durch die stille Landschaft und bringt uns nach Worpswede.

Worpswede? Eine dörfliche Ansiedlung am Fuße des Weyerbergs (54,4 Meter) – könnte man sagen. Oder: Das ist doch das Örtchen mitten im Teufelsmoor, mitten in der Hammeniederung, einer großen Überschwemmungsfläche, gleich neben Bremen. Wo die Zugvögel rasten, weil es so viel zu fressen gibt. Worpswede, das ist doch das malerische Dörfchen, das sogar im Winter fantastische Landschaft bietet und im Sommer großes Kino mit seinen Wolkenbildern über strahlenden Feldern.

Mit einem Wort: Worpswede hat es um und in sich, vor allem seit es von dem Maler Fritz Mackensen entdeckt wurde. Das war 1889. Otto Modersohn, Paula Becker (später Modersohn-Becker) und Heinrich Vogeler folgten und prägten den Ruf als Künstlerdorf bis heute. Dreh- und Angelpunkt von Worpswede ist heute die **Große Kunstschau** an der Lindenallee. Das 1927 von Bernhard Hoetger erbaute Kunstmuseum (1971 erweitert) beherbergt bekannte Werke der ersten Malergeneration von Worpswede. Zusammen mit dem „Café Verrückt" und einem Skulpturenpark bildet die Große Kunstschau ein einzigartiges Kunstensemble.

Wenn wir alle Museen und Galerien besucht haben und voll von Expressionismus, Jugendstil und Moderne sind: Dann ab in die Natur! Seit 1976 darf Worpswede sich „staatlich anerkannter Erholungsort" nennen. Kanu- oder Torfkahnfahrten auf der Hamme, Führungen durchs Teufelsmoor oder auch einfach nur Sitzen auf einer Bank in malerischer Landschaft. Das hat auch schon Rilke inspiriert.

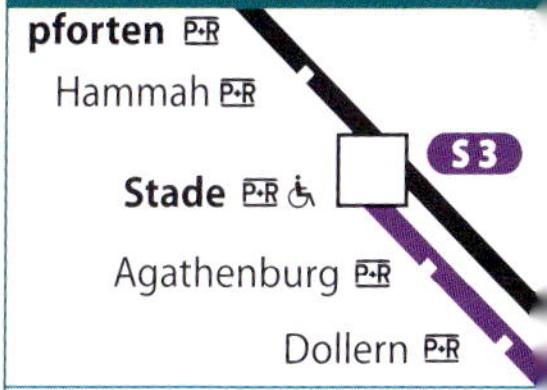

Kehdinger Land

Auf Klinkern durchs Land

Durchs Kehdinger Land, eine alte bäuerliche Kulturlandschaft, führt diese Rundtour. Sie bietet zudem die Möglichkeit, auf die gegenüberliegende Seite der Elbe mit der Fähre von Wischhafen nach Glückstadt zu gelangen.

Wir beginnen unsere Tour in Stade, was schon insofern praktisch ist, als uns der Elberadweg direkt am S-Bahnhof abholt. Dieser Abschnitt des populären Radfernwanderweges ist sicher ein besonders schöner, führt er doch die meiste Zeit direkt am Strom entlang. Zunächst jedoch radelt man um die Altstadt Stade, die schon für sich einen Besuch lohnt (▸ Seite 138), am westlichen Rand herum.

An Bützfleth vorbei geht es auf dem Elberadweg nach **Abbenfleth** mit seiner alten Elbfestung Grauerort. Diese wurde in den Jahren 1869–1879 von den Preußen erbaut. Im Falle eines Krieges mit Frankreich sollten feindliche Schiffe davon abgehalten werden, bis in den Hamburger Hafen einzudringen. 1870/71 kam es zwar zum Krieg mit den Franzosen, Grauerort wurde aber nie in Kampfhandlungen verwickelt. Seit 1997 kümmert sich ein Förderverein um die Restaurierung der Festung. Heute wird sie als Museum und für Veranstaltungen genutzt.

Nachdem wir einen Blick auf die Elbfestung geworfen haben, lassen wir die Anlage hinter uns und begeben uns in das **Naturschutzgebiet Asseler Sand**. Wer bequem ist oder es eilig hat, der hält sich immer an den Elberadweg und genießt den Lauf des Stromes zur Rechten. Unternehmungslustigere haben aber auch die Möglichkeit, nach links ins Land abzubiegen. In der **Heimatstube Assel** gibt es vollständig eingerichtete Räume aus der guten alten Zeit – Utensilien aus Haushalten und Handwerksbetrieben, eine Schuster-, Tischler-, Radio- und Fernsehtechnikwerkstatt. In **Drochtersen** steht noch einer der

Start
Stade
S3 alle 60 Min.
R50 alle 60 Min.

Große Radtour
Stade – Wischhafen
(– Stade)

Länge
ca. 30 km bis Wischhafen
(ca. 60 km bis Stade)

Rückfahrt
Von Wischhafen mit der Fähre nach Glückstadt
R60 (nicht im HVV) alle 30–60 Min. nach Pinneberg oder Altona

Karte ▸ Seite 149

Museum Heimatstube Assel
Asseler Straße 42
21706 Drochtersen
Tel. (0 47 75) 89 82 65
www.museum-heimatstube-assel.de
Apr.–Sept. Fr 11–15 Uhr
Apr.–Dez. jeden 1. + 3. So 15–18 Uhr und nach Vereinbarung
Eintritt frei, Spende erbeten

Wie geht eigentlich ein Seemannsknoten? In Wischhafen

Kehdinger Küstenschiffahrts-Museum
Unterm Deich 7
21737 Wischhafen
Tel. (0 47 70) 71 79
www.kuestenschiffahrtsmuseum.de
Ostersonntag–Mitte Nov. Sa/So/Fei 10–12 + 13–18 Uhr
Juni–Sept. Di–So 10–12 + 13–18 Uhr
3 €, erm.1 €

Elbfähre Wischhafen – Glückstadt
Mo–Fr 4.30–22.30 Uhr, Sa/So 6–22.30 ab Wischhafen, Abfahrt alle 30 Min., bei Bedarf alle 20 Min.
2 €, erm. 1 €,
Fahrrad 1,50 €
Tel. (0 41 24) 24 30
www.elbfaehre.de

Ringöfen, die so typisch für das Kehdinger Land waren. In ihnen wurden die berühmten bläulich schimmernden Klinker gebrannt, die halb Hamburg früher sein nobles architektonisches Gesicht verliehen. Noch heute finden sich im Kehdinger Land viele Straßen, bei denen diese Klinker als Pflasterung dienen.

Vom Ort **Krautsand** kann man an Wochenenden geradeaus Richtung Wischhafen fahren. Eine Sperrwerksbrücke (Öffnungszeiten beachten!) führt über die Wischhafener Süderelbe. Diese Süderelbe, die natürlich nichts zu tun hat mit der Hamburger Süderelbe, verläuft parallel zum Elbestrom zwischen Wischhafen und Drochtersen und ist eigentlich nur ein breiterer Graben. Dennoch sorgt sie dafür, dass das Gebiet Krautsand genaugenommen immer noch eine Insel ist, aufgespült vom mitgeschwemmten Schlick der Elbe. Der kilometerlange, breite Sandstrand der Elbinsel lädt zum Beobachten der rund 13 000 Seeschiffe ein, die aus aller Welt jährlich in den Hamburger Hafen einlaufen. An Wochentagen und wenn die Klappbrücke geschlossen ist, biegt man von Krautsand Richtung Dornbusch ab und befindet sich ab hier bereits auf dem anderen Ufer der

Süderelbe, um nach **Wischhafen,** dem Scheitelpunkt der Rundtour zu radeln. Es ist ein Ort, der vor allem aus dem Fähranleger für die Fähre nach Glückstadt besteht. Daneben kann Wischhafen mit dem **Küstenschiffahrts-Museum** punkten. Das ehrenamtlich geführte Museum ist in einem denkmalgeschützten Getreidespeicher am Hafen untergebracht und zeigt Originalgegenstände aus der großen Zeit der Kehdinger Küstenschifffahrt.

In Wischhafen fällt die Entscheidung, ob man mit der dortigen Fähre nach **Glückstadt** (▸ Seite 180) übersetzt und von dort mit der Regionalbahn (nicht im HVV) zurückfährt oder die Rundroute fortsetzt und durchs Binnenland nach Stade zurückradelt. Der Rückweg verläuft dann zunächst auf einer Variante des Elberadweges über Neulandermoor, Wolfsbruchermoor und Dornbuschermoor nach Süden. Wir biegen aber vom Weg nicht der Ausschilderung folgend nach Dornbusch ab, sondern folgen ihm immer weiter geradeaus über **Buschhörne** nach **Aschhorn.** Die Orte bestehen jeweils nur aus wenigen Gehöften, und wenn man sich hinter Aschhorn weiter geradeaus hält, verläuft der Weg nur noch über freies Feld – bis er schließlich in Stade endet. Hier kann man noch in eines der gemütlichen Altstadtlokale einkehren – oder gleich bis zum Bahnhof weiterrollen, um sein wohlverdientes Bier zu Hause zu trinken.

Restaurant Fährhaus Wischhafen.
Fährstraße 16
21737 Wischhafen
Tel. (0 47 70) 71 72
www.faehrhaus-wischhafen.de
Mo, Di, Fr 12–13.30 + 18–21 Uhr, Sa/So 12–14 + 17.30–21 Uhr

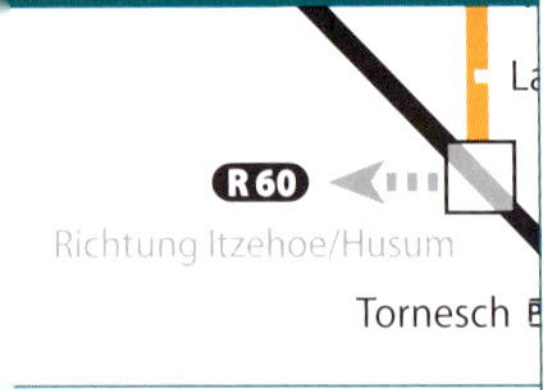

Start
Wischhafen
R60 alle 60 Min. nach Glückstadt ab Hamburg Altona (nicht in HVV)

Fähre Glückstadt – Wischhafen alle 30 Min. (www.elbfaehre.de)

Radrundtour
Wischhafen – Freiburg – Wischhafen

Länge
ca. 50 km

Freiburg

Der Wind, das Wasser und man selbst

Auf dieser etwa 50 km langen Rundtour trägt bereits die eine oder andere Nordseebrise Radfahrer durch die weite Marschlandschaft mit alten Häfen, schmucken Reetdachhäusern und ausgedehnten Vogelrastgebieten. Naturfreunde und Erholungssuchende kommen hier voll auf ihre Kosten.

Ausgangspunkt der Tour ist Wischhafen (▸ Seite 149), und sie verläuft auch heute wieder auf einem Abschnitt des Elberadweges, zunächst jedenfalls. Nach 8 km Fahrt direkt am Wasser ist der Flecken Freiburg/Elbe erreicht. Bei einem Bummel durch den Ortskern Freiburgs sind das Hafenensemble mit historischem Kornspeicher und Spülschleuse sowie die auf einer Wurt liegende St. Wulphardi-Kirche mit einer in kräftigen Farben bemalten Decke lohnenswerte Ziele.

Natureum Niederelbe

Der einmalige Lebensraum mit seiner Natur, seiner Umwelt und mehr als 1000 Jahren Siedlungsgeschichte durch den Menschen ist Thema des Natureums. Das Museumsgebäude umfasst 800 qm Ausstellungsfläche und wird im Sommer noch durch eine Sonderausstellungshalle ergänzt. Noch interessanter sind die diversen unterschiedlichen Biotope, die hier angelegt wurden. Acht verschiedene Lehrpfade machen die Natur zum Erlebnis. Eine Freilichtausstellung behandelt das Thema „Urzeit zwischen Elbe und Weser“, und vom Aussichtsturm können ornithologisch Interessierte mit Fernrohren den Mündungstrichter der Elbe überblicken. Mehr als 100 Vogelarten zeigen sich im Verlauf des Jahres vor den Beobachtungsstationen.

Natureum Niederelbe
Neuenhof 8
21730 Balje
Tel. (0 47 53) 84 21 10
Apr.–Okt. Di–So 10–18 Uhr
Juli–Aug. auch Mo
Im Winter abweichende Öffnungszeiten
www.natureum-niederelbe.de.
März–Sept. 6 €, erm. 4 €
Okt.–Feb. 4 €, erm. 3 €
Im Natureum befindet sich ein Café-Bistro.

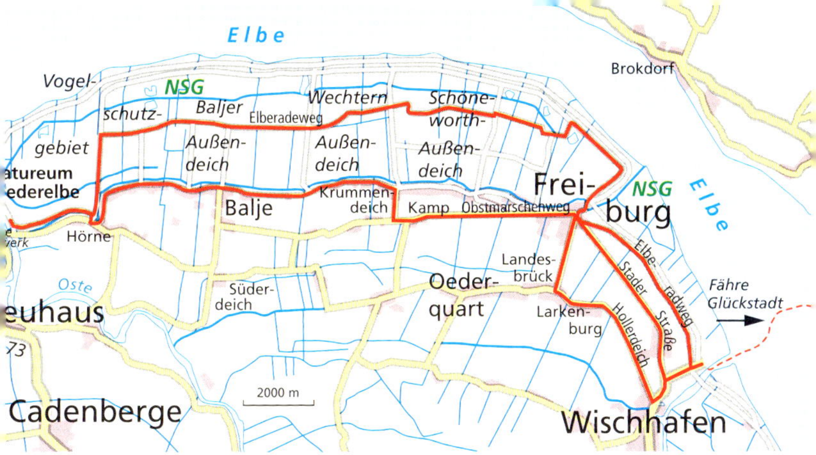

Die nächsten 22 km des **Elberadwegs** – und unseres Weges – verlaufen nun ab Freiburg durch ganz und gar unbesiedeltes Terrain. Schöneworth-Außendeich, Wechtern Außendeich und Baljer Außendeich nennen sich die von Entwässerungsgräben durchzogenen Landschaftsabschnitte. Erst in der Siedlung Hörne Außendeich hat die Zivilisation uns wieder. Von hier aus könnte man auf dem inneren Elbdeich folgenden Radweg, der parallel zum Elberadweg verläuft, zurück in Richtung Freiburg radeln. Aber erst besuchen wir das **Natureum Niederelbe,** das wir erreichen, indem wir dem Elberadweg bis zum Ufer der Oste folgen (Oste-Sperrwerkszeiten beachten!). Hier liegt das Natureum zwischen Watt- und Wiesenflächen auf einer 20 ha großen Halbinsel zwischen Ostemündung und Elbe.

Nach dem Besuch des Natureums geht es auf den Rückweg von Hörne über Balje am Elbdeich entlang nach **Krummendeich.** Hier kann man geradeaus gleich weiter bis Freiburg radeln oder nach rechts abbiegen. Man kommt dann nach **Kamp** und radelt auf einem kleinen Stück des **Obstmarschenwegs** – auch eine zu Recht beliebte Radwanderstrecke – nach Freiburg. In Freiburg haben wir die Wahl zwischen drei Wegen: weiter auf dem Obstmarschenweg, südlich von Freiburg über Landesbrück, Larkenburg und Hollerdeich durchs „Binnenland“ oder wieder auf dem schon von der Hinfahrt bekannten Elberadweg am Fluss entlang. Alle Wege führen nach Wischhafen.

Oste-Sperrwerk Balje – Hörne
Apr.–Sept. Di–Do 10–17, Sa/So 10–18 Uhr
Okt.–März Di–Do 10–17, Sa/So 10–17 Uhr

Hotel und Restaurant Zwei Linden
Regionale Küche, Wild- und Fischspezialitäten
Itzwördener Straße 4
21730 Balje-Hörne
Tel. (0 47 53) 8 43 00
www.hotel-zwei-linden.de
Apr.– Mitte Okt. Mo–So 8–21 Uhr
Mitte Okt.–März Di–So warme Küche 11.30–14 + 17.30–21 Uhr

Café Wichers
Hans-Mügge-Str. 1
21729 Freiburg
Tel. (0 47 79) 14 52
Sommer tägl. 9–18 Uhr
Winter Mo–Fr 9–12 + 14–18, Sa/So 9–18 Uhr

Westen

Falkensteiner Ufer
▸ Seite 168

Start
Bahnhof Altona

Stadtausflug
Altonaer Museum
Altonaer Balkon
Parkanlagen am Elbufer
Museumshafen Övelgönne
Teufelsbrück

Länge
ca. 6 km

Rückfahrt
Teufelsbrück **Schnellbus 36** alle 15–30 Min.
oder
Klein Flottbek S1 S11 alle 5–10 Min.

Elbuferweg 1

Am grünen Strand der Elbe

Der Bahnhof Altona als Ausgangspunkt für eine Wanderung ins Grüne? Nein, hier liegt kein Irrtum vor. Wer weiß, wo's lang geht, ist schon nach wenigen Minuten von Blumen und Bäumen umgeben.

Der **Platz der Republik** ist der Beginn einer grünen Achse vom Altonaer Bahnhof zur Elbe. Tatsächlich ist der Platz ein Park, eine gärtnerische Schmuckanlage, die sich an die Platzgestaltung des 19. Jahrhunderts anlehnt. Die typischen repräsentativen Stadtplätze dieser Zeit waren meist von Straßen umgeben und im Inneren mit Flanierwegen, Zierbeeten und Sitzbänken reich ausgestattet. Die mächtigen Blutbuchen und Platanen auf dem Platz der Republik stammen noch aus dem vorletzten Jahrhundert. In den 70er Jahren des 20. Jahrhunderts wurde die Anlage neu gegliedert, eine Staudenbepflanzung eingefügt und nach außen, also zu den immer verkehrsreicher gewordenen Straßen hin, durch Büsche abgeschirmt.

Wenn wir uns beim Gang über den Platz nach rechts halten, gelangen wir zum **Altonaer Museum für Kunst und Kulturgeschichte.** Nicht nur Freunde des Maritimen kommen hier auf ihre Kosten, auch Besucher, die sich für die Kulturgeschichte und die Landeskunde des norddeutschen Küstengebietes interessieren, finden eine umfangreiche Ausstellung vor. Besonders stolz ist das Museum auf seine Vierländer Kate, ein Haus aus dem 18. Jahrhundert, das Stein für Stein in den Vierlanden ab- und hier im Inneren des Museums wieder aufgebaut wurde.

Wer nach dem Museumsbesuch auf Kurs bleibt und sich weiterhin steuerbord – ach was: rechts hält, gelangt zu einer kleinen Grünanlage am Ottenser Marktplatz. Mittelpunkt der Anlage ist die **Christianskirche,** ein einfacher, aber reizvoller

Altonaer Museum
Museumstraße 23
Tel. (040) 42 81 35 35 82
www.altonaermuseum.de
bis 1.Mai 2013 im Umbau, danach Di–So 10–17 Uhr
6 €, erm. 4 €, bis 17 Jahre frei

Vierländer Kate
Ländliche Spezialitäten aus Norddeutschland.
Im Altonaer Museum
Tel. (040) 39 23 04
www.vierlaenderkate.de
Di–So 10–16 Uhr

Backsteinbau von 1738, benannt nach dem dänischen König Christian VI. Auf dem die Kirche umgebenden alten Friedhof, heute Teil der Grünanlage, liegt auch der Dichter Friedrich Gottlob Klopstock (1724–1803) begraben. Sein von einem schmiedeeisernen Zaun eingefriedetes Grab findet sich an der der Elbe zugewandten Seite des Friedhofs unter einer alten Buche.

Als Abschluss der grünen Achse vom Altonaer Bahnhof zur Elbe thront der **Altonaer Balkon** hoch über dem Strom. Von hier bietet sich ein eindrucksvoller Blick über die Hafenanlagen, die kühn geschwungene Köhlbrandbrücke und das Treiben auf der Elbe. Die Anlage schafft eine Verbindung zwischen dem Zentrum Altonas und dem Elbuferwanderweg.

Am Ufer der Elbe reihen sich jetzt an unserem Weg stromabwärts zahlreiche Parks und Grünanlagen aneinander. Alle gehen sie zurück auf einst private Parks der reichen Kaufleute und Reeder, der sprichwörtlichen Pfeffersäcke, die sich hier ihre Prachtvillen errichten ließen. Nicht umsonst gilt die Elbchaussee, die oberhalb unseres Weges parallel auf dem Hochufer verläuft, als die schönste Straße Hamburgs.

Bei dem ersten Elbufer-Park auf unserem Weg, der **Rainville-Terrasse,** handelt es sich um den

Le Canard Nouveau
Restaurant in einem Hightech-Neubau oberhalb des Museumshafens.
Elbchaussee 139
Tel. (040) 88 12 95 31
www.lecanard-hamburg.de
Di–Sa 12–14.30 + 18.30–22.30 Uhr

Landhaus Scherrer
Die rustikale Variante eines Edelrestauransts mit traditionellem Ambiente.
Elbchaussee 130
Tel. (040) 8 80 13 25
www.landhausscherrer.de
Mo–Sa 12–15 + 18.30–23 Uhr

Landhaus Dill
Gehobene Küche.
Elbchaussee 94 (auf Höhe des Donnersparks)
Tel. (040) 3 90 50 77
www.landhausdill.com
Di–Fr 17.30–22.30 Uhr, Sa/So/Fei 12–22.30 Uhr

Blick vom Altonaer Balkon auf die Hafenanlagen

Überrest der Anlage, die einst als öffentlicher Park von Lubin Claude Rainville geschaffen wurde – als Anziehungspunkt für den französischen Landgasthof, den er hier betrieb. Wir gelangen in den **Heine-Park,** der erst vor 20 Jahren öffentlich zugänglich wurde. Er erhielt seinen Namen durch den Bankier Salomon Heine, der das Grundstück Anfang des 19. Jahrhunderts erwarb.

Es folgt der **Donnerspark,** der auf einen Lustgarten des frühen 17. Jahrhunderts zurückgeht. Seinen Namen verdankt er dem Kaufmann Conrad Heinrich Donner, der das Gelände 1820 kaufte. Der benachbarte Park heißt **Rosengarten,** weil hier zum 250-jährigen Stadtjubiläum Altonas im Rahmen einer Gartenbauausstellung ein Rosengarten angelegt wurde. Durch alle vier ineinander übergehenden Parks führt der Schopenhauer Weg. Diesen Weg sollte man wählen, denn noch verlaufen direkt unten am Elbufer die großen Straßen Kaistraße bzw. Neumühlen. Am Lüdemannsweg, in den der Schopenhauerweg mündet, aber geht es steil bergab nach Övelgönne.

In **Övelgönne,** am Fuße des steilen Geesthanges, führt der schmale Fußweg parallel zur Elbe zwischen den malerischen Häuschen und den dazugehörenden Gärten entlang. Zuerst lebten hier Fischer. Im 17. Jahrhundert entwickelte sich das Gebiet zu einem frühen Industriestandort mit Trankochereien und Leimsiedereien, also zu einem Industriestandort der unangenehmen Art. Schließlich siedelten sich Lotsen an, deren Dienste auf der Elbe wegen der immer größer werdenden Schiffe unentbehrlich wurden. Die Lotsenhäuser, ein- und zweigeschossige Fachwerk- und Backsteinhäuser, prägen noch heute das Gesicht Övelgönnes und machen den besonderen Reiz dieser Idylle aus.

Museumshafen Övelgönne
Anleger Neumühlen
Tel. (040) 41 91 27 61
www.museumshafen-oevelgoenne.de
Ganzjährig geöffnet, Besuch jederzeit möglich
Eintritt frei

Museumshafen-Café
Neben Kaffee und Kuchen auch Fischgerichte und andere Klassiker der norddeutschen Küche.
Auf der D.E.S. „Bergedorf"
Anleger Neumühlen
Tel. (040) 39 73 83
www.museumshafencafe.de
Di–Sa 12–22, So 10–22 Uhr

Ein Anziehungspunkt für alle Schifffahrtsbegeisterten weit über Hamburg hinaus ist der **Museumshafen Övelgönne,** der 1977 von einem privaten Verein am Anleger Neumühlen eingerichtet wurde. Viele historische Schiffe haben hier – endgültig – Anker geworfen, so das legendäre Feuerschiff Elbe 3, der schwimmende Leuchtturm in der Elbmündung, und viele Segler, die früher den Hauptteil des Verkehrs auf der Elbe bewältigten.

Die weitere Wanderung führt unmittelbar am Ufer entlang. Zur Linken geht der Blick über die Elbe, zur Rechten hinauf zu **Schröders Elbpark.** Das dicht mit alten Eichen bestandene Parkgelände ist der Rest eines riesigen Gartens, den Johann Heinrich Freiherr von Schröder Anfang des 19. Jahrhunderts anlegen ließ, „damit er in den Sommermonaten der Erholung und Pflege des Familienlebens diene". Wohl um den Garten mit Leben zu füllen, zeugte Schröder zwölf Kinder. Einer seiner vielen Nachfahren, der Londoner Bankier Helmut Schröder, verschenkte das Gelände in den 50er Jahren des 20. Jahrhunderts schließlich an die Stadt Hamburg (das freiherrliche „von" scheint schon vorher abhandengekommen zu sein). Den sich nun gut einen Kilometer am Ufer hinziehenden **Hindenburgpark** musste die – damals noch nicht zu Hamburg gehörende – Stadt Altona im Jahre 1928 teuer kaufen.

Teufelsbrück, unser Ziel, ist gleich hinter dem Hindenburgpark erreicht. Vielleicht ist Teufelsbrück nur ein Etappenziel, denn nahtlos lässt sich der nächste Abschnitt des Elbuferwanderweges bis Blankenese anschließen (▸ Seite 162). Man kann auch den hier beginnenden und sich ins „Landesinnere" erstreckenden **Jenischpark** (▸ Seite 160) erkunden, um dann zum S-Bahnhof Klein Flottbek zu gehen. Wer wirklich früh aufgestanden ist, schafft womöglich auch noch den dort gelegenen **Loki-Schmidt-Garten** (▸ Seite 158). Oder man besteigt am Anleger Teufelsbrück die Fähre und setzt nach Finkenwerder über, der ehemaligen Elbinsel, die ebenfalls erkundet werden will (▸ Seite 128).

Strandperle
Kultkneipe mit traumhafter Lage und toller Atmosphäre.
Am Strand von Övelgönne
Tel. (040) 8 80 11 12
www.strandperle-hamburg.de
Apr.–Okt. 11–23 Uhr
Nov.–März Sa/So bei gutem Wetter

Café Elbterrassen
Café in schöner Lage mit Blick auf den Museumshafen.
Övelgönne 1
Tel. (040) 3 90 34 43
www.cafe-elbterrassen.de
Apr.–Okt. tgl. 12–23 Uhr
Okt.–Apr. nur Sa/So 12–18 Uhr je nach Witterung, ansonsten Winterpause

Restaurant Engel
Thront wie ein Gewächshaus auf dem Anleger, hervorragende Aussicht.
Auf dem Fähranleger Teufelsbrück
Tel. (040) 82 41 87
www.restaurant-engel.de
Mo–Fr ab 12 Uhr,
Sa/So/Fei ab 10 Uhr
So/Fei Brunch
10–14.30 Uhr

Start
Klein Flottbek
S1 S11
alle 5–10 Min.
MetroBus 21
alle 10 Min.

Neuer Botanischer Garten

Loki-Schmidt-Garten

Klingende Hölzer

Am 23. Oktober 2012 wurde der „Neue Botanische Garten“ nach der verstorbenen Umweltschützerin Loki Schmidt umbenannt. Die Gattin von Altkanzler Helmut Schmidt hatte sich jahrzehntelang für den Erhalt und Ausbau der Grünanlage engagiert. Im Loki-Schmidt-Garten kommen Wissbegierige und Erholungssuchende gleichermaßen auf ihre Kosten.

Eröffnet wurde der „Neue Botanische Garten“ 1979. Angelegt ist er auf dem Gelände des Nordparks der berühmten „Ornamented Farm“ von Johann Caspar Voght (► Seite 160). Im Zentrum des Gartens befindet sich seit 2012 eine **Phylogenetische Zeituhr,** eine kreisförmig gestaltete Anlage, in der 300 Millionen Jahre der Pflanzenevolution in Form einer Uhr dargestellt werden. Am Anfang der Zeitreise steht der Ginkgobaum, der als ältestes lebendes Fossil gilt.

Wer sich beim Rundgang nach rechts wendet, trifft in der Nähe des Eingangs auf einen **Nutzpflanzengarten.** Alle europäischen Nutzpflanzen von Getreide und Kohlgewächsen über Leguminosen bis zu Zwiebeln sind hier angebaut und ausführlich erklärt. Je nach Jahreszeit sieht man den Wachstumsstatus unserer Grundnahrungsmittel. Gleich dahinter schließen sich Giftpflanzen an – Kinder bitte an die Hand nehmen! Es folgen ein **Rosengarten** und ein **Steingarten** mit blau leuchtenden pyramidenförmigen Gewächshäusern. Die Wüste lebt!

Weiter geht es durch die Flora von **Süd- und Nordamerika.** Zum Ausruhen lädt der **Japanische Garten** ein, der neben Pflanzen auch die japanische Gartenkunst repräsentiert. Von einer schattigen Bank aus kann man auf die **zentralasiatische Steppe** schauen. Wer sich lieber in der **alpinen Landschaft** aufhalten möchte, muss nur ein paar Schritte weiter gehen und kann fast wie in den Alpen, an kleinen Bächen verweilen und

Loki-Schmidt-Garten – Botanischer Garten der Universität Hamburg
Ohnhorststraße
22609 Hamburg
Tel. (040) 42 81 64 76
www.bghamburg.de
Tgl. 9 Uhr bis 1,5 Stunden vor Sonnenuntergang
Eintritt frei

Am Eingangshäuschen werden diverse Druckwerke zum Thema Garten und Botanik angeboten. Auch ein „Führer durch den Loki-Schmidt-Garten“ ist hier erhältlich.

Loki-Schmidt-Haus
Tel. (040) 42 81 64 40
www.biologie.uni-hamburg.de/bzf/museum/index.htm
März–Okt. Di–Sa 13–17, So/Fei 10–17 Uhr
Nov. jeweils bis 16 Uhr
Eintritt frei

Der Loki-Schmidt-Garten bietet entspannende und anregende Momente zugleich

den Molchen bei der Futtersuche zuschauen.

Beim Weg zurück zum Ausgang lohnt noch eine Wanderung durch den **Rhododendronhain** und den **Bambuswald** mit bis zu 6 m hohen Stämmen (manche sagen Halme). Auch ein Abstecher in den **Bauern-** und den **Arzneipflanzengarten** ist lohnenswert. Die Abteilung für **Mittelmeerflora,** durch die der Rest des Rundweges führt, präsentiert unter anderem einen uralten, knorrigen Olivenbaum, den man aus seiner mediterranen Heimat hierher verpflanzt hat und der im Winter mit einem transportablen Gewächshaus vor der Kälte Hamburgs geschützt wird.

Tipp: Im Frühjahr zur Krokusblüte den Garten besuchen, wenn in der Nähe des Eingangs unzählige Blüten den Rasen an der linken Seeseite in ein blaues Meer verwandeln.

Das **Loki-Schmidt-Haus,** ein Museum für weltweit wachsende Nutzpflanzen, setzt die Tradition des Botanischen Museums zu Hamburg nach dem Umzug aus der Marseiller Straße fort und erfüllt sie im Sinne der Namensgeberin mit neuem Leben. Hier kann nicht nur geschaut, sondern auch angefasst werden. Die Vielfalt und Bedeutung der Nutzung pflanzlicher Ressourcen wird kleinen und großen Besuchern begreifbar gemacht. Produkte aus Nutzpflanzen, die uns alltäglich begegnen, gibt es zu entdecken. Von Äpfeln bis Zucchini wird alles genau unter die Lupe genommen. Auf abrufbaren Steckbriefen gibt es Informationen zu Anbaugebieten, Verwendung, Hauptproduzenten und ökonomischer Bedeutung. Auch Loki Schmidts Entwicklungsgeschichte als Forscherin und Botschafterin für die Natur wird in einer Ausstellung ausführlich dargestellt.

Riech-, Hör- und Tastgarten

Auf keinen Fall sollte man den Botanischen Garten verlassen, ohne den Riech-, Hör- und Tastgarten besucht zu haben. Hier können sich die Besucher nicht nur an den Duftorgeln mit diversen pflanzlichen Düften zudröhnen, sondern auch das Dendrophon ausprobieren – eine Art Instrument, mit dem sich die verschiedenen Holzarten nach dem Klang unterscheiden lassen. Verblüffend, wie unterschiedlich die Hölzer der einzelnen Bäume klingen!

Start
Klein Flottbek
S1 S11
alle 5–10 Min.

Stadtausflug
Instenhäuser
Ernst-Barlach-Haus
Jenischhaus

Rückfahrt
auf der Elbchaussee
mit dem SchnellBus 36
ab Haltestelle Teufelsbrück
alle 15–30 Min.

Karte ▸ Seite 163

Jenischpark

Ein Park mit Aussicht

Der vielleicht schönste, auf jeden Fall der bekannteste Park an der Elbchaussee ist der Jenischpark. Dabei geht er eigentlich auf einen Bauernhof zurück.

Allerdings war dieser Bauernhof kein gewöhnlicher Landwirtschaftsbetrieb, sondern eine „Ornamented Farm“. Der reiche Hamburger Kaufmann Johann Caspar Voght ließ 1797, inspiriert von seinen Englandreisen, diese Mischung aus Mustergut und Landschaftsgarten anlegen. Der ursprüngliche Park war sehr viel größer als der heutige Jenischpark, dieser umfasst nur den ehemaligen Süderpark. Auf anderen Teilen der „Farm“ entstanden unter anderem der Loki-Schmidt-Garten (▸ Seite 158) und ein Golfplatz. Dem Begründer kam es darauf an, das Schöne mit dem Nützlichen zu verbinden und eine Ackerreformwirtschaft mit einer empfindsamen, „der Natur abgelauschten“ Gestaltung zu verknüpfen.

Dass sich Voghts Reformgedanken nicht auf die Botanik beschränkten, sondern auch den Menschen einbezogen, davon kann man sich schon auf dem Weg vom S-Bahnhof Klein Flottbek über die zum Park führende Baron-Voght-Straße überzeugen. Mit der Hausnummer 52 stehen hier die sogenannten **Instenhäuser,** die Voght ab 1786 hatte bauen lassen. Die elf erhaltenen Häuser stellen eine frühe Reihenhaussiedlung dar. Durch die geschickte Raumaufteilung ließ es sich in den einheitlich gehaltenen Häuschen für eine Familie recht behaglich wohnen, obwohl die Wohnfläche nicht einmal 30 qm beträgt. Heute sind die vorbildlich restaurierten Häuser eine begehrte Adresse bei Singles.

Die Instenhäuser stehen schon am Nordrand des heutigen Jenischparks. Bevor man die ganze Parklandschaft in ihrer Weite genießt, bietet sich ein Besuch des **Ernst-Barlach-Hauses** an. Das Haus beherbergt eine Holzskulpturensammlung, 400 Zeichnungen, das druckgrafische Werk und ein

Ernst-Barlach-Haus
Baron-Voght-Straße 50a
Tel. (040) 82 60 85
www.barlach-haus.de
Di–So/Fei 11–18 Uhr
6 €, erm. 4 €, bis 12 Jahre frei, Familienkarte 7 €

Jenisch-Haus
Museum für Kunst und Kultur an der Elbe.
Baron-Voght-Straße 50
Tel. (040) 82 87 90
www.altonaermuseum.de
Di–So/Fei 11–18 Uhr
5 € / 3,50 € / bis 17 Jahre frei, Familienkarte 9 €

Kombiticket für Ernst-Barlach-Haus und Jenischhaus: 8 €

Blick auf das Jenisch-Haus

Archiv des expressionistischen Bildhauers, Zeichners und Schriftstellers.

Majestätisch auf einer kleinen Anhöhe gelegen, präsentiert sich **Jenisch-Haus** in strahlendem Weiß. Das im Jahre 1832 für den Senator Martin Johann Jenisch nach Plänen von Gustav Forsmann und Karl Friedrich Schinkel errichtete Landhaus ist ein Juwel des Klassizismus. Heute ist das Jenisch-Haus eine Außenstelle des Altonaer Museums, es zeigt Mobiliar und Einrichtungen von der Spätrenaissance bis zum Jugendstil.

Als Jenisch, übrigens der Patensohn des Johann Caspar Voght, den Besitz seines Patenonkels kaufte, wurde der Süderpark entsprechend dem damaligen Zeitgeschmack weiterentwickelt. Allerdings bewahrte Jenisch die Ackerstrukturen, den Solitärbaumbestand und eine Waldparzelle im Herzen des Parks und legte sein eigenes Konzept quasi wie ein zweites Netz darüber. Dieser klassische Landschaftsgarten mit seinen noch immer ablesbaren Felderkammern ist bis heute weitgehend erhalten geblieben. Das Besondere allerdings konnte von keiner noch so geschickten Gartengestalterhand geschaffen werden: der freie **Blick über die Elbe,** der sich von hier aus bietet. Stellen Sie sich also auf der Terrasse des Jenisch-Hauses zwischen die mächtigen Säulen und genießen Sie den grandiosen Ausblick über den Strom.

Café im Jenisch-Haus
Im ehemaligen Billardzimmer des Senators, wird vom Hotel Louis. C. Jakob betrieben. Außenbereich bei schönem Wetter.
Tel. (040) 82 29 08 22
www.hotel-jacob.de
Di–So 11–18 Uhr

Elbuferweg 2

Für Strandläufer

Die Schuhe in die Hand nehmen und mit den Füßen im Wasser waten – das kann man tatsächlich auf dem Weg zwischen den beiden Fähranlegern Teufelsbrück und Blankenese.

Start
Teufelsbrück
SchnellBus 36
alle 15–30 Min.

Wanderung
Elbschlösschen – Hirschpark – Baurs Park – Blankenese Fähranleger

Die Route bietet sich als Fortsetzung von Elbuferweg 1 an (► Seite 154)

Länge
ca. 6 km

Rückfahrt
S1 S11
Blankenese alle 5–10 Min. oder
SchnellBus 36
alle 15–30 Min.

Wanderer, denen das Wasser zu kalt ist oder die den Beteuerungen zur Wasserqualität der Elbe misstrauen, können selbstverständlich trockenen Fußes auf dem gutausgebauten Weg nach Blankenese kommen. So rechte Urlaubsstimmung will aber nur bei einer Wasserwanderung aufkommen. Andererseits lohnt es sich auch, der Landseite einige Aufmerksamkeit zu widmen.

So führt schon kurz hinter Teufelsbrück die Elbschlosstreppe hoch zur Elbchaussee. Und dort zum **Elbschlösschen,** einem kleinen klassizistischen Bau von 1804, der unter Denkmalschutz steht. Entworfen wurde er von dem berühmten dänischen Architekten Christian Frederik Hansen, der mit vielen Bauten das Gesicht der Elbchaussee prägte.

Kaum zurück am Strand geht schon wieder eine Treppe nach oben, die **Jacobstreppe.** Sie führt zu dem bekannten gleichnamigen Restaurant mit seiner noch bekannteren Lindenterrasse. Max Liebermann hat sie gleich auf zwei Gemälden verewigt. Angelegt wurde die Terrasse von dem französischen Kunstgärtner Daniel Louis Jacques, nachdem er die Witwe des 1790 gestorbenen Wirtshausbesitzers Nicolaus Paridom Burmester geheiratet hatte.

Über dem Elbuferweg ragt bald das satte Grün des Hirschparks auf. Ein Abstecher hinauf zu dieser Anlage lohnt auf jeden Fall. Fast 25 ha groß ist der **Hirschpark** und bietet damit Gelegenheit zu ausgedehnten Spaziergängen. Aber der beliebte Park hat noch mehr aufzuweisen. Berühmt ist die 200 Jahre alte Lindenallee; uralte frei stehende Bäume, Solitärbäume, schmücken die großzügigen Freiflächen. Manche ihrer Äste berühren den Boden und dienen Kindern als Klettergerüst.

Hotel Louis C. Jacob
Eines der berühmtesten Restaurants der Stadt mit der legendären Lindenterrasse.
Elbchaussee 401–403
22609 Hamburg
Tel. (040) 82 25 50
www.hotel-jacob.de
Mi–So 12.30–14 + 19–21 Uhr

Seinen Ursprung hat der Park in den Aktivitäten Johann Cesar VI. Godeffroys. Auf diesen schwerreichen Kaufmann geht auch das Hirschgehege zurück. Godeffroy war leidenschaftlicher Jäger, doch blieb ihm wenig Zeit, in den Wäldern zwischen Rissen und Blankenese auf die Pirsch zu gehen. Wenn der Jäger nicht zum Hirsch kommt, muss eben der Hirsch zum Jäger kommen. Heute landen die Tiere natürlich nicht mehr vor den Flinten der Pfeffersäcke, sondern können von den Besuchern bestaunt werden. Architektonisches Schmuckstück des Parks ist das **Witthüs,** ein reetgedecktes Haus nahe der Elbchaussee. Von 1950 bis zu seinem Tode 1959 wohnte hier Hans Henny Jahnn, der berühmte Dramatiker, Schriftsteller und Orgelbauer; heute ist darin ein Restaurant untergebracht.

Neben dem Hirschpark nimmt sich der nächste Park, der **Baurs Park,** fast bescheiden aus. Er reicht bis zum Strandweg hinab – diesen Namen hat unser Elbuferweg mittlerweile angenommen. Statt der einst berühmten Kleinarchitektur, mit der sein Schöpfer Georg Friedrich Baur die Anlage schmückte, markiert heute ein im klassischen Rot-Weiß gehaltener Leuchtturm den Baurs Park.

Gleich hinter dem Baurs Park beginnt das Treppenviertel von Blankenese (▸ Seite 164). Wer sich bis jetzt vorm Treppensteigen gedrückt hat, wird womöglich auch hier vor der Anstrengung fliehen – und zwar mit der Fähre vom Anleger Blankenese ins Alte Land nach Cranz. Das ist nicht mal eine schlechte Idee – wie man auf Seite 134 erfahren kann.

Witthüs Teestuben
Nicht (nur) Teestube mit Sommerterrasse, sondern auch Restaurant der gehobenen Kategorie. Im plüschigen Ambiente Gerichte der verfeinerten Regionalküche.
Elbchaussee 449a
Im Hirschpark
22587 Nienstedten
Tel. (040) 86 01 73
www.witthues.de
Café tgl. 14–19 Uhr, So ab 10 Uhr, Restaurant Di–So 19–23 Uhr, So ab 10 Uhr

Start
Blankenese
S1 S11 alle 5–10 Min.

Stadtspaziergang
Goßlers Park – Hessepark – Treppenviertel – Süllberg – Fähranleger

Karte ▸ Seite 166

Gratis Audiotour auf hvv.de/audiotouren herunterladen

Lassen Sie sich von der Audiotour schon ab Haltestelle Altona bis Blankenese unterhalten und tauchen Sie ein in ein tolles Hörerlebnis!
▸ Hörstationen siehe Karte Seite 166

Deck 7
Auf dem Gipfel des Süllberges gelegen, mit entsprechendem Ausblick, Sommerterrasse.
Süllbergsterrasse 12
Tel. (040) 8 66 25 20
www.suellberg-hamburg.de
Tgl. 7.30–23 Uhr

Blankenese

Treppauf, treppab

Jede Wette, dass Sie sich bei diesem Ausflug mindestens einmal verlaufen werden. Das Treppenviertel des Blankeneser Süllbergs ist ein wahres Labyrinth – allerdings ein äußerst malerisches.

Nach der Ankunft am Blankeneser S-Bahnhof bietet sich vor der Erkundung des Treppenviertels zunächst ein Besuch des benachbarten **Goßlers Park** mit dem Goßlerhaus an. Wie auf einer Bühne erhebt sich auf einer sanften, rasenbewachsenen Anhöhe der klassizistische weiße Prachtbau. Wenn man die **Blankeneser Bahnhofstraße** hinunterbummelt, zweigt links der Mühlenberger Weg ab, wo am Markt die **Blankeneser Kirche** steht. Die Backsteinkirche im neugotischen Stil wurde 1896 eingeweiht. Wieder auf der Blankeneser Bahnhofstraße, zweigt kurz darauf ein Weg nach rechts zum **Hessepark** ab. Wie Goßlers Park ist auch der Hessepark in den 1920er Jahren von der Gemeinde Blankenese erworben worden und steht seitdem der Öffentlichkeit zur Verfügung.

Vom Hessepark ist es nur ein Katzensprung zur Erkundung des Treppenviertels und zur Besteigung des Süllbergs. Der **Süllberg** ist eine steil zum Elbufer abfallende Anhöhe von 75 Metern. Zweimal wurde hier in fernen Zeiten eine Burg errichtet, aber beide Male hatte sie nur wenige Jahre Bestand. Der Berg blieb ungenutzt und unbewohnt. Im Jahre 1837 erkannte schließlich ein cleverer Gastronom den Wert der exponierten Lage mit dem herrlichen Ausblick und eröffnete hier einen Milchausschank, aus dem sich bald ein bekanntes Ausflugslokal entwickelte. Der Bau mit seinem runden Aussichtsturm sollte an eine alte Burg erinnern. Nach aufwändiger Renovierung bietet die Anlage anspruchsvollen und betuchten Ausflüglern in verschiedenen Restaurants angenehme Rast. Unweit befindet sich auch der **Waseberg** (▸ Seite 166).

Bedingt durch die Lage am Hang sind viele

Wege in Blankenese als Treppen angelegt. Die Namen erinnern an die Bewohner der Häuser, zu denen sie führten: Bartmanns Treppe, Bornholdts Treppe, Schlagemihls Treppe, Schnudts Treppe. Kröger, Lesemann und Möller haben ebenso ihre eigene Treppe wie die Broers und die Oestmanns. Die längste Treppe ist die Strandtreppe, die von der Blankeneser Hauptstraße hinunter zum Elbstrand führt. Ein Besuch dieses **Treppenviertels** lohnt auf jeden Fall. Schön anzusehen und meist vorbildlich gepflegt sind die vielen alten, zum Teil reetgedeckten Häuser, in denen früher die Lotsen, Kapitäne und Schiffbauern lebten. In einem alten **Fischerhaus,** einem sogenannten Twehuis, befindet sich heute ein Museumszimmer, das Ausstellungsstücke aus der Geschichte Blankeneses zeigt.

Für den Fremden stellt sich das Treppenviertel allerdings als dreidimensionales Labyrinth dar. Wenn man sich verlaufen hat, ist es am einfachsten, sich immer bergab zu halten. So gelangt man irgendwann zwangsläufig zum **Strandweg** am Ufer der Elbe.

Unterhalb des Süllbergs liegt der **Fähranleger,** von dem aus die Fähre ins Alte Land nach Cranz verkehrt (▸ Seite 134). Wer keine Lust auf eine Schifffahrt hat, fährt mit der „Bergziege" (▸ Seite 166). Die kleinen Spezialbusse, die den Süllberg mit seinen schmalen verwinkelten Gassen verkehrstechnisch erschließen, führen als Ringlinie 48 zurück zum S Bahnhof. Wer zu den Fitten und Mutigen gehört, der wählt den Weg zu Fuß treppauf mitten durch das Treppenviertel – und hat spätestens jetzt die Chance, sich zu verlaufen.

Ahrberg
Fischgerichte und Hausmannskost in plüschigem Ambiente.
Strandweg 33
Tel. (040) 86 04 38
www.restaurant-ahrberg.de
Tgl. 11–23 Uhr

Wochenmarkt
Frische Leckereien u.v.a.m. in der Blankeneser Bahnhofstraße.
Di 7.30–14, Fr 7.30–18, Sa 7.30–13.30 Uhr
www.blankeneser-wochenmarkt.net

Fischerhaus Blankenese-Museum
Elbterrasse 6
Tel. (040) 86 40 53
www.blankenese.de/fischerhaus
Mai–Okt. jeden 1. So im Monat 14–17 Uhr

Der Süllberg in Blankenese

Start
Blankenese
SchnellBus 48
alle 10–20 Min.
ab Ⓢ Blankenese

Bustour durch Blankenese
Baurs Park – Strandtreppe – Elbterrassen – Leuchtturm – Römischer Garten

BUS 48

Eine Bergziegentour

Hamburgs ungewöhnlichste Buslinie ist mit Sicherheit die Linie 48, eine Ringlinie, die vom S-Bahnhof Blankenese startet. Und warum die kleinen Busse Bergziege genannt werden, wird auf der Fahrt schnell klar.

Seit 1959 ist die Bergziege ein Teil Blankeneses. Schon damals fuhr sie dieselbe attraktive und spektakuläre Strecke wie heute. Die Bergziegen sind kleine wendige Busse, eigens für diese Strecke angefertigt, damit sie gut durch die engen Gassen des Treppenviertels (▸ Seite 164) kommen. Steigungen schafft die Bergziege spielend: Den **Waseberg** mit immerhin 15 % Steigung nimmt sie, ohne zu meckern.

Eine Rundfahrt mit dem originellen Bus sollte sich kein Blankenesebesucher entgehen lassen. Die Linie 48 führt durch das Treppenviertel Blankeneses, über das Falkensteiner Ufer und das Villenviertel um die Oesterleystraße. An der Oesterleystraße hält der Bus sowohl zu Beginn als auch zum Schluss der Fahrt.

Die nächste Station heißt Auguste-Baur-Straße und erschließt den nebenan liegenden **Baurs Park**. Der hat aber nichts mit Auguste, einer sozial engagierten Blankeneserin, zu tun, sondern verdankt seinen Namen dem Altonaer Kaufmann Ge-

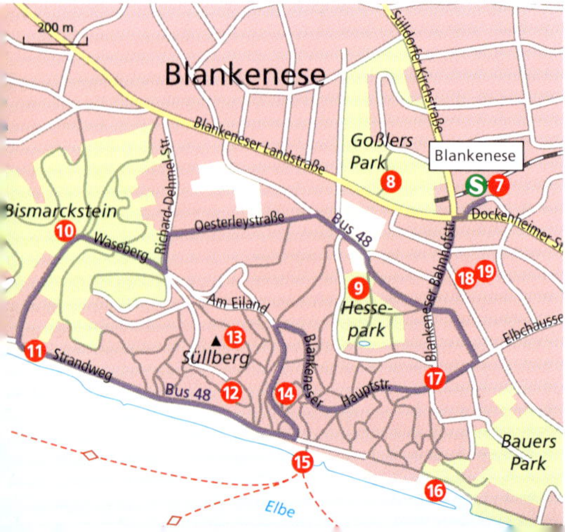

Hörstationen der Audiotour

Hörstationen 1–6 von Altona bis Blankenese: ▸ Klappe hinten

7 S-Bahnhof Blankenese
8 Goßlers Park
9 Hessepark
10 Waseberg
11 Strandweg
12 Fischerhaus (Blankenese Museum)
13 Süllberg
14 Treppenviertel
15 Fähranleger
16 Jollenhafen
17 Blankeneser Bahnhofstraße
18 Markt
19 Blankeneser Kirche am Markt

org Friedrich Baur. Dieser ließ den Park anlegen und bestückte ihn mit allerlei Schmuckarchitektur: Mehrere Tempel, eine künstliche Turmruine, eine Orangerie und diverse Grotten gehörten dazu. Ein chinesischer Turm befand sich dort, wo heute ein moderner Leuchtturm steht. Von all den Bauten blieb nichts erhalten. Auch von der ursprünglichen Parkanlage ist nur noch ein Rest übrig, eben der heutige Baurs Park.

An der Haltestelle **Strandtreppe** sollte aussteigen, wer das Treppenviertel erkunden will. Die Strandtreppe ist die längste der zahlreichen Treppen und führt – man kann es sich denken – hinunter bis zum Strand. Es soll im Treppenviertel 4.864 Stufen geben – amtlich gezählt. An der Haltestelle Beckers Treppe bietet sich die Möglichkeit, **Sagebiels Fährhaus** zu besuchen und von dort einen herrlichen Blick über die Elbe zu werfen. Einen ähnlich schönen Blick hat man von den **Elbterrassen,** zu denen man von Krögers Treppe aus gelangt, einer der nächsten Haltestellen der Bergziege. Von den Elbterrassen kann man ein kleines Stück hinunter zum „Rutsch" gehen. Das ist eine der längsten Treppen in Blankenese, und sie endet genau am Strandweg an der Haltestelle Krumdal. Eine ideale Abkürzung also.

Wer nicht an Krögers Treppe aussteigt, der lässt sich mit der Bergziege hinunterfahren zur Landungsbrücke von Blankenese. Sie wird auch „Bull'n" genannt, nach einem kleinen flachbödigen Transportschiff, das hier einst als improvisierte Landungsbrücke diente. Die nächste Haltestelle, Krumdal, liegt direkt an einem **Leuchtturm.** Der steht zwar schon im Wasser der Elbe, doch kann man trockenen Fußes über einen Steg vom Strand aus auf die Aussichtsplattform gelangen.

Am Falkentaler Weg klettert die Bergziege vom Elbufer hinauf zum Elbhöhenweg. Nach einem steilen Aufstieg ist bald der **Waseberg** erklommen. Am Waseberg liegt auch der Bismarckstein, ein 87 Meter hoher Aussichtsberg mit weitem Blick nach Westen. Über die Richard-Dehmel-Straße und schließlich wieder über die Oesterleystraße gelangt man zurück zum Ausgangspunkt, dem S-Bahnhof Blankenese.

Blankeneser Treppenviertel

Kaffeegarten Schuldt
Kleines Traditionscafé mit traumhaftem Blick über das Treppenviertel und die Elbe. Hier kann man sein Kaffeepulver auch selbst mitbringen.
Süllbergsterrasse 30
Tel. (040) 86 24 11
www.kaffeegarten-schuldt.de
Mai–Sept. Di–Fr 14–21 Uhr
Sa/So 13–21 Uhr
Okt.–Apr. Fr–So 13–18 Uhr

Sagebiels Fährhaus
Blankeneser Hauptstraße 107
22587 Blankenese
Tel. (040) 86 15 14
www.sagebielsfaehrhaus.de
Apr.–Sept. tgl. 12–22 Uhr, ab 14.30 Uhr Kaffee und Kuchen
Okt.–März Mo Ruhetag

Start
Blankenese
S1 S11 alle 5–10 Min.

Wanderung
Blankenese – Falkensteiner Ufer – Wedel

Länge
ca. 10 km

Rückfahrt
S1 ab Wedel
alle 10–20 Min.

Am Elbstrand

Falkensteiner Ufer

Wandern am Strom

Die Elbe weist den Weg: zu sehr imposanten Hochufern, zu verborgenen historischen Gärten und urwüchsigen Naturschutzgebieten.

Am Blankeneser Fähranleger bietet sich die Möglichkeit, über eine Reling gebeugt auf Elbwellen zu schauen: Der **Leuchtturm,** der einige Kilometer weiter flussabwärts schon im Wasser der Elbe zu sehen ist, lässt sich zwar nicht besteigen. Es wurde aber extra an der Außenwand eine Aussichtsplattform angebracht, die sich vom Ufer trockenen Fußes erreichen lässt. Und welche Aussicht bietet sich? Rechts vor uns schweift der Blick über die mittlerweile zusammengewachsenen, unbewohnten Elbinseln Neßsand und Schweinesand ins Alte Land – und links über das Mühlenberger Loch. Besser: über die Reste des einstigen Biotops. Denn der größte Teil des Mühlenberger Lochs wurde mit Milliardenaufwand zugeschüttet, um dort die Erweiterungsbauten der Finkenwerder Flugzeugfabrik von Airbus Industries zu errichten.

Schöne Ausblicke bieten sich im weiteren Verlauf der Wanderung immer wieder, sowohl vom Uferwanderweg, der bald nach Blankenese nicht mehr Strandweg, sondern **Falkensteiner Ufer** heißt, als auch vom teils bewaldeten, teils zu Parks umgestalteten Hochufer aus. Allerdings ist der Aufstieg nicht immer ganz bequem. So geht es zum Schinckels Park über den Falkentaler Weg recht steil bergauf. Auf keinen Fall versäumen sollte man den **Römischen Garten** direkt am Falkensteiner Ufer. Dieser kleine Park ist eine der schönsten Grünanlagen Hamburgs – und zudem fast noch ein Geheimtipp. Äußerst gepflegt zeigt der Garten sich in mediterranem Stil.

Wanderer, die noch genug Zeit haben, legen die Strecke nach Wedel nicht am Strand zurück, sondern auf dem Steilufer. Hier kann man sich zwar leicht verlaufen, zumal eine Beschilderung

Auf dem Weg zum Falkensteiner Ufer

praktisch nicht vorhanden ist, aber man stößt auch immer wieder auf wunderschöne Flecken.

Im **Sven-Simon-Park** wartet neben dem landschaftlichen Reiz auch ein Museum der besonderen Art auf Besucher: Das **Puppenmuseum** zieht mit seinen niedlichen Exponaten nicht nur kleine Kinder in seinen Bann. Vor allem ältere Damen erweisen sich als begeisterungsfähige Besucherinnen.

Ein letztes Naturerleben bietet sich noch einmal im **Naturschutzgebiet Wittenberger Heide.** Danach beginnt hinter der Grenze nach Schleswig-Holstein ein Industriegebiet. Eine Ölraffinerie und ein Heizkraftwerk verstellen den Weg. Das „Industriedenkmal“ umgeht man am besten über den Tinsdaler Weg. Danach kann man sich entscheiden, ob man auf diesem bis zur Bahnhofstraße verbleibt, die ins historische Zentrum Wedels und zur S-Bahn führt, oder ob man sich wieder Richtung Elbe auf den Elbwanderweg begibt, der an der Schiffsbegrüßungsanlage Willkomm Höft endet (▸ Seite 173).

Puppenmuseum Falkenstein – Sammlung Elke Dröscher
Grotiusweg 79
Tel. (040) 81 05 81
www.elke-droescher.de
Di–So/Fei 11–17 Uhr
5 €, Kinder 3 €
Zweimal im Jahr Sonderausstellungen

Start
Rissen
S1 alle 10–20 Min.

(Rad-)Rundwanderung
Rissen – Klövensteen – Rissen

Länge
ca. 12 km

Klövensteen

Für Pferdefreunde

Der Klövensteen, ein großes Wald- und Weidegebiet im Westen der Hansestadt, ist ein traditionelles Ausflugsgebiet der Hamburger. Nicht nur für Reiter ist er ein Eldorado. An sonnigen Wochenenden tummeln sich hier ebenso Radler, Nordic Walker und Spaziergänger.

Tatsächlich lassen sich die landschaftlichen Schönheiten dieses Gebietes an der westlichen Stadtgrenze besonders gut vom Sattel aus erleben. Aber ein Pferd braucht es dazu nicht, ein Drahtesel leistet ebenso gute Dienste. Ein besonderer Vorteil ist natürlich, dass wir das Fahrrad bequem in der S-Bahn bis zum Bahnhof Rissen mitnehmen können. Versuchen Sie das mal mit einem Pferd.

Vom S-Bahnhof ist man über den nahen Klövensteenweg schon bald in einem Kiefernwald. Am Walderholungsplatz sollte man nach links in den Feldweg 84 einbiegen, über den man zum Wildgehege kommt. Rechter Hand befinden sich das Schnaakenmoor und ein Reitweg. Auf dem Feldweg 84 gelangt man zum östlichen

Reiterinnen im Klövensteen

Eingangsgatter des Geheges. Uhus, Wildschweine, Hirsche und Rehe kann man hier aus nächster Nähe beobachten. Wer einen besonders guten Einblick in die einzelnen Gehege haben möchte, der besteigt eine kleine Aussichtsplattform und entdeckt so womöglich noch einige scheuere Exemplare. Im südlich des Wildgeheges liegenden Waldgebiet stößt der Spaziergänger auf malerische Teiche.

Zurück auf dem Klövensteenweg stößt man auf den meist gut besuchten Waldspielplatz Klövensteen. Nördlich davon am Babenwischenweg befindet sich die **Ponywaldschänke,** ein beliebtes Familienausflugslokal. Gut gestärkt geht es auf den für Radler idealen und gut ausgeschilderten Wirtschaftswegen in nördlicher Richtung in den eigentlichen **Staatsforst Klövensteen.** Auf dem Weg wechseln immer wieder kleinere Waldgebiete mit Pferdekoppeln. Zahlreiche private Reitställe verteilen sich über den Klövensteen.

Spätestens auf der Fahrt über die ruhigen Waldwege des Klövensteens sollte man sich überlegen, ob der Ausflug zurück nach Rissen führen soll, oder ob Wedel das Ziel der Fahrt ist. Wer sich für Wedel entscheidet, lernt noch eine andere schöne Landschaft kennen: das ausgedehnte **Moorgebiet,** das sich auf schleswig-holsteinischem Boden an den Klövensteen anschließt. Krabatenmoor, Buttermoor, Butterbargsmoor und Sandbargsmoor heißen die einzelnen ineinander übergehenden Moore. Auf gut befestigten Wegen, auf denen man auch unbedingt bleiben sollte, erreicht man mit dem Rad in südlicher Richtung mühelos die Wedeler Vororte Magdalenenhof und Haidehof. Über die Straßen Wespenstieg und Sandmoorweg geht es nach einem waldreichen Tag zum Ausgangspunkt Rissener Bahnhof zurück.

Ponywaldschänke
Babenwischenweg 28
22559 Hamburg
Tel. (040) 81 23 53
www.pony-waldschaenke.de
Sommer tgl. 11–22 Uhr, im Winter bis 21 Uhr

Restaurant Reitstall Klövensteen
Biergarten, Fisch- und Wildgerichte.
Uetersener Weg 100
22869 Schenefeld
Tel. (040) 8 30 69 92
www.restaurant-reitstall-kloevensteen.de
Di–Sa 10–24, So/Fei 10–22, Biergarten Di–Fr ab 12, Sa/So/Fei ab 11 Uhr

Start
Wedel
S1 alle 10–20 Min.

(Rad-)Wanderung
Wedel-Zentrum – Stadtmuseum – Ernst-Barlach-Museum – Willkomm Höft – Fährmannssand

Länge
ca. 12 km hin und zurück

Rückfahrt
Wedel
S1 alle 10–20 Min.

Karte ▸ Seite 179

Stadtmuseum Wedel
Küsterstraße 5
Tel. (0 41 03) 1 32 02
www.stadtmuseum.wedel.de
Do–Sa 14–17, So 11–17 Uhr
Eintritt frei

Ernst-Barlach-Museum
Mühlenstraße 1
Tel. (0 41 03) 91 82 91
www.ernst-barlach.de
Di–So 11–18 Uhr
6 €, erm. 4 €, Familienkarte 10 €

Wedel & Fährmannssand

Da kommt Fernweh auf!

Diese Discjockeys arbeiten nicht nachts, und sie spielen auch nicht die neuesten Hits, sondern lassen jeden Tag bis zum Sonnenuntergang Nationalhymnen erklingen. Doch bevor wir in Willkomm Höft dem Begrüßen und Verabschieden der Schiffe lauschen, besuchen wir erst einmal den historischen Part der westlichen Nachbarstadt Hamburgs – gleich hinter dem Wedeler S-Bahnhof.

Die Kirche, das Pastorat und weitere gepflegte Bauten bilden den Kern des alten Wedels. Zentrum ist der **Roland,** eine etwas ungeschlachte Sandsteinfigur. Der Sage nach war Roland ein Ritter im Dienste Karls des Großen. Der Roland steht als Symbol für verliehene Handels- und Marktrechte. Der Reichsapfel ist ein Zeichen des Marktfriedens und der Marktgerechtigkeit. Die einstige wirtschaftliche Bedeutung Wedels gründete sich auf den Ochsenmarkt, der im 16. und 17. Jahrhundert seine Blüte erlebte. Bei Wedel gab es eine Furt, auf der die Herden durch die Elbe getrieben werden konnten. Tausende von Tieren aus ganz Norddeutschland wechselten hier alljährlich den Besitzer. Noch heute erinnert daran der stets im April stattfindende Wedeler Ochsenmarkt. Nur reisen die Tiere inzwischen bequem im Hänger an, und es sind auch nicht mehr nur Rinder, sondern immer mehr Pferde. Eines ist aber immer noch so wie früher: Der Verkauf per Handschlag nach alter Tradition. Wer beim Auftrieb dabei sein will, muss früh aufstehen. Bereits zwischen 5.30 und 6.00 Uhr geht es los.

Das **Stadtmuseum Wedel** zeigt geschichtliche Aspekte von der ersten urkundlichen Erwähnung des Ortes im Jahre 1212 bis ins 20. Jahrhundert: Elbschifffahrt, Industrialisierung, Arbeiterbewegung und Nationalsozialismus. Sein Domizil hat das Museum in einem spätklassizistischen Schulhaus von 1829 in der Küsterstraße. Bereits seit 1912 dient das Gebäude mit einigen Unterbrechungen als Museum. Sonderausstellungen aus den Bereichen Kulturgeschichte, Volkskunde und Kunst sowie ein Museumsgarten mit wechselnden Veranstaltungen ergänzen die Dauerausstellung.

Ein Museum ganz anderer Art lockt Besucher von weit her nach Wedel. Das **Ernst-Barlach–Museum** im Geburtshaus Ernst Barlachs (1870-1938) in der Mühlenstraße. Das Museum zeigt eine repräsentative Sammlung nicht nur des plastischen, sondern auch des grafischen, zeichnerischen und literarischen Schaffens des Künstlers. Eine umfangreiche Fotodokumentation veranschaulicht die verschiedenen Lebensstationen Barlachs, dessen Werke im Nationalsozialismus als „entartet“ gebrandmarkt waren (für Barlach-Fans gleichfalls ein Muss: das Ernst-Barlach-Haus am Jenischpark ▸ Seite 160). Das Museum präsentiert zudem wechselnde Sonderausstellungen, in denen bildende Künstler und Schriftsteller der klassischen Moderne sowie Kunst und Literatur der Gegenwart dargestellt werden.

Nun geht es endlich runter zur Elbe. Über die Bahnhofstraße und die Straße Rollberg gelangen wir zur **Schiffsbegrüßungsanlage Willkomm Höft** am **Schulauer Fährhaus.** Seit 1952 werden hier täglich Schiffe, die in den Hamburger Hafen einlaufen oder über die Elbe in die Weltmeere hinausfahren, begrüßt und verabschiedet. Über 150 Nationalhymnen haben die sechs Discjockeys, die sich den Job „Begrüßungskapitän“ teilen, auf ihrem Computer abrufbereit. Schiffe, die kleiner als 1.000 Bruttoregistertonnen sind oder den nationalen Küstenbereich nicht verlassen, werden nur mit dem Dippen (Senken) der Flagge der Hansestadt empfangen. Emotionaler wird es bei der Verabschiedung, wenn das Lied „Auf Wiedersehn, auf Wiedersehn, bleib nicht so lange fort ...“ ertönt. Da kommt auch bei der letzten Landratte Fernweh auf. Unter deutscher Flagge fahrende Schiffe werden auch mal mit „Muss I denn, muss I denn zum Städtele hinaus“ auf dem Weg in die Nordsee begleitet. Wer das Treiben auf der Elbe vom Restaurant oder der Terrasse des Schulauer Fährhauses beobachtet, der bekommt eine Menge Informationen zu jedem „dicken Pott“ über

Willkomm Höft
Wer vom Fernweh gepackt werden möchte, der ist hier richtig.
Tgl. 9–20 Uhr, im Winter bis Einbruch der Dunkelheit

Restaurant Schulauer Fährhaus
Regionale und mediterrane Küche, Fischspezialitäten.
Parnaßstraße 29
22880 Wedel
Tel. (0 41 03) 9 20 00
www.schulauer-faehrhaus.de
Mo–Fr 11–23 Uhr,
Sa/So/Fei 9–23 Uhr

Der Roland von Wedel

Willkomm Höft: Schiffsbegrüßungsanlage für große Pötte

den Lautsprecher verkündet: zu Herkunft, Länge, Breite, Geschwindigkeit, Bruttoregistertonnen und Reiseziel des Ozeanriesen. Dazu greifen die Begrüßungskapitäne eine ihrer 16.000 Karteikarten heraus. Auch der tägliche Hafenbericht gehört zu ihrer Informationsquelle.

Wer die auslaufenden Schiffe noch ein Stück begleiten will, begibt sich auf einen Deichausflug auf der Deichstraße Richtung Fährmannssand. Wie weit der Ausflug gehen soll, hängt von der Zeit, der Ausdauer und dem Fortbewegungsmittel ab. Die langsamen Fußgänger wandern auf der Deichkrone und können die schöne Aussicht sowohl über die Elbe, als auch über die Wedeler Marsch genießen. Links und rechts an der Deichböschung verlaufen gerade, ebene, asphaltierte Wege, die ideal zum Rad fahren sind. Auch Inlineskater haben den Deich zu ihrem Revier erklärt. Wer auf Rädern oder Rollen unterwegs ist, mag sich also aussuchen, welcher Blick ihm lieber ist: der über das satte Grün der Marsch oder der auf die Ozeanriesen, die auf der Elbe zum Greifen nahe vorbeifahren. Am besten auf der einen Seite des Deiches hin und auf der anderen zurück! Lästiges Hindernis allerdings sind die Schafgatter, die in regelmäßigen Abständen zum Bremsen zwingen. Die Schafe selbst lassen sich von den Ausflüglern nicht beeindrucken.

Fußgänger können sich als Ziel die Schäferei und Gaststätte **Fährmannssand** ausgucken. Radfahrer sind wie im Fluge viele Kilometer weit vom Ausgangspunkt entfernt. Je weiter die Fahrt geht, desto menschenleerer wird die Landschaft. Und wo der weite Horizont den Eindruck erweckt, es gäbe nichts als Himmel, könnte man immer weiterfahren. Aber Vorsicht: Genügend Zeit für den Rückweg einkalkulieren. Denn auf dem bewahrheitet sich bestimmt die alte Radlerregel: Der Wind kommt immer von vorn.

Gasthaus Fährmannssand
Fährmannssand
Tel. (0 41 03) 23 94
www.faehrmannssand.de
Mi–So 11–20 Uhr
Dez.–Feb. geschlossen
bzw. Öffnungszeiten telefonisch vorher erfragen

Fahrplan to go.

HVV-App

Neu: Fahrkarte jetzt gleich mitkaufen!

aden Sie sich die mobile HVV-
ahrplanauskunft ganz bequem als
pp für iOS und Android herunter.

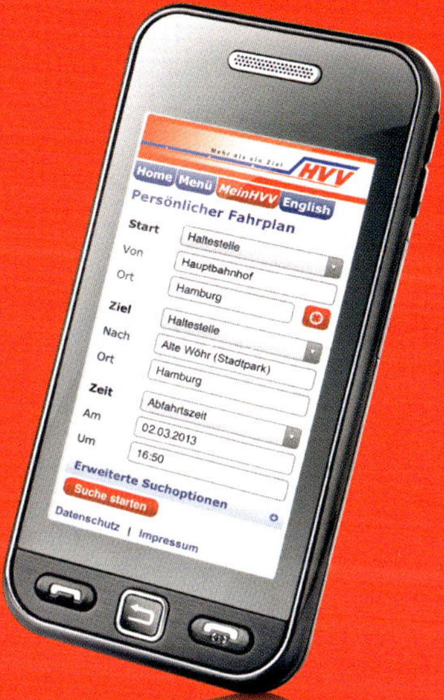

n.hvv.de

Neu: Fahrkarte jetzt gleich mitkaufen!

lit einem internetfähigen Handy
rhalten Sie hier schnell und zuver-
ssig die mobile Fahrplanauskunft
owie viele weitere Informationen
und um den HVV.

SMS-Fahrplan

enden Sie einfach eine SMS mit Start!Ziel (z. B. eidelstedter
latz!johanniswall 2) an 55 3 55 und Sie erhalten den Fahrplan
ir die nächste Verbindung. Für die SMS gilt der reguläre Preis
res Mobilfunkanbieters (nicht durch Flatrates abgedeckt),
nsere Antwort ist kostenlos.

Mehr als ein Ziel HVV

r alle Anfragen gelten die Tarife Ihres Mobilfunkanbieters.

Start
Wedel
S1 alle 10–20 Min.

Radrundwanderung
Wedel – Fährmannssand – Hetlinger Schanze – Haseldorf – Wedel

Länge
ca. 35 km

Karte ▸ Seite 179

Haseldorfer Marsch

Im Reich des Wachtelkönigs

Nordwestlich von Wedel dehnt sich – von Gräben und Wasserläufen durchzogen – die Haseldorfer Marsch aus, eine Landschaft von urwüchsiger Schönheit. Und ein Eldorado für Radwanderer, Naturfreunde und Ornithologen.

Der Start zu einer Rundfahrt durch die Haseldorfer Marsch ist schon beim vorigen Ausflugstipp Wedel & Fährmannssand (▸ Seite 172) beschrieben: Es geht auf oder am Elbdeich zwischen Schafen hindurch zum Gasthaus und zur Schäferei **Fährmannssand.**

Für die Rundfahrt geht es nun von Fährmannssand weiter am Elbdeich entlang, bis ein schmaler Weg zur **Carl-Zeiss-Vogelstation** des NABU (Naturschutzbund Deutschland) abzweigt. Von eigens für die Besucher eingerichteten Beobachtungsposten aus kann man zu jeder Jahreszeit die unterschiedlichsten Vogelarten beobachten.

In dem 2160 ha großen **Naturschutzgebiet Haseldorfer Binnenelbe mit Elbvorland,** das der eigentlichen Haseldorfer Marsch vorgelagert ist, brüten zahlreiche Vogelarten, darunter auch gefährdete wie Bakassine, Uferschnepfe, Blaukehlchen, Tüpfelsumpfhuhn, Rohrdommel, Eisvogel, Rohrweihe, Neuntöter und der Wachtelkönig. Wen diese Aufzählung der Ornithologen nicht beeindruckt, der ist vielleicht mit dem Hinweis, dass sich hier sogar der Seeadler, das Wappentier Deutschlands, wieder angesiedelt hat, von dem ökologischen Wert des Gebietes zu überzeugen.

Die Entstehung der heutigen Marschlandschaft, über die man bei der Weiterfahrt vom Deich aus blickt, ist geprägt durch die Dynamik der Elbe. Der Fluss hat im Laufe der Zeit ständig sein Bett verlagert; noch vor wenigen Jahrhunderten war die Haseldorfer Binnenelbe das Hauptstrombett. Durch das Absetzen von Schwebstoffen als Folge

NABU Carl-Zeiss-Vogelstation
Tel. (040) 69 70 89-0 oder (0 1 60) 6 54 79 28
Mi, Do, Sa/So/Fei
10–16 Uhr
Veranstaltungen unter www.nabu-hamburg.de

Am Elbdeich

von Ebbe und Flut bildete sich die nährstoffreiche Marsch. Es entstanden vielfältige, einmalige Lebensräume. Als in den 1970er Jahren im Rahmen von Hochwasserschutzmaßnahmen auch an der Elbe neue Landesschutzdeiche errichtet wurden, änderten sich die Wasserverhältnisse und damit die natürlichen Lebensräume grundlegend. Große Teile der Flussmarsch wurden dem Einfluss der Gezeiten entzogen. Als Folge verschwanden aus diesem Gebiet die an den Gezeitenwechsel angepassten Pflanzenarten wie Wibels Schmiele und Schierlings-Wasserfenchel, die weltweit nur an der Elbe vorkommen.

Als Nächstes passieren wir die **Hetlinger Schanze.** Auf einer damaligen Elbinsel errichteten die Dänen 1659 eine Festung, die Hetlinger Schanze, die zusammen mit dem Fort in Glückstadt die Schifffahrt auf der Elbe sichern sollte. Heute ist von den 1764 geschleiften Anlagen nichts mehr zu sehen. Hätte sich nicht der Name erhalten, wäre diese Episode der dänischen Geschichte wohl weitgehend der Vergessenheit anheimgefallen.

Nach weiteren fünf Deichkilometern passiert man eine zweite Einrichtung unserer Vogelfreunde vom NABU, das **Naturzentrum Scholenfleth** am Deich bei Haseldorf. Bald darauf ist die Pinnau erreicht, ein Flüsschen, dem die Stadt Pinneberg, durch die es fließt, ihren Namen verdankt. Man

NABU Naturzentrum Scholenfleth
Haseldorf, Hafenstraße
Tel. (0 41 29) 9 55 49 11
http://schleswig-holstein.nabu.de/
Apr.– Sept. So 11–16 Uhr

Elbmarschenhaus
Hauptstraße 26
25489 Haseldorf
Tel. (0 41 29) 95 54 90
www.elbmarschenhaus.de
Tgl. 10–16 Uhr

Café Grote
Beliebte Bäckerei und Konditorei, mit Außenterrasse.
Hohenhorst
Deichstraße 3
Tel. (0 41 29) 2 90
www.cafe-grote.de
Tgl. 9–18 Uhr

Zu den Sperrwerken Pinnau und Krückau siehe unter Glückstadt
▸ Seite 180

Haselauer Landhaus
Ausflugslokal in einem schönen alten Strohdachhaus.
Dorfstraße 10
25489 Haselau
Tel. (0 41 22) 9 87 10
www.hauselauer-landhaus.de
Tgl. außer Mi 12–22 Uhr

könnte jetzt die Pinnau über ein Sperrwerk passieren und weiter den Deich entlang bis nach Glückstadt radeln. Allerdings muss man die ungünstigen Zeiten berücksichtigen, zu denen die Pinnau passierbar ist. Für die nach weiteren fünf Kilometern in die Elbe mündende Krückau gilt dasselbe (Sperrzeiten ▸ Seite 180).

Wer nicht nach Glückstadt möchte, der fährt am Ufer der Pinnau landeinwärts und schlägt dann einen Bogen über **Haselau** nach **Haseldorf,** dem Hauptort der Marsch. Die Wasserburg, die sich einst hier befand, gehörte von 1494 bis 1736 den Grafen Ahlefeldt, die das Land eindeichen ließen. Die Burg wurde 1805 durch das heutige Herrenhaus ersetzt. Der meist verwendete Titel Schloss für das vergleichsweise schlichte Bauwerk scheint etwas prahlerisch. Der zwischen den Deichen eingebettete Schlosspark ist malerisch und reich an seltenen Bäumen. Allerdings sind Haus und Park noch heute in Privatbesitz der Grafenfamilie, die ihr Anwesen auch als solches ausschildert und nicht als touristischen Besichtigungspunkt betrachtet. Am Rande der Schloss-

Pfarrkirche St. Gabriel

Der Bau der Pfarrkirche St. Gabriel zeigt sich heute als spätromanische Backsteinkirche. Im Jahre 1599 wurde eine Gruftkapelle für den ermordeten Gutsherren Detlef von Ahlefeldt angebaut. Das Innere der kleinen Kirche ist ein Schmuckkästlein der Sakralkunst. Der Triumpfbogen zwischen Altarraum und Kirchenschiff legt Zeugnis ab von den Anfängen dieses Gotteshauses. Darunter hängt das älteste Stück der Kirche: ein frühgotisches Triumphkreuz aus dem frühen 13. Jahrhundert, im Originalzustand erhalten. Sofort ins Auge fällt dem Besucher das Patronatsgestühl. Diese prachtvolle Loge des Gutes Haseldorf wurde 1731 auf Veranlassung des Patronatsherrn Andreas von Schilden eingebaut. Sie steht auch heute noch den jeweiligen Besitzern des Gutes Haseldorf zur Verfügung.

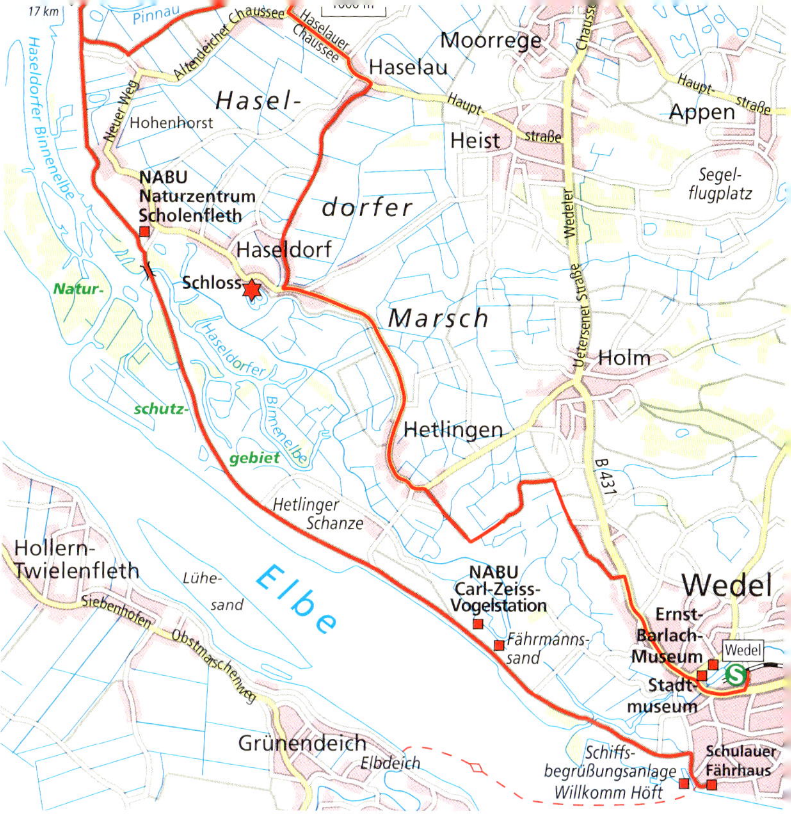

parkanlage steht die evangelische **Pfarrkirche St. Gabriel,** die in ihren Ursprüngen auf das Jahr 1195 zurückgeht und die eine Besichtigung lohnt.

Über den Hetlinger Deich führt der Weg nach **Hetlingen,** einem Zentrum des Obstanbaus. Auf dem letzten Abschnitt der Rückfahrt von Hetlingen durch die Wedeler Marsch nach Wedel finden sich noch einige Reste der Korbweiden, denen die Region einst den Namen Korbweidenland verdankte. Noch 1960 gab es hier 80 Betriebe, in denen Weidenkörbe geflochten wurden. Heute stehen die letzten Korbweiden nur noch in der schönen Gegend herum und erinnern an ein ausgestorbenes Handwerk.

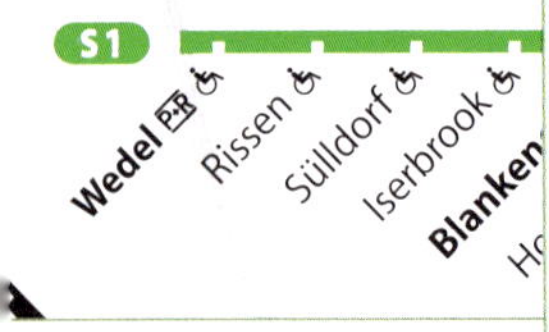

Start
Wedel
S1 alle 10–20 Min.

Radwanderung und Stadtbesichtigung
Wedel – Glückstadt – Marktplatz – Hafenstraße

Länge
ca. 35 km einfach

Rückfahrt
Vom Bahnhof Glückstadt mit R60 (nicht im HVV) nach Pinneberg oder Altona

Karten ▸ Seite 179
▸ Seite 183

Sperrwerk Pinnau
Öffnungszeiten:
Mai–Sept.
Sa/So/Fei 9–13 +14–18 Uhr,
Mo–Mi 8.45–15.45 Uhr,
Do 8.45–13.45 Uhr,
Fr 8.45–12.45 Uhr
Jede Std. auf Min. 45

Sperrwerk Krückau
Öffnungszeiten:
Mai–Sept.
Sa/So/Fei 9–13 +14–18 Uhr,
Mo–Mi 9.15–15.15 Uhr,
Do 9.15–14.15 Uhr,
Fr 9.15–12.15 Uhr
Jede Std. auf Min. 15

Im Winter sind die Sperrwerke durchgehend geschlossen! Der Weg verlängert sich um ca. 30 km.

Glückstadt

Die Stadt, das Glück und der König

Glückstadt, das malerische Städtchen an der Elbe, sollte vor allem einem Glück bringen: dem dänischen König Christian IV.

Dieser Monarch, der sich durch eine Reihe von Stadtgründungen auszeichnete und ohnehin eine beeindruckende Bauwut an den Tag legte, hatte Großes vor mit Glückstadt. Die Stadt sollte sein Tor zur Welt werden und dabei die schon damals bedeutende Handelsmetropole Hamburg überflügeln. Wie wir wissen, kam es dazu nicht.

Ein Fahrradausflug nach Glückstadt bietet sich als Ergänzung der Tour in die Haseldorfer Marsch (▸ Seite 176) an. Statt an der Pinnau nach Haseldorf abzubiegen, führt der Weg dann ganz einfach immer weiter an der Elbe entlang auf dem Deich nach Glückstadt. Dabei fährt man über die **Sperrwerke von Pinnau und Krückau.** Aber Achtung! Die Öffnungszeiten sind nicht ganz unproblematisch. Besonders die Rückfahrt mit dem Rad auf dem Deich nach Wedel ist wegen der frühen Schließzeiten der Sperrwerke an Werktagen für einen Ausflug mit Stadtbesichtigung sehr ungünstig. Über die Pinnau führt schon in Neuendeich eine Brücke, der Umweg beträgt 9 km. Um die Krückau zu überqueren, muss man außerhalb der Sperrwerkszeiten jedoch einen 20 km langen Umweg bis nach Elmshorn einplanen.

Am Wochenende im Sommerhalbjahr kann man diesen möglichen Umweg allerdings erheblich verkürzen und dabei auch noch ein nostalgisches Highlight der besonderen Art genießen: die historische **Fähre Kronsnest.** Zwischen **Neuendorf** und **Seestermühe** überquert man die Krückau mit dieser kleinen Personenfähre. Auch das Fahrrad darf mit.

Dieser Flussübergang war jahrhundertelang das Verbindungsglied zwischen zwei Teilen eines alten Handelsweges. Hier wurden Menschen, Tiere und Güter über die Krückau befördert. Im Jahre 1968 lohnte der Fährbetrieb nicht mehr und wurde eingestellt. Doch seit 1993 ist die vermutlich kleinste Personenfähre Deutschlands wieder in Betrieb, um das tideabhängige Flüsschen zu überqueren. Bei Niedrigwasser ist die Krückau nur einen Meter tief. Bei Hochwasser können es bis zu vier Meter sein. Dann hat der Fährmann kräftig zu arbeiten, um der Strömung zu trotzen.

Blick auf die Hafenstraße

In Ruhezeiten wartet er auf der Neuendorfer Seite in einem umgebauten Bauwagen auf Passagiere. Auf die gegenüberliegende Seite wird er mittels einer Glocke oder durch ein freundliches „Hol över" herübergerufen. Diesen Namen erhielt 1993 auch die Fähre.

Einerlei, ob man nun mit Fahrrad und Fähre von Wedel nach **Glückstadt** kommt oder mit der Regionalbahn anreist: In der Altstadt mit Markt und Hafen kann man sich leicht orientieren und findet die steinernen Zeugnisse der Vergangenheit dicht beieinander. 1617 hatte Christian IV. die Stadt mit ihren zwölf sternförmig vom **Marktplatz** abgehenden Straßen befestigen lassen. Mittelpunkt der Stadt ist die **Kirche am Markt**. Der Bau von 1618 ist die erste nach der Reformation errichtete Kirche Holsteins und wird auf der Turmspitze von der Glücksgöttin Fortuna geziert, die eine dänische Königskrone trägt. Die Kirche ist in einem einheitlichen Barock gehalten, ganz in Grau, Weiß und Schwarz. Jünger als die Kirche ist das **Rathaus**. Es wurde erst 1872 errichtet; allerdings nach dem Muster des Vorgängerbaus aus dem Jahre 1642. Im Stil erinnert es an die Renaissancebauten Christians IV. in Kopenhagen.

In der **Hafenstraße**, die unter Denkmalschutz steht, hat sich etwas von der alten Glückstädter Mischung erhalten, die eine starke dänische Prägung auszeichnet. Hingewiesen sei auf das Haus Nr. 46, das sich ein königlicher Proviant-

Fähre Kronsnest
Lustige Fahrt mit der vielleicht kleinsten Fähre Deutschlands über das Flüsschen Krückau.
Tel. (0 41 21) 2 13 99
(ab 18 Uhr)
www.faehre-kronsnest.de
Mai–Okt. Sa/So/Fei 9–13 + 14–18 Uhr, wochentags nach Absprache
Überfahrt (inkl. Fahrrad) 1 €, Kinder bis 12 Jahren 0,50 €

Restaurant Aal-Kate
Fischspezialitäten.
Kuhlworth 21
25436 Neuendeich
Tel. (0 41 22) 22 64
www.aal-kate.de
Apr.–Okt. Di–Sa 12–22 Uhr, So 9–22 Uhr
Nov.–Feb. Mo/Di Ruhetag

Auf dem Deichweg nach Glückstadt

kommissar im Jahre 1697 bauen ließ. Jetzt beherbergt es eine Galerie. Die Nr. 40 war von Christian IV. eigentlich als königliches Wohnhaus gedacht, dann schenkte er es aber seiner Geliebten Wiebeke Kruse. Zwei weitere Bauten aus Glückstadts großer Zeit lohnen wegen ihrer architektonischen Pracht eine Besichtigung: das **Palais Brockdorff,** Am Fleth 43, im Jahr 1631 für den dänischen Statthalter und Schwiegersohn Christians IV. errichtet, und das **Palais Wasmer** in der Königstraße 36, in dem in früherer Zeit das Obergericht für Holstein untergebracht war. Von 1893 bis 1976 wurde in Glückstadt die Heringsloggerei betrieben. Von Mai bis Juli fuhren die Segellogger auf die Nordsee hinaus und machten Jagd auf den kleinen Fisch. Das Gebäude der Heringsfischerei am Hafen ist längst einer modernen Jugendherberge gewichen. Aber im Detlefsen-Museum im Palais Brockdorff ist dieses Kapitel des Ortes noch nachvollziehbar. Auch heute wird in Glückstadt der Hering noch zum Matjes und ist eine Delikatesse, die man vor Ort verkosten sollte. Und jedes Jahr am zweiten Donnerstag im Juni beginnen die Glückstädter Matjeswochen mit dem traditionellen Matjes-Anbiss auf dem Marktplatz.

Nicht vom alten Hafen, sondern vom etwas nördlicher gelegenen Anleger startet eine Fähre nach Wischhafen am anderen Elbufer. Die Fahrt dauert nicht einmal eine halbe Stunde. Was wir jedoch schmerzlich vermissen, ist eine Fährverbindung nach Hamburg, die sich eigentlich anböte. Aber vielleicht hat Glückstadt mit der alten Konkurrentin noch immer nicht ihren Frieden gemacht.

Detlefsen-Museum
(im Palais Brockdorff)
Geschichte des Walfangs und der Heringsfischerei.
Am Fleth 43
25348 Glückstadt
Tel. (0 41 24) 93 05 20
www.detlefsen-museum.de
Mi 14–17 Uhr, (Juni–Aug. 14–18 Uhr), Do–Sa 14–18, So 14–17 Uhr
4 €, erm. 2,50 €

via Tipp

Restaurant Kandelaber
Von Mai bis Sept. tgl. vorzügliches Matjesbuffet.
Am Markt 14
25348 Glückstadt
Tel. (0 41 24) 93 27 77
www.restaurant-kandelaber.de
Di–Sa 11.30–14.30 Uhr + ab 18 Uhr, So ab 11.30 Uhr
Nov./Dez. Di nur mittags geöffnet
Jan/Feb Mo/Di Ruhetag

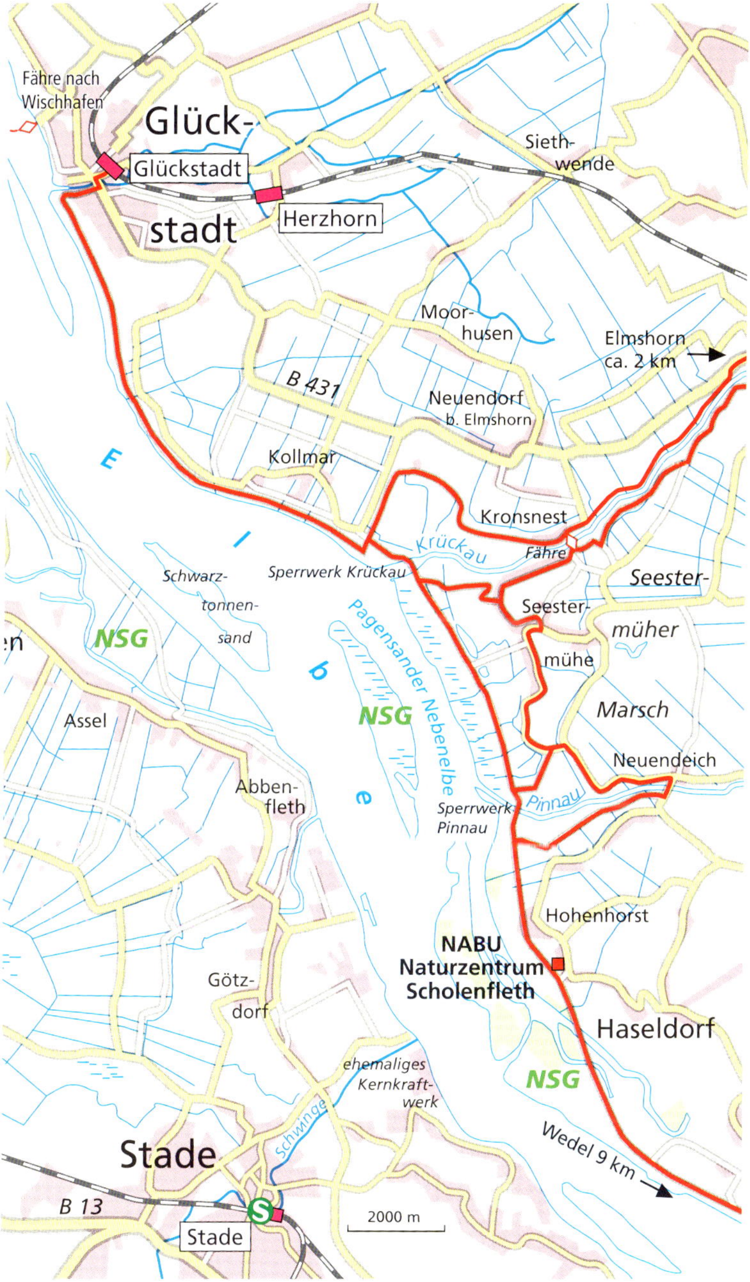
Fähre nach Wischhafen
Glückstadt
Glückstadt
Herzhorn
Siethwende
Moorhusen
Elmshorn ca. 2 km
B 431
Neuendorf b. Elmshorn
Kollmar
Kronsnest
Krückau
Fähre
E
l
b
e
Schwarztonnensand
Sperrwerk Krückau
Pagensander Nebenelbe
Seestermühe
Seestermüher Marsch
NSG
NSG
Assel
Abbenfleth
Neuendeich
Pinnau
Sperrwerk Pinnau
Hohenhorst
NABU Naturzentrum Scholenfleth
Götzdorf
Haseldorf
ehemaliges Kernkraftwerk
NSG
Schwinge
Wedel 9 km
Stade
B 13
Stade
2000 m

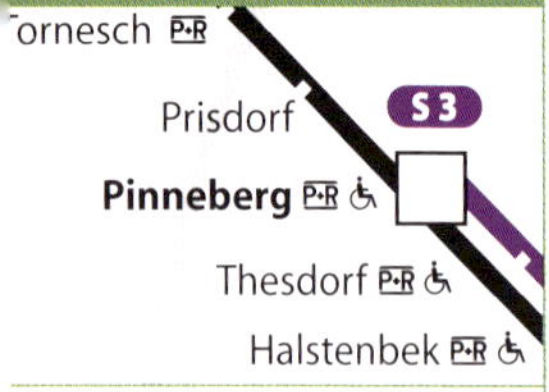

Start
Pinneberg
S3 alle 10-20 Min.

Radtour
Pinneberg –
Uetersen – Tornesch

Länge
ca. 20 km

Stadtbesichtigung
Rosarium
Klosterbereich
Langes Tannen

Rückfahrt
Bhf. Tornesch R60 R70
ca. alle 30 Min. bis
Pinneberg, dann S3

Uetersen

In die Rosenstadt

In Uetersen führen alle Wege zum Rosarium, dem berühmten Rosengarten. Daneben lohnen aber auch die weniger bekannten Anlagen des historischen Klosters und des Museums Langes Tannen einen Besuch.

Zunächst führt der Weg des Radwanderers von Pinneberg nach Uetersen. Am Bahnhof fährt man auf dem Weg An der Mühlenau in nordwestlicher Richtung nahe des Flüsschens entlang, das sich später mit der Pinnau vereinigen wird. Vorher biegen wir Radler in die Mühlenstraße ein und fahren dann über die Hauptstraße, die bald zu einer Landstraße wird, zum Dorf **Appen.** Am Dorfende biegen wir rechts nach **Unter-Glinde** ein. 1 km weiter, in **Ober-Glinde,** führt die Pinneberger Chaussee nach kurzem Weg ins Städtchen Uetersen hinein.

In **Uetersen** führen tatsächlich alle Wege zum **Rosarium,** das in der Ortsmitte liegt. Die Rosenzucht im Raum Uetersen hat eine Tradition, die bis weit ins 19. Jahrhundert zurückreicht. In Uetersen selbst war es der Gärtnermeister Ernst Ladewig Meyn, der 1880 eine Baumschule gründete und mit der Veredelung und Zucht der Rosen begann. Das großzügig gestaltete Rosarium konnte im Sommer 1934 eröffnet werden. Zwei weltbekannte Rosenzüchter des Gebietes, Wilhelm Kordes aus Sparrieshoop und Mathias Tantau aus Uetersen, waren die Initiatoren. In einer bunt gestaffelten Schaupflanzung wird heute ein breites Sortiment alter und neuer Park-, Beet-, Kletter- und Hochstammrosen gezeigt.

Rosarium
Wassermühlenstraße 7
25436 Uetersen
Tel. (0 41 22) 71 40
www.rosarium-uetersen.de
Ganzjährig geöffnet
Eintritt frei

Auch außerhalb des Rosariums begegnen dem Besucher im Stadtbild von Uetersen immer und überall Rosen. Während Verkehrsinseln in anderen Städten mit dauergrünen sogenannten Bodendeckern bepflanzt sind, blühen in Uetersen prächtige Rosenbüsche.

Der ehemalige **Klosterbereich** mit seinen historischen Gebäuden inmitten einer parkähnlichen

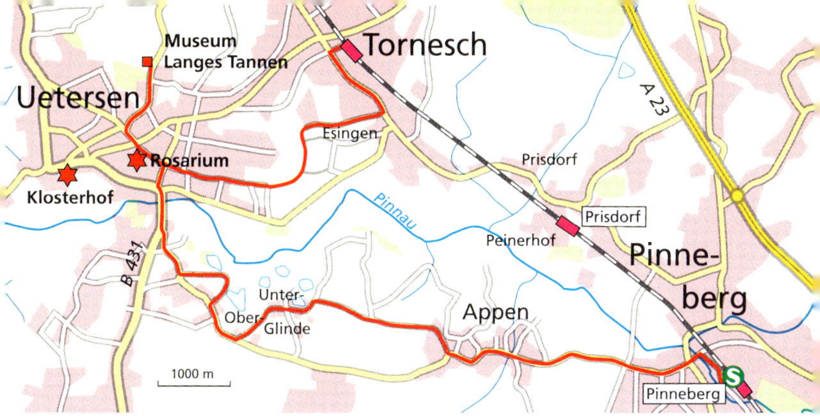

Anlage lohnt für Garten- wie für Architekturfreunde gleichermaßen einen Besuch. Bedeutendstes Bauwerk ist die spätbarocke Klosterkirche, 1748 bis 1749 aus Backstein errichtet. Kunstinteressierte sollten nicht versäumen, den Innenraum zu besichtigen, den ein Deckenfresko des italienischen Meisters Giovanni Battista Innocenzo Colombo schmückt.

Das dritte grüne Ausflugsziel Uetersens liegt nördlich des Stadtkerns, ist aber mit dem Rad in einigen Minuten zu erreichen, auch zu Fuß braucht man kaum länger. Es handelt sich um Langes Tannen. Das Anwesen, das ursprünglich Langes Neue Mühle hieß, beherbergt seit 1985 das **Museum Langes Tannen.** 1979 traf Werner Lange kurz vor seinem Tode die Entscheidung, seinen traditionsreichen Familiensitz der Stadt Uetersen zu vererben, mit der Maßgabe, ihn zu einem Museum umzuwandeln. Die Museumsanlage besteht aus dem ehemaligen Wohnhaus der Familie, einer Fachwerkscheune aus dem Jahre 1762 und den Überresten einer Mühle von 1796. Die Bauten dienen als Museum – Wald, Wiesen und Park als Erholungsgebiet. In den Räumen des Herrenhauses wird heute die liebevoll aufbereitete Schausammlung des „Museums zur Geschichte der bürgerlichen Wohnkultur in Norddeutschland von 1790 bis 1920“ präsentiert.

Nach dem Besichtigungsprogramm in Uetersen sind wir froh, dass Uetersen und das nordöstlich gelegene **Tornesch** fast ineinander übergehen. So ist man in kürzester Zeit am dortigen Bahnhof, um gleich bequem nach Hause zu fahren.

Café Langes Mühle
In einem alten Mühlenstumpf auf dem Gelände des Museums Langes Tannen untergebracht, selbstgebackener Kuchen und kleine herzhafte Gerichte.
Heidgrabener Straße 3
25436 Uetersen
Tel. (0 41 22) 90 05 67
www.cafe-langes-muehle.de
Mo, Mi, Fr/Sa/So 14–18 Uhr

Museum Langes Tannen
Heidgrabener Straße 3
25436 Uetersen
Tel. (0 41 22) 97 91 06
www.langes-tannen-uetersen.de
Mi/Sa/So 10–18 Uhr
1 €, Kinder bis 15 Jahren frei

City & Hafen

Tradition trifft auf Moderne in der HafenCity
▸ Seite 190

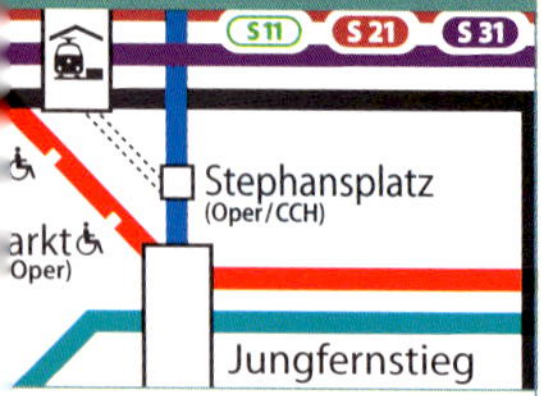

Start
Stephansplatz
U1 alle 5–10 Min.
MetroBus 4 + 5
mind. alle 5–10 Min.

St. Pauli
U3 alle 5–10 Min.

Stadtausflug
Gewächshäuser
Japanischer Garten
Wasserlichtorgel

Planten un Blomen

Plattdeutsche Pflanze

Planten un Blomen heißt Hamburgs meistbesuchte Grünanlage. Das ist Plattdeutsch und heißt Pflanzen und Blumen. Als Hamburger weiß man das. Und man weiß wahrscheinlich auch, dass sich kein Ausflugsziel der Stadt so bequem erreichen lässt.

Planten un Blomen ist heute der Oberbegriff für den Grüngürtel zwischen Millerntorplatz und Dammtorbahnhof – ein Ausflugsziel ins Grüne also, das mitten in der Stadt liegt und daher mit den öffentlichen Verkehrsmitteln aus allen Richtungen schnell und mühelos zu erreichen ist. Dieser Grüngürtel setzt sich zusammen aus dem Gelände der im Jahre 1935 veranstalteten „Niederdeutschen Gartenschau Planten un Blomen" – quasi dem Ur-Planten un Blomen –, dem Alten Botanischen Garten, den Kleinen und den Großen Wallanlagen. Auch für die drei nachfolgenden Internationalen Gartenbauausstellungen (IGA) in den Jahren 1953, 1963 und 1973 war die Anlage Hauptausstellungsfläche. Wer heute Planten un Blomen besucht, den erwartet ein themenreicher, aufwändig gestalteter Park mit hohen ästhetischen Ansprüchen, zahllosen botanischen Raritäten und Freizeitattraktionen, die anderswo nur gegen hohes Eintrittsgeld zu sehen sind.

Die Vergangenheit des Geländes als Schutzwallanlage der alten Stadt Hamburg lässt sich an manchen Stellen noch erahnen. So am Zugang Stephansplatz, wo der Blick über einen tiefliegenden See schweift, der ein Überrest des einstigen Wallgrabens ist. Heute ist der See malerischer Mittelpunkt des **Alten Botanischen Gartens.** Attraktion in diesem Bereich des Parks sind die **Schaugewächshäuser.** Anlässlich der internationalen Gartenbauausstellung des Jahres 1963 errichtet, gehören sie auch nach fünf Jahrzehnten noch zu den weltweit interessantesten. Sie sind eine Einrichtung der Universität Hamburg. Der Rundgang durch die einzelnen Gewächshäuser,

Planten un Blomen
Tel. (040) 4 28 54 47 23
www.plantenunblomen.hamburg.de
Parköffnungszeiten:
Apr. tgl. 7–22 Uhr
Mai–Sept. tgl. 7–23 Uhr
Okt.–März tgl. 7–20 Uhr

Tropengewächshäuser:
März–Okt.
Mo–Fr 9–16.45 Uhr,
Sa/So 10–17.45 Uhr
Nov.–Febr.
Mo–Fr 9–15.45 Uhr,
Sa/So 10–15.45 Uhr

die miteinander verbunden sind, wird zu einer Reise durch mehrere Erdteile und Klimazonen. Gleich zu Anfang, in den Tropen, gerät der Besucher ins Staunen und Schwitzen: Die Pflanzen des tropischen Regenwaldes, unter denen der Weg hindurchführt, scheinen fast das Glasdach des Gewächshauses durchschlagen zu wollen. Tatsächlich täten sie das auch, wären nicht alpinistisch geschulte Gärtner damit beschäftigt, sie regelmäßig zu kappen.

Ähnlich exotisch anmutend ist der Besuch des Japanischen Gartens in Richtung Fernsehturm, der sich ohnehin gut zur Orientierung eignet, weil er den ganzen Park überragt. Allerdings steht der Heinrich-Hetz-Turm schon nicht mehr auf dem Gelände von Planten un Blomen. Der **Japanische Garten** wurde von dem berühmten Professor Yoshikuni Araki im traditionellen japanischen Stil gestaltet. Pflanzen, Steine und Wasser bilden das verkleinerte und stark idealisierte Abbild einer natürlichen Landschaft. Der Garten fügt sich trotz seiner in sich geschlossenen, strengen Form überraschend harmonisch in die Parklandschaft Planten un Blomens ein. Mittelpunkt dieses authentischen Stückes Japan mitten in Hamburg bilden das Teehaus und die beiden Wasserläufe, die in einen stillen Teich münden. Japanische Gartenkunst und Lebensphilosophie werden hier anschaulich.

Ein besonderer Anziehungspunkt des Parks ist die **Wasserlichtorgel.** 1935 im Parksee installiert, ist sie bis heute in ihrer Größe und Art der Ausstattung weltweit einzigartig. Die farbigen Wasserlichtkonzerte sind schon seit Generationen ein beliebtes Sommernachtsvergnügen der Hamburger.

Grüne Idylle in der City – Planten un Blomen

Wasserlichtkonzerte
am Parksee
Mai–Aug. tgl. 22 Uhr
Sept. tgl. 21 Uhr

Musikpavillon
Konzerte von Mai bis Sept. jeden So und an weiteren Terminen.

Start
Überseequartier
U4 alle 10 Min.

2 Spaziergänge durch HafenCity und Speicherstadt
1 Östliche HafenCity und Speicherstadt mit Museen – Störtebeker Denkmal – U-Bahnhof Meßberg
2 Westliche HafenCity und Speicherstadt mit Museen – Pavillon Elbphilharmonie – Info-Center im Kesselhaus – Elbphilharmonie – Anleger Fähre 72 oder U-Bahnhof Baumwall

Rückfahrt
Spaziergang 1
U1 Meßberg
alle 5-10 Min.

Spaziergang 2
U3 Baumwall
alle 5-10 Min. oder Fähre 72 ab Elbphilharmonie bis St. Pauli Landungsbrücken (alle 30 Min.)

Karte ▸ Seite 192

HafenCity

Promenieren zwischen Tradition und Moderne

Nein, grün ist es eher nicht in der HafenCity. Aber der eine ohne andere Glaspalast, der als Büro- oder Wohngebäude in den letzten Jahren zwischen Hamburger Innenstadt und Elbe gewachsen ist, hat auch seinen Reiz. Wir haben zwei Routen mit interessanten Besichtigungsstopps zusammengestellt.

Vieles, was sich derzeit in der Hamburger HafenCity im Bau befindet, muss sich erst noch in einen stolzen Schwan verwandeln. Und vieles wird in den nächsten Jahren noch hinzukommen, auch wenn inzwischen mancher Glasturm bewundernde oder zumindest interessierte Blicke auf sich lenken kann. Bis circa 2025 soll sich die Hamburger Innenstadt um 40 Prozent erweitert haben. Auf 157 Hektar wird es eine Mischung aus Wohnen, Arbeiten, Kultur und Natur geben. 12.000 Menschen werden zukünftig hier leben und 45.000 ihren Arbeitsplatz haben. Die HafenCity wird von Westen nach Osten und von Norden nach Süden entwickelt. 50 Projekte sind fertiggestellt, weitere 37 im Bau oder in der Planung.

Nach fünf Jahren Bauzeit nahm im Dezember 2012 die neue U-Bahnlinie U4 von Billstedt über den Jungfernstieg bis zur HafenCity ihren Betrieb auf. Überseequartier und HafenCity Universität heißen die beiden neuen Bahnhöfe. Letzterer soll allerdings erst zur Eröffnung des Neubaus der Universität den Regelbetrieb aufnehmen. Wer lieber Bus statt Bahn fährt, der kann mit der Metrobus-Linie 6 und der Stadtbus-Linie 111 ebenfalls mitten ins Glaspalasthäusermeer gelangen.

Wir nehmen die U-Bahn bis zum Überseequartier und fühlen uns nach dem Aussteigen auch erst einmal im Meer oder unter der Elbe, zumindest aber unter Wasser. Wie ein Taucher, der langsam aus 18 Metern Tiefe wieder an der Oberfläche auftaucht, begeben wir uns vom dunklen Blau in immer hellere Farbtöne, die schließlich silbrig schimmern. Oben angekommen, stören immer noch viele Baukräne und Brachflächen das einheitliche Bild der neuen Glasgiganten, von denen der 55 m hohe **Marco-Polo-Wohn- und Gewerbeturm** mit den ineinander verschränkten Stockwerken und das ökologisch konzipierte **Unilever-Gebäude** mit transparenter Außenfassade in der Nähe der **Marco-Polo-Terrassen** am spektakulärsten wirken. Am Langnese-Café an den Marco-Polo-Terrassen stehen im Sommer Liegestühle mit Elbblick. Sollte gerade ein Kreuzfahrtschiff am Cruise Center 1 angelegt haben, hat man von hier beste Sicht und kann ein bisschen von Urlaub träumen. Die meisten musealen Attraktionen befinden sich allerdings nicht in der HafenCity, sondern in der alten **Speicherstadt** mit ihren roten Backsteinfassaden, die durch die Straße Am Sandtorkai von den modernen Glasbauten getrennt ist.

Da das gesamte Areal unmöglich in einem Tag zu erkunden ist, zumindest nicht, wenn man sich das eine oder andere Bauwerk und Museum ansehen möchte, sollte man sich spätestens an der U-Bahnstation (Ausgang Hübenerstraße/Elbphilharmonie) entscheiden, ob man den östlichen oder westlichen Teil des Gebietes auskundschaften möchte.

Bootstour durch die Speicherstadt

Internationales Maritimes Museum Hamburg
Koreastr. 1
Tel. (040) 30 09 23 00
www.internationales-maritimes-museum.de
Di–So 10–18, Do 10–20 Uhr
12 €, Familienrabatte

Automobilmuseum Prototyp
Shanghaiallee 7
Tel. (040) 39 99 69 70
www.prototyp-hamburg.de
Di–So 10–18 Uhr
9 €, Kinder von
4 – 14 Jahren 4,50 €

Spaziergang 1: Östliche HafenCity

Wir schlendern den Großen Grasbrook entlang und wandern nach rechts über den **Sandtorpark,** die erste Grünfläche, die 2011 in der HafenCity angelegt wurde. Weiter geht es über die Tokiostraße zum **Internationalen Maritimen Museum.** Nach Überqueren der Osakaallee treffen wir links von der Busan-Brücke auf einen alten Bekannten. Das **Störtebeker-Denkmal** aus der Straße Großer Grasbrook hat in der Nähe des Museums einen neuen Standort gefunden. Die Bronzestatue des Künstlers Hansjörg Wagner erinnert an den Piraten Klaus Störtebeker, der 1401 als Anführer der Likedeeler (Gleichteiler) auf dem Grasbrook enthauptet wurde. Im Maritimen Museum wird auf neun Decks im ältesten noch erhaltenen Speicher der Stadt, dem **Kaispeicher B** aus dem Jahre 1878, die Privatsammlung des Hamburger Professors Peter Tamm gezeigt, dessen Sammelleidenschaft als 6-Jähriger begann. Tausende Exponate von

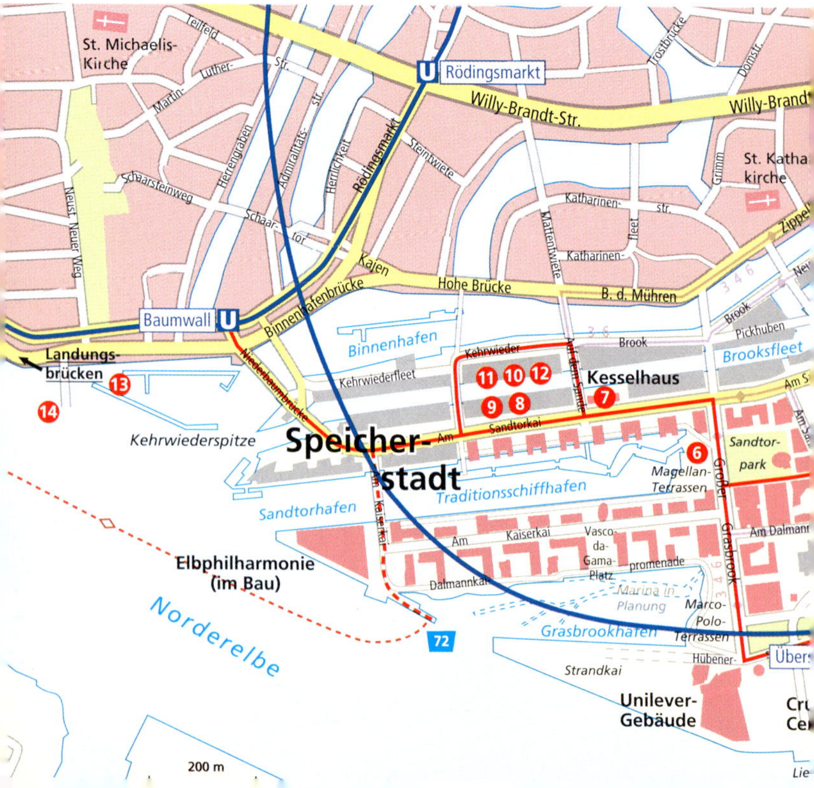

Segelschiffen, Dampfern, U-Booten, Schiffsmodellen aus verschiedenen Materialien vom 16. Jahrhundert bis in die Gegenwart, über Seekarten, Navigationsgeräte und Schiffseinrichtungsgegenstände, lassen den Betrachter staunen. Wem der Sinn mehr nach Autos statt nach Schiffen steht, der macht im **Automobilmuseum Prototyp** in der Shanghaiallee eine Zeitreise durch die Welt der Rennwagen.

Auch wenn oder gerade weil das Hamburger Freihafen-Privileg, das bis auf das Jahr 1881 zurückgeht, am 1. Januar 2013 komplett aufgehoben wurde, lohnt der Besuch des **Deutschen Zollmuseums** im alten Zollamt Kornhausbrücke in der Straße Alter Wandrahm. Lebensmittel, Zier- und Gebrauchsgegenstände sind beliebte Verstecke für Rauschgift, Schmuck, Waffen oder Munition. Wieder zurück auf dem Festland, können wir auf dem Weg zur U-Bahnstation Meßberg noch in die Welt der Düfte eintauchen. Im **Chocoversum**

via Tipp

Deutsches Zollmuseum
Erlebnismuseum rund um das Thema Zoll und kuriose Schmuggelverstecke.

Alter Wandrahm 16
Tel. (040) 4 28 20 39 20
www.museum.zoll.de
Di–So 10–17 Uhr
2 €, Kinder und Jugendliche bis 17 Jahren frei

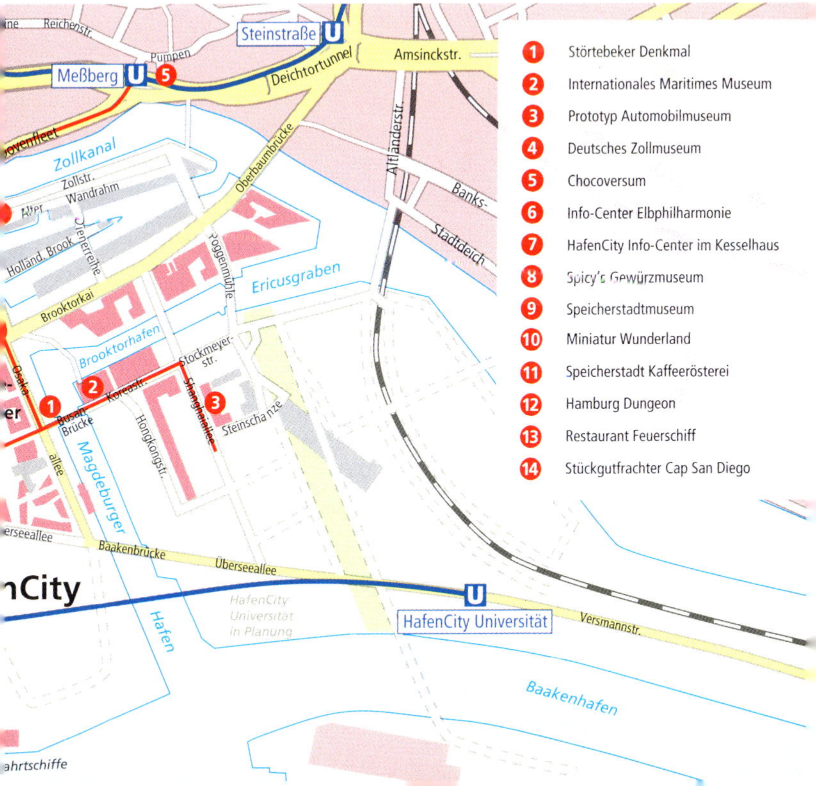

Pavillon Elbphilharmonie
Magellan-Terrassen/Großer Grasbrook
www.elbphilharmonie.de
Apr.–Okt. Di–So 10–17 Uhr
Nov.–März nur Do–So
Öffentliche Führungen
Baustelle Elbphilharmonie:
So alle 45 Min. zw.
10–16 Uhr (Dauer 90 Min.)
Teilnahme erst ab 14 J.
Ticket-Vorverkauf:
Tel. (040) 35 76 66 66

HafenCity InfoCenter
Im Kesselhaus
Am Sandtorkai 30
Tel. (040) 36 90 17-99
www.hafencity.com
Di–So 10–18 Uhr,
Sept.–Mai 10–20 Uhr
Eintritt frei
HafenCity-Landgang:
Sa 15 Uhr, Mai–Sept. auch
Do 18.30 Uhr
HafenCity-Radtour:
Mai–Sept. 1. + 3. So 11 Uhr
(mit eigenem Fahrrad)

Spicy's Gewürzmuseum
Am Sandtorkai 34
Tel. (040) 36 79 89
www.spicys.de
Di–So/Fei 10–17 Uhr,
Juli–Okt. auch Mo
3,50 € / 1,50 €

Speicherstadtmuseum
Am Sandtorkai 36
Tel. (040) 32 11 91
www.speicherstadtmuseum.de
Apr.–Okt. Mo–Fr
10–17 Uhr,
Sa/So/Fei 10–18 Uhr
Nov.–März
Di–So 10–17 Uhr
3,50 € / 2 €

dreht sich alles nur um Schokolade. Auf 1.200 qm kommen wir dem Geheimnis vom Weg der Kakaobohne bis zur fertigen Tafel auf die Spur. Im Aroma-Atelier können wir zum Abschluss sogar unsere eigene Schokolade kreiren.

Spaziergang 2: Westliche HafenCity

Wer sich für den westlichen Teil der HafenCity entscheidet, gelangt von der U-Bahnstation Überseequartier über den Großen Grasbrook zu den **Magellan-Terrassen,** die uns den Blick auf den **Traditionsschiffhafen** mit alten Seglern und Dampfern freigeben, eingerahmt von den unterschiedlichsten architektonischen Projekten, hinter deren schillernden Fronten sich Büros und Wohnungen verbergen. Im **Pavillon Elbphilharmonie** erhalten wir ausführliche Informationen über das sich immer wieder verzögernde Megaprojekt. Im oberen Stockwerk des würfelförmigen Baus ist das 1:10-Modell des großen Konzertsaals montiert, der einmal 2.150 Besuchern Platz bieten wird. Die eigentliche Ausstellung im Erdgeschoss des Pavillons informiert sowohl über die Architektur als auch über die Nutzung der Elbphilharmonie. Draußen bieten aus der Fassade ragende Hör- und Sehrohre audiovisuelle Eindrücke.

Links um die Ecke im **Kesselhaus,** Am Sandtorkai 30, informieren wir uns über neueste Bauaktivitäten in der HafenCity. Hier wird alles präsentiert, was sich derzeit und weiterhin zwischen Elbbrücken und Kehrwiederspitze tut. Am Modell, mittels Computern, Hörstationen, Filmen und Broschüren kann man sich mit Vergangenheit und Zukunft der zehn wachsenden Quartiere auseinandersetzen. Am Sandtorkai 34 riecht es hingegen nach Gewürzen. Im **Spicy's** kann man etwa 50 Rohgewürze fühlen, riechen und schmecken. Über 800 Exponate erzählen Gewürzgeschichte vom Anbau bis zum Fertigprodukt. Am Sandtorkai 36 hat sich das **Speicherstadtmuseum** niedergelassen. Im authentischen Rahmen eines Lagerhauses aus dem 19. Jahrhundert zeigt das Museum, wie die Quartiersleute früher hochwertige Importgüter gelagert, bemustert und veredelt haben. Auch die Baugeschichte der Speicherstadt wird illustriert. Das Besondere des Museums sind Tee- und Kaffeeverkostungen, die an verschiedenen Wochenenden stattfinden.

Gleich drei Attraktionen gibt es in der Parallelstraße Kehrwieder: Im **Miniatur Wunderland** lässt sich der Eisenbahnfan im Maßstab 1:87 begeistern. Auf 12 km Gleislänge bahnen sich über 800 Züge ihren Weg durch Landschaften in Deutschland, Österreich, der Schweiz, Skandinavien und den USA. In der **Speicherstadt-Kaffeerösterei** nebenan kann man beim Rösten zuschauen und auch an Verkostungen teilnehmen. Schauspieler entführen im **Hamburg Dungeon** mutige Erwachsene und Kinder ab 10 Jahren ins 18. und 19. Jahrhundert, als Sturmflut, Pest und Feuerbrünste die Hansestadt heimsuchten.

Nach einem ereignisreichen Tag begeben wir uns auf die Heimreise. Über die Straße Niederbaumbrücke ist die U-Bahnstation Baumwall schnell erreicht. Aber was wäre ein Besuch in HafenCity und Speicherstadt ohne eine Schifffahrt. Dafür verlassen wir die HafenCity vom Fähranleger Elbphilharmonie, um auf selbige noch einen letzten Blick zu werfen. Von Bord der **Fähre 72** sehen wir das rote **Feuerschiff,** den Stückgutfrachter **Cap San Diego** und den Großsegler **Rickmer Rickmers** im Hafenbecken dümpeln. Dann nehmen wir Kurs auf die St. Pauli Landungsbrücken.

Miniatur Wunderland
Eine fesselnde Welt im Maßstab 1:87.
Kehrwieder 2–4
Tel. (040) 3 00 68 00
www.miniatur-wunderland.de
Mo, Mi, Do 9.30–18, Di bis 21, Fr bis 19 Uhr, Sa 8–21, So/Fei 8.30–20 Uhr
12 €, unter 16 Jahren 6 €

Speicherstadt Kaffeerösterei
Kehrwieder 5
Tel. (040) 31 81 61 61
www.speicherstadt-kaffee.de
Tgl. 10–19 Uhr
Kaffeeverkostungen So nach Voranmeldung, 13 €

Hamburg Dungeon
Kehrwieder 2
Tel. (040) 36 00 55 20
www.thedungeons.com
Tgl. 10–18 Uhr,
Juli–Aug. 10–19 Uhr
23 €, bis 14 Jahre 19 €

Auf den Magellan-Terrassen

R30 R40 R50

Hammerbrook (City Süd)

Veddel (BallinStadt)

Wilhelmsburg

Start
Veddel (BallinStadt)
S3 oder S31
alle 5–10 Min.,
5 Min. Fußweg

Stadtausflug
Auswandererwelt
BallinStadt

Auswandererwelt BallinStadt

Ab nach Amerika!

Auf dem Boden der historischen Auswandererstadt auf der Veddel steht heute die BallinStadt. Hier kann man die Geschichten der Auswanderer nacherleben, die über Hamburg in eine neue und unbekannte Welt aufbrachen.

Mit der S 3 oder S 31 geht es bis zur Station Veddel(BallinStadt). Von dort sind es fünf Minuten Fußweg zur **Auswandererwelt.** Noch interessanter, aber auch teurer ist es, mit der Hafenbarkasse anzureisen. Alle zwei Stunden fährt die Maritime Circle Line ab Landungsbrücke 10 direkt zum Anleger BallinStadt am Ballin-Park.

„Hallo! Ich heiße Maria und wohne in einem kleinen Dorf in Österreich. Ich bin neun Jahre alt und habe vor 155 Jahren gelebt, ich wurde nämlich 1857 geboren. Meine Eltern wollen nach Amerika ziehen. Sie sagen, dass es dort besser ist. Aber Amerika ist sehr weit weg ..."

So wie Maria mit ihren Eltern und Geschwistern brachen zwischen 1850 und 1939 über fünf Millionen Menschen von Hamburg aus in eine neue Heimat auf. Die meisten zog es Richtung Nordamerika, aber auch Brasilien, Argentinien, Neuseeland oder Australien waren Ziele. Durch sprechende Puppen erfahren Besucher der Ausstellung von Träumen, Hoffnungen und Wünschen, die die Menschen damals bewegten.

1901 wurden die **Auswandererhallen** eingeweiht. Albert Ballin, Generaldirektor der Reederei Hamburg-Amerikanische Packetfahrt-Actiengesellschaft (HAPAG) ließ sie für die Emigranten, die mit den Schiffen der HAPAG befördert wurden, auf der Veddel bauen. In 30 Gebäuden waren Schlaf- und Wohnpavillons, Bäder, Speisehallen, Räume für ärztliche Untersuchungen, Kirchen und Synagogen untergebracht. Zweck der Auswandererstadt war es, den meist armen Menschen, die auf ihre Überfahrt warteten, einen sicheren Ort zur Verfügung zu stellen und die Ausbreitung

Auswandererwelt BallinStadt
Veddeler Bogen 2
20539 Hamburg
Tel. (040) 3 19 79 16-0
www.ballinstadt.de
Apr.–Okt. tgl. 10–18 Uhr
Nov.–März
tgl. 10–16.30 Uhr
12 €, 5–12 Jahre 7 €,
Familienkarte (2 Erw.,
2 Kinder) 25 €

Pavillon 3
Restaurant
„Nach Amerika"
Sommer: tgl. 11–17.30 Uhr
Winter: tgl. 11–16.30 Uhr

von Krankheiten zu vermeiden. Unterkunft und Verpflegung waren im Preis der Passagiertickets enthalten. Die Einrichtungen zeichneten sich für die damalige Zeit durch sehr gute hygienische Verhältnisse aus.

In Haus 1 befindet sich die Kasse, und hier startet das Auswandererspiel „Simmigrant". Dies ist eine interaktive Simulation, die es Kindern und Erwachsenen erlaubt, sich selbst in einen Auswanderer zu versetzen.

Schiffsmodell in der Auswandererwelt

Haus 2 ist das Herzstück der BallinStadt. Hier erfährt man, warum Menschen ihre Heimat verließen und den Start in eine ungewisse Zukunft wagten. Man lernt den Gründer Albert Ballin kennen, und endlich beginnt die große Überfahrt im Auswandererhafen Hamburg. Schließlich zeigt die Ausstellung die Ankunft auf Ellis Island, der Einwandererstation im Hafen von New York. Nun kann man die Ankommenden auf ihrem Weg in die neue Heimat begleiten und verfolgen, ob sich Wünsche und Hoffnungen erfüllten. So wie bei Maria, dem Mädchen vom Beginn der Ausstellung: „Hello! Ich bin Maria aus Österreich. Aber jetzt heiße ich Mary. Wir sind tatsächlich ausgewandert. Die Überfahrt dauerte vier Wochen. Das Schiff war schrecklich voll mit Menschen. Obwohl ich es mir zuerst nicht vorstellen konnte, bin ich jetzt doch froh, dass wir nach Amerika ausgewandert sind."

Im Haus 3 kann man durch den großen rekonstruierten Schlafsaal gehen und im Familienforschungszentrum kostenlos nach Familienmitgliedern, die einst ausgewandert sind, suchen. Dafür stehen unter anderem die Hamburger Passagierlisten der Schiffe von 1850 bis 1934 und Daten der amerikanischen Volkszählung von 1930 zur Verfügung. Im Restaurant „Nach Amerika" speist man wie vor 100 Jahren: Die Tische und Bänke sind Originalnachbauten von 1910.

Museums-Hafenbarkasse
Ab Landungsbrücke 10
direkt zum Ballin-Park.
Nov.–März Sa/So 12, 14, 16 Uhr
Apr.–Okt. tgl. 10, 12, 14, 16 Uhr
9,50 €, 7–15 Jahre 6 €
(2 Kinder bis 6 Jahre pro Erw. frei)
Tel. (0 40) 28 49 39 63
www.maritime-circle-line.de

R30 R40 R50

Hammerbrook (City Süd)

Veddel (BallinStadt)

Wilhelmsburg

Start
Wilhelmsburg
S3 oder S31
alle 5–10 Min.
oder
IGS Westeingang
Fähre 73 Mo–Fr bis zur Ernst-August-Schleuse im 40-Min.-Takt (Dauer 15 Min.)

Spaziergang
über das IGS-Gelände

Karte ▸ Seite 201

Wilhelmsburg Inselpark

In 80 Gärten um die Welt

Vom 26. April bis zum 13. Oktober 2013 wird der Wilhelmsburger Inselpark zur Blumen-Freilichtbühne, bietet Konzerte, Kulturveranstaltungen und Sportanimationen. Die meisten Gärten und vor allem die Sporteinrichtungen stehen den Besuchern auch danach weiterhin zur Verfügung.

So groß wie 140 Fußballfelder ist die Ausstellungsfläche, auf der die Besucher auf eine Reise durch Kulturen, Klima- und Vegetationszonen unserer Erde mitgenommen werden. Eingebettet in sieben verschiedene Welten erzählen 80 Gärten (in Anlehnung an Jules Vernes Roman „In 80 Tagen um die Welt“) von einer Reise im Verlauf der Jahreszeiten Frühjahr, Sommer und Herbst und spiegeln dabei auch den Aspekt der Interkulturalität und Internationalität der Hansestadt wieder. Allein auf der Flussinsel Wilhelmsburg wohnen über 100 Nationalitäten.

Die Gartenschau beginnt am Haupteingang in der **Welt der Häfen** – einer Welt des Handels, der Seefahrt, des Fernwehs. Hier präsentiert sich „das Tor zur Welt“, die Hafenmetropole Hamburg. Aber auch andere Welthandelsplätze aus Jules Vernes Roman wie London, Mumbai oder Hongkong können entdeckt werden.

Zur Rechten führen die **Wasserwelten** durch 18 Gärten unterschiedlichster Situationen zwischen Wassermangel und -überfluss, von der Wüste über die Prärie bis zum Urwald. Sie verdeutlichen so die lebensnotwendige Bedeutung des Wassers. Integriert ist das **Wilhelmsburger Wasserwerk,** das nach fast 100 Betriebsjahren 2008 geschlossen wurde und im Frühjahr 2012 als Restaurant öffnete. Bis zur Stilllegung pumpte das Werk täglich vier Millionen Liter Trinkwasser in die Hamburger Haushalte. Ab 2014 kann man von den Ulla-Falke-Terrassen auf einem ca. 3,5 km langen **Kanukanal** durch die Landschaft paddeln – vorbei an den im Zuge der IBA (▸ Seite

IGS – Internationale Gartenschau Hamburg 2013
Am Inselpark 1
21109 Hamburg
Tel. (0 18 05) 04 20 13
www.igs-hamburg.de
26. Apr.–13. Okt. 2013 tgl. von 9 Uhr bis zum Einbruch der Dunkelheit
Tageskarte 21 €, Dauerkarte 110 €, Feierabendticket (18–19 Uhr) 9 €, 7–17 Jahre Tageskarte 6 €, Dauerkarte 28,50 €, unter 7 Jahren freier Eintritt

Blütenpracht im Wilhelmsburger Inselpark

204) errichteten **Water Houses.** Hier wurde Wasser zu Bauland. Eine neue, nachhaltige Form der Landgewinnung.

Nordwestlich der Wasserwelten gelangt man in die **Welt der Religionen.** Christentum, Buddhismus, Hinduismus, Islam und Judentum sind jeweils in einem Garten dargestellt. Ein gemeinsamer Brunnen ist das Zeichen für Respekt und Toleranz. Er symbolisiert die Bedeutung des Wassers als Quell des Lebens für allen Religionen. Die alte Kapelle des ehemaligen Friedhofs steht inmitten unterschiedlich gestalteter Mustergräber.

Hinter dem Blütenmeer des **Rosenboulevards,** eingerahmt von zahlreichen Schrebergärten, befindet sich die **Welt der Kulturen.** Rund um den Kuckucksteich zeigen zehn Gärten fremde Kulturen, Sitten und Gebräuche. Der **Kiosk der Kulturen,** die Willi Villa, wird dem Inselpark nach Beendigung der Schau als Ort der interkulturellen Begegnung erhalten bleiben.

Die **Welt der Kontinente** ist durch ein blaues Blütenmeer geprägt, das die Meere zwischen Afrika, Amerika, Asien, Australien und Europa

Restaurant im alten Wasserwerk
Speisen in geschichtsträchtigen Räumlichkeiten.
Wasserwerk Wilhelmsburg
Kurdamm 24
21107 Hamburg
Tel. (040) 75 06 22 03
www.restaurant-wasserwerk-wilhelmsburg.de
Di–So 11–22 Uhr

Nordwandhalle
Klettern an Innen- und Außenwänden
Am Inselpark
21109 Hamburg
Tel. (040) 33 44 26 88
Tgl. 10–23 Uhr
Tageskarte Klettern und Bouldern: 15,50 €,
14–18 Jahre 7,50 €,
Kinder unter 13 J. in Begleitung eines zahlenden Erwachsenen frei
www.nordwandhalle.de

darstellt. Am Südende des Geländes schließen sich die fünf Hamburg umgebenden **Kulturlandschaften** in den Farben Weiß, Violett, Blau, Gelb und Rot an. Um einen Bauernmarkt gruppieren sich das Obstanbaugebiet Altes Land, die Lüneburger Heide, die Vier- und Marschlande mit Blumen- und Gemüsezucht und einer Entwässerungsmühle, die schleswig-holsteinische Knicklandschaft mit Raps und Getreidefeldern und das Pinneberger Baumschul- und Rosenzüchterland.

Auf dem Rückweg passieren wir die **Naturwelten.** Es handelt sich um fünf Gärten, die visionäre und utopische Bilder von Natur- und Kulturlandschaften zeigen: Interaktiv animierte Pflanzen, Nahrungsmittel wie Planktonkuchen, Quallenschnitzel und Algensalat.

An die Naturwelten schließt sich die **Welt der Bewegung** mit elf Gärten voller Spiel- und Sportmöglichkeiten für jede Generation an. Für Personen mit und ohne Handicaps. Besonders dieser Bereich wird nach der Gartenschau weiterbestehen. Ein Eldorado für Kletter-Freaks ist die 850 qm große **Nordwandhalle** mit Innen- und Außenkletterwänden. Es ist das erste Null-CO2-Kletterzentrum Deutschlands. Neben der neu errichteten Blumenschauhalle, die sich nach der Gartenschau in eine Sport- und insbesondere in eine Basketballhalle verwandeln wird, liegt das energieeffiziente **Schwimmbad.** Der Clou: Im Sommer lässt sich die Südseite öffnen und garantiert Zugang zu den zugehörigen Liegewiesen. Duftende Kräuter und Blumen bringen in Meditations- und Tai-Chi-Gärten Ruhe und Entspannung für die Gartenschaubesucher.

Über allen sieben Welten schwebt die **Monorailbahn.** Mit bis zu 18 km/h lässt sich der Wilhelmsburger Inselpark auch aus 7 m Höhe bewundern. Wenn nach der Gartenschau die Zäune abgebaut sind, ist der Park kostenfrei zu nutzen. Hauptwege und Laufstrecken werden mit einem innovativen Lichtkonzept illuminiert. Sie werden dann Teil des knapp 30 km langen Freizeitrundkurses über die Elbinseln Wilhelmsburg und Veddel sein.

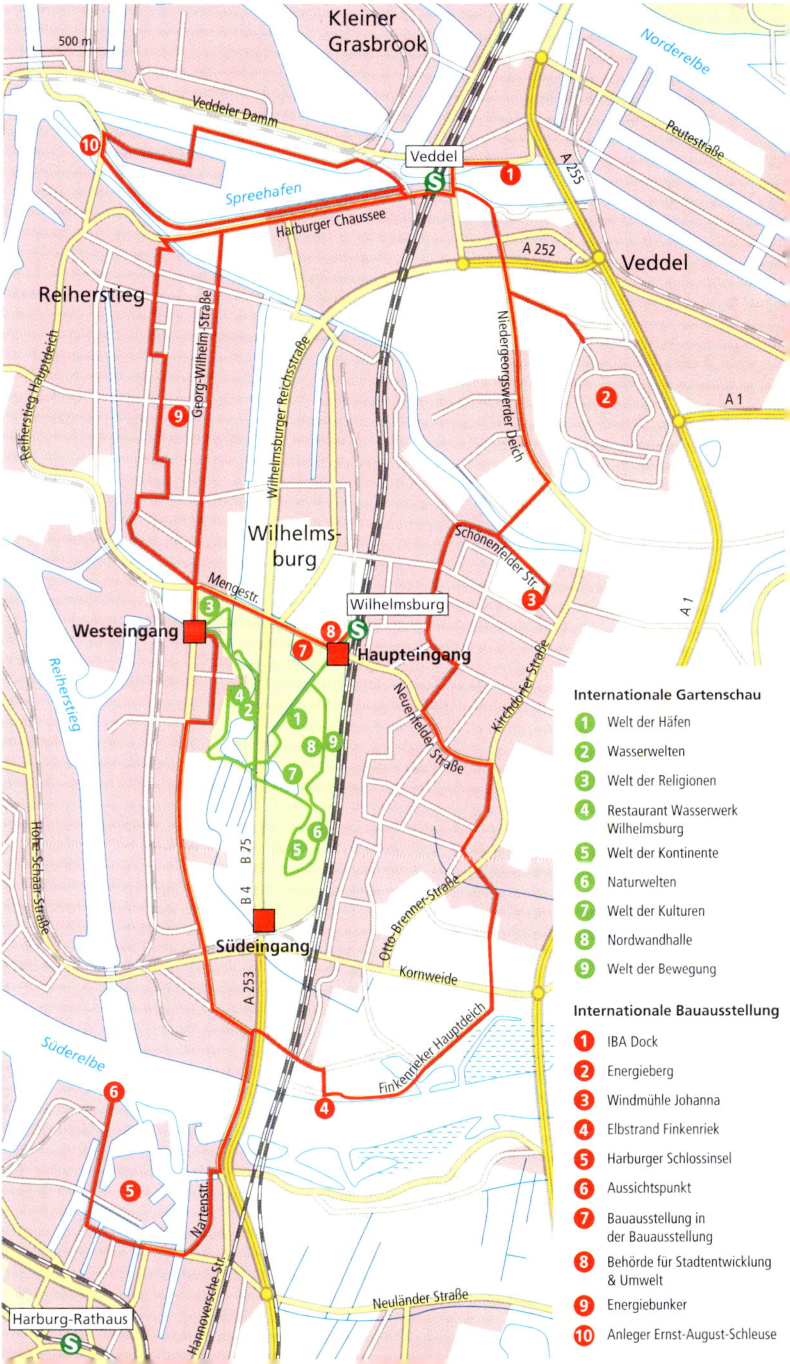
Kleiner Grasbrook
500 m
Norderelbe
Veddeler Damm
Veddel
Peutestraße
A 255
Spreehafen
Harburger Chaussee
A 252
Veddel
Reiherstieg
Georg-Wilhelm-Straße
Wilhelmsburger Reichsstraße
Niedergeorgswerder Deich
Reiherstieg Hauptdeich
A 1
Wilhelms-burg
Schönenfelder Str.
Mengestr.
Wilhelmsburg
Westeingang
Haupteingang
Reiherstieg
Neuenfelder Straße
Kirchdorfer Straße
A 1
Hohe-Schaar-Straße
B 75
B 4
Südeingang
Otto-Brenner-Straße
Kornweide
A 253
Finkenrieker Hauptdeich
Süderelbe
Nartenstr.
Hannoversche Str.
Neuländer Straße
Harburg-Rathaus
Internationale Gartenschau
1 Welt der Häfen
2 Wasserwelten
3 Welt der Religionen
4 Restaurant Wasserwerk Wilhelmsburg
5 Welt der Kontinente
6 Naturwelten
7 Welt der Kulturen
8 Nordwandhalle
9 Welt der Bewegung
Internationale Bauausstellung
1 IBA Dock
2 Energieberg
3 Windmühle Johanna
4 Elbstrand Finkenriek
5 Harburger Schlossinsel
6 Aussichtspunkt
7 Bauausstellung in der Bauausstellung
8 Behörde für Stadtentwicklung & Umwelt
9 Energiebunker
10 Anleger Ernst-August-Schleuse

R30 R40 R50

Hammerbrook (City Süd)

Veddel (BallinStadt)

Wilhelmsburg

Start
Veddel (BallinStadt)
S3 oder S31
alle 5–10 Min.

Radtour
IBA-Dock – Energieberg Georgswerder – Windmühle Johanna – Harburger Schlossinsel – Energiebunker – Spreehafen – Wilhelmsburger Mitte

Länge
ca. 25 km + 6 km (Umrundung des Spreehafens)

Rückfahrt
Wilhelmsburg
S3 oder S31
alle 5–10 Min.

Karte ▸ Seite 201

Wilhelmsburg IBA

Stadt im 21. Jahrhundert

Nach sieben Jahren des Forschens, Entwickelns und Bauens ist es 2013 so weit: Über 60 bleibende bauliche, soziale und kulturelle Modellprojekte werden auf 35 ha auf den Elbinseln Wilhelmsburg und Veddel sowie im Harburger Binnenhafen präsentiert. Auf unserer Radtour steuern wir circa 70 Prozent aller Projekte an.

Unsere Radtour beginnt am S-Bahnhof Veddel mit einem Abstecher zum **IBA-Dock,** dem schwimmenden Ausstellungs- und Bürogebäude gegenüber der BallinStadt (▸ Seite 196). Es ruht auf einem Stahlbetonponton, der sich täglich mit der Tide 3,5 m auf- und abbewegt. Hier bekommen wir einen ersten Überblick über die über 60 IBA-Vorhaben, die drei Leitthemen zugeordnet sind: „Kosmopolis" zeigt, welche Potenziale sich aus dem Zusammenleben von Menschen unterschiedlicher Herkunft und Kulturen ergeben können, besonders im Hinblick auf eine Verbesserung der Bildungssituation. Bei den „Metrozonen" handelt es sich um neue Räume für die Stadt. Zentrale, aber vernachlässigte Orte werden neu belebt. Das Thema „Stadt im Klimawandel" widmet sich regenerativen Energien auf den Elbinseln.

Wir radeln weiter zum **Energieberg Georgswerder.** Der fast 40 m hohe Deponiehügel wird zum Energielieferanten durch Windkraft und Sonnenenergie. Jahrzehntelang war das Gelände für die Öffentlichkeit nicht zugänglich. Hausmüll und giftige Industrieabfälle wurden hier bis 1979 gelagert. Mittels eines aufwändigen Verfahrens wurde die Deponie abgedichtet, so dass keine giftigen Stoffe mehr austreten können. Das Informationszentrum zeigt den Wandel von der giftigen Umweltlast zum Standort für regenerative Energieerzeugung. Ein Horizontrundweg bietet fantastische Ausblicke auf den Hamburger Hafen und bis zu den Mundsburg-Türmen.

Über den Hövelweg erreichen wir die Wilhelmsburger Dove-Elbe und machen einen Abstecher zur **Windmühle Johanna.** Hier entstand als interkulturelles Projekt ein Backhaus, in dem zukünftig das „Wilhelmsburger Mühlenbrot" gebacken wird. Im Süden der Elbinsel passieren wir den **Elbstrand Finkenriek** und fahren gleich hinter der A 253 auf die **Harburger Schlossinsel.** Bis Anfang des 19. Jahrhunderts war sie als Festung von militärischer Bedeutung, später entwickelte sie sich zum Zentrum des Harburger Binnenhafens. Woran es seit der Entlassung aus dem Hafengebiet mangelte, waren Wohnungen und ein grünes Umfeld. Im Rahmen der IBA entstehen 370 neue Wohneinheiten, ein sternförmiger Park und die Gestaltung der Lotsekaipromenade.

Leider nur bis Herbst 2013: das IBA-Dock

Wir verlassen die Schlossinsel auf gleichem Wege, wie wir gekommen sind, und halten uns nach Überquerung der Süderelbe links Richtung Reiherstieg und radeln bis zum **Energiebunker** in der Neuhöfer Straße. Der ehemalige Flakbunker wurde 1943 mit vier Flaktürmen errichtet. Tausenden Menschen diente er als Schutz vor Luftangriffen. 1947 wurde das Gebäude durch die britische Armee innen völlig zerstört und war nicht zugänglich, bis es seit 2011 im Zuge der IBA saniert und als Mahnmal erhalten wurde. Eine Ausstellung dokumentiert die Geschichte des Bunkers. Im Café in einem der Flaktürme kann man in 30 m Höhe nicht nur leckeren Kuchen, sondern auch eine tolle Aussicht genießen. Der Name Energiebunker wurde gewählt, da das Gebäude auf dem Dach und zur Südseite mit einer 4.000 qm großen Solarhülle ausgestattet ist, die 3.000 Haushalten Wärme und 1.000 Haushalten Strom liefert.

Wer Lust hat, zum 1890 angelegten **Spreehafen** zu radeln oder ihn zu umrunden (ca. 6 km), der wird entdecken, dass hier ein neuer Freizeit-

IBA Hamburg GmbH
Verschiedene geführte Rad- und Bustouren sowie Spaziergänge zu unterschiedlichen Projekten. Umfangreiches Prospektmaterial.
IBA-Dock Am Zollhafen 12
20539 Hamburg
Tel. (040) 2 26 22 70
www.iba-hamburg.de
Nach Beendigung des Präsentationsjahres am 3. November 2013 wird es dieses Informationszentrum nicht mehr geben.

Windmühle Johanna
Schönenfelder Straße 99
21109 Hamburg
Tel. (040) 7 54 65 13
www.windmuehle-johanna.de

Wälderhaus
Am Inselpark 19
21109 Hamburg
Tel. (040) 3 02 15 60
www.waelderhaus.de
März–Okt. 10–18 Uhr
(während IGS 9–19 Uhr)
Nov.–Feb. 10–17 Uhr
5,10 €, erm. 4,30 €,
7–16 Jahre 2,70 €
Familienkarte (2 Erw., 2 Kinder 7–16 J.) 12,60 €

Restaurant Wilhelms im Wälderhaus
Vorzugsweise regionale Produkte, raffiniert zubereitet. Im Sommer große Außenterrasse mit Blick auf weitere IBA-Projekte.
Tel. (040) 3 02 15 60
Tgl. 6–23 Uhr, warme Küche 11–21 Uhr

bereich entsteht. Mit Aufhebung des zollfreien Gebietes am 1. Januar 2013 wurde der Zollzaun gänzlich abgebaut. Es entstehen Freitreppen und Rampen, die den Deich leichter zugänglich machen. Seit 2012 ist es möglich, auf einem neu geschaffenen Radweg vom Spreehafen bis St. Pauli zu radeln.

Wir fahren über die Georg-Wilhelm-Straße zurück bis Wilhelmsburg-Mitte in die Neuenfelder Straße. Direkt am Wilhelmsburger Inselpark wächst ein innovatives Stadtquartier mit einer Mischung aus Wohnen, Arbeiten, Einzelhandel, Bildungs- und Freizeitmöglichkeiten. Auffällig ist das geschwungene, farbenfreudige Gebäude der Behörde für Stadtentwicklung und Umwelt. In der „Bauausstellung in der Bauausstellung" entstehen mit 15 Häusern vier Typen unterschiedlicher Wohnungsbauprojekte: **Smart Price Houses** (kostengünstiger Wohnungsbau), **Smart Material Houses** (Bauen mit neuartigen Materialien), **Water Houses** (Bauen auf dem Wasser) und **Hybrid Houses** (ein Miteinander von Wohnen und Arbeiten).

„Der Wald kommt in die Stadt!" – lautet das Motto des **Wälderhauses** mit seiner hellbraunen Lärchenholzfassade, das die Schutzgemeinschaft Deutscher Wald realisierte. Es beherbergt ein Hotel, und in der Dauerausstellung, dem Science Center Wald, können Besucher die Ökologie des Waldes, seine Wichtigkeit für Wasser und Klima sowie seine kulturelle Bedeutung erleben. Nicht weit davon entfernt steht das **Smart Material House BIQ** mit seiner Bioreaktorfront aus Algen zur Energieerzeugung, Lichtsteuerung und Beschattung des Gebäudes. Durch das Wachstum der Algen ist die Fassade ständig in Bewegung und verändert ihre Farbe.

Wir bewegen uns auch – über die neu errichtete **Muharrem-Acar-Brücke** (benannt nach einem verstorbenen Wilhelmsburger Einwohner, der stellvertretend für eine ganze Generation türkischer Einwanderer steht, die sich in Deutschland integriert und engagiert haben) Richtung S-Bahn Wilhelmsburg, um nach einem informativen und innovativen Tag den Heimweg anzutreten.

A

B

C

D

E

F

G

H

I

J

K

L

Liebe Leserinnen und Leser,

alle Angaben in diesem Ausflugsführer sind gewissenhaft geprüft. Trotz gründlicher Recherche unserer Autoren/innen können sich manchmal Fehler einschleichen. Wir bitten um Verständnis, dass der Verlag dafür keine Haftung übernehmen kann. Über Hinweise, Berichtigungen und Ergänzungsvorschläge freuen wir uns jederzeit.

via reise verlag
Lehderstraße 16–19
13086 Berlin
post@viareise.de
www.viareise.de

6. Auflage, Berlin 2013

ISBN 978-3-935029-57-5

Text & Recherche
Reiner Elwers, außer:
Seiten 30–33, 41–43, 66–67, 120–121, 142–143, 158–159, 190–204 Dagmar Krappe

Recherche & Aktualisierung 2013
Dagmar Krappe

Redaktion
Klaus Scheddel, Jessika Haack

Herstellung & Gestaltung
Tanja Onken & Annelie Krupicka (via reise verlag)

Kartografie
Carlos Borrell Berlin, geoSYS/Ute Dolezal, Tanja Onken & Annelie Krupicka (via reise verlag)

Druck
AZ Druck und Datentechnik GmbH

MIX
Papier aus verantwortungsvollen Quellen
FSC
www.fsc.org
FSC® C109591

Umschlagfoto vorn
Am Lühdeich, Altes Land (Diana Asbeck)

Umschlagfoto hinten
Am Stintmarkt in Lüneburg (Lüneburg Marketing GmbH)

Foto Seite 1
Kloster Lüne (Lüneburg Marketing GmbH)

Foto Seite 205
Kleingärten auf der IGS (IGS 2013/Andreas Bock)

Fotos:
Axel Baumann 1, 5, 142, 159, 170, 191; Betriebsgesellschaft BallinStadt mbH 197; Bismarck-Stiftung 79, 81; Elbradweg Nord 98; Reiner Elwers 44, 177; Fotodesign Jürgen Klemme 95; GDM GmbH 5, 181, 182, 184; HADAK Seetouristik und Fahrdienst AG 4, 68, 70; Hamburger Friedhöfe - AöR - 27; IBA Hamburg GmbH/Martin Kunze 203; internationale gartenschau hamburg 2013 gmbh/Andreas Bock 5, 199; Veronika Keltsch 10, 167, 168; Dagmar Krappe 4, 42, 43, 109, 116, 120, 127, 152-153; Gudrun Maurer 174; Kurverwaltung Mölln 4, 83, 85; Lüneburger Heide Tourismus GmbH 112, 123, 126; Lüneburg Marketing GmbH 111; NABU/Jonathan Otto 32; pixelio.de/Dajo 2, 12-13; pixelio.de/Knipser5 88; pixelio.de/Gerald Tieleborger 3, 102-103; Ratzeburg-Information 87; S-Bahn Hamburg GmbH 5, 71, 73, 75, 129, 156, 169, 173; Klaus Scheddel 161; U. Schneider 37; Stade Tourismus-GmbH 139; Stadtmarketing Bad Oldesloe 47; Stadt Bad Segeberg 53; Stadt Buxtehude 133; Stadt Glinde/Tanja Woitaschek 63; Stadt Lauenburg/Nadja Biebow 96; Stadt Reinfeld 55; Peter Steenbuck 19; Stiftung Freilichtmuseum am Kiekeberg 4, 106; Tierpark Hagenbeck 15; Tourismusbüro Bad Bramstedt 21; Tourist-Info Kehdingen 148; Verein Jordsand 40; Verein Jordsand/Helmut Mitelstaedt 36; Wildpark Eekholt 24; Wildpark Schwarze Berge 105; www.mediaserver.hamburg.de/M. Brinckmann 165; www.mediaserver.hamburg.de/T. Hampel 3, 186-187, 195; www.mediaserver.hamburg.de/O. Heinze 39; www.mediaserver.hamburg.de/M. R. Menges 135; www.mediaserver.hamburg.de/C. Spahrbier 189